U0829886

新编高职
体育与健康教程

单思聪　刘德宝◎主编

天津大学出版社
TIANJIN UNIVERSITY PRESS

图书在版编目（CIP）数据

新编高职体育与健康教程 / 单思聪，刘德宝主编.
天津 : 天津大学出版社，2025. 6. --（吉林省省级精品
课配套教材）（“互联网+”新形态信息化教材）.
ISBN 978-7-5618-8014-2

Ⅰ. G807.4；G717.9

中国国家版本馆CIP数据核字第20253N48K9号

XINBIAN GAOZHI TIYU YU JIANKANG JIAOCHENG

出版发行 天津大学出版社
地　　址 天津市卫津路92号天津大学内（邮编：300072）
电　　话 发行部：022-27403647
网　　址 www.tjupress.com.cn
印　　刷 天津泰宇印务有限公司
经　　销 全国各地新华书店
开　　本 880mm×1230mm　1/16
印　　张 16
字　　数 553千
版　　次 2025年6月第1版
印　　次 2025年6月第1次
定　　价 55.00元

编委会

主　编：单思聪　刘德宝

副主编：孙　爽　李　丹

参　编：姜　峰　徐　畅　王泽星　候乃嘉

　　　　张　佳　田　亮

前言

Preface

一、政策背景与育人使命

为深入贯彻党的二十大精神，全面落实《教育强国建设规划纲要（2024—2035年）》和《中国教育现代化2035》的战略部署，本教材以习近平新时代中国特色社会主义思想为基础，紧扣为党育人、为国育才的初心使命，将立德树人根本任务贯穿体育教育全过程，构建“三维融合”育人机制——思想引领与技能提升贯通、职业需求与体质发展贯通、传统文化与现代技术贯通。

本教材积极响应《职业教育提质培优行动计划（2020—2023年）》，立足职业教育类型特点，系统整合职业体能训练、健康管理知识与职业场景应用。通过“教会、勤练、常赛”的教学闭环，夯实学生运动技能基础，培育学生抗压能力、规则意识等职业核心素养，实现“以体育智、以体育心”的育人目标，为教育强国和体育强国建设提供高素质人才支撑。

二、教材特色与创新维度

（一）政策引领，构建“五育融合”育人体系

1. 强化德育，践行“以体育人”

教材通过“思政园地”专栏，将体育教育与理想信念教育、职业伦理教育紧密结合，系统阐述体育对职业素养提升的作用，强调健康体魄是职业发展的基础，培养学生使命担当意识，引导学生在体育实践中锤炼工匠精神、责任意识与团队协作能力。

2. 突出职业导向，对接岗位需求

教材紧扣《国家职业教育改革实施方案》，针对职业岗位需求，设计专项训练方案，强化职业体能，实现体育教学与职业劳动场景的无缝衔接。例如，为护理专业设计腰背肌训练方案，为机械制造专业强化上肢力量与动作协调性训练。通过“工厂操作姿态类”“特殊岗位体能训练”等内容，帮助学生提前适应职业劳动需求。

（二）科学设计，打造“三维融合”教学模式

1. 理论与实践融合，夯实能力基础

教材以“知识导图”“技术图示”“实践演练”为框架，将运动生理学、营养学、运动处方制定等理论知识与动作技能教学有机结合。

2. 传统与现代融合，传承创新并举

教材在保留武术、八段锦、太极拳等传统体育项目的基础上，新增冰雪运动、大众体育和拓展运动（部分详见附录二维码），响应“冰雪强国”战略与新时代运动需求。

3. 线上与线下融合，赋能教学创新

依托“互联网+”技术，融合教学视频等数字化资源，支持“扫码即学”，实现“纸质教材+数字平台”的立体化教学，满足学生个性化学习需求。

（三）评价创新，促进全面发展

本教材构建“技能考核+职业素养+健康监测”三维评价体系，注重过程性评价与终结性评价相结合。例如，通过“任务考核表”量化技术动作规范性，结合“职业体能挑战赛”评估岗位适配能力；通过“健康档案”记录学生体质数据变化，引导学生制定终身健康管理计划。此外，教材设计“体育精神与职业责任”主题讨论等反思性任务，促进学生自主学习能力与职业认同感的提升。

三、教材内容与适用范围

本教材分为三大板块，涵盖以下核心内容。

1. 基础理论板块

系统阐述体育的功能、终身体育理念、健康生活方式，强化“健康第一”理念；解析体育锻炼原则、运动卫生安全、运动损伤预防与处理，培养学生科学运动能力；梳理奥林匹克运动发展史，弘扬“更快、更高、更强——更团结”的精神内涵。

2. 职业体能板块

围绕心肺耐力、肌肉力量、柔韧性等指标，提供分级训练方案；针对“静态坐姿类”“流动变姿类”等岗位，设计抗疲劳、平衡能力等专项训练；结合个体体质数据，指导学生制定个性化训练计划。

3. 专项技能板块

专项技能涵盖田径、武术、健美操等项目，强化文化传承与技术教学；系统讲解足、篮、排、乒、羽、网等项目的技术、战术配合与竞赛规则；引入冰雪、轮滑、跳绳等运动，兼顾地域特色与时代需求。

四、教学实施建议

1. 坚持“以人为本”，实施差异化教学

根据学生体质差异，提供“基础型”“提升型”“拓展型”三级训练方案；利用数字化平台动态跟踪学生训练数据，结合“运动处方”调整教学策略。

2. 深化产教融合，强化工学结合

联合企业开展“职业体能挑战赛”，将教材中的“工厂操作姿态类”训练转化为企业岗位实训内容，如模拟生产线工人的重复性操作体能训练，提升学生职业适应能力；邀请企业技术骨干参与教学，结合岗位需求解析职业体能训练要点。

3. 注重课程思政，弘扬体育精神

在模块七中的武术运动融入“武德”教育，在模块五中的篮球运动设置“团队协作与职业沟通”任务，培养学生责任意识与职业伦理；组织“体育精神与职业发展”演讲比赛、“健康中国·青春行动”公益健步走等活动，强化价值引领。

4. 强化健康教育，培养终身健康习惯

通过“科学的体育锻炼”模块系统讲解营养卫生、心理健康知识，引导学生树立健康生活观。

五、编者分工

本教材由吉林工程职业学院组织编写，单思聪和刘德宝任主编。具体分工如下：单思聪、刘德宝编写模块一、模块二、模块三、模块四、模块五的项目二和项目三，以及附录 B；孙爽、徐畅编写模块五的项目一、模块七的项目一，以及附录 A；李丹、张佳、候乃嘉编写模块七的项目二和项目三、模块八，以及附录 C、D；姜锋、田亮、王泽星编写模块六。

六、结语

本教材以“服务职业发展、促进终身健康”为宗旨,通过政策引领、职业导向与技术赋能,构建兼具科学性、实践性与创新性的教学体系。着力打造新时代职业教育体育课程改革标杆范式。期待通过“技能链”与“素养链”的融合,培育具有健康体魄、精湛技能、卓越品格的新时代工匠,为制造强国建设和人力资源升级提供坚实支撑,谱写中国式职业教育现代化的体育篇章。

编　者

2025 年 3 月

目录

Contents

模块一　体育与健康概述…… 1

　项目一　体育管理…… 1

　项目二　健康概述…… 7

模块二　科学的体育锻炼…… 18

　项目一　体育锻炼的原则与方法…… 18

　项目二　运动卫生安全与处置…… 22

模块三　体能训练与发展…… 28

　项目一　健康体能发展的基本原理…… 28

　项目二　体能锻炼计划的制定与实施…… 32

　项目三　发展职业体能的实用技术…… 35

　项目四　体育竞赛的组织与欣赏…… 36

模块四　田径运动…… 44

　项目一　跑步运动…… 44

　项目二　跳跃运动…… 50

　项目三　投掷运动…… 56

　项目四　比赛规则认知…… 60

模块五　大球类运动…… 63

　项目一　篮球运动…… 63

　项目二　足球运动…… 82

　项目三　排球运动…… 97

模块六　小球类运动…… 114

　项目一　羽毛球运动…… 114

　项目二　网球运动…… 131

　项目三　乒乓球运动…… 144

模块七　难美类运动…… 174

　项目一　武术运动…… 174

　项目二　健美操运动…… 192

　项目三　啦啦操运动…… 207

模块八　冰雪运动…………………………………………………………………… 222
项目一　冰雪运动概述………………………………………………………… 222
项目二　冰上运动……………………………………………………………… 227
项目三　雪上运动……………………………………………………………… 232
附录…………………………………………………………………………………… 242
参考文献……………………………………………………………………………… 243

模块一 体育与健康概述

项目一　体育管理

知识导图

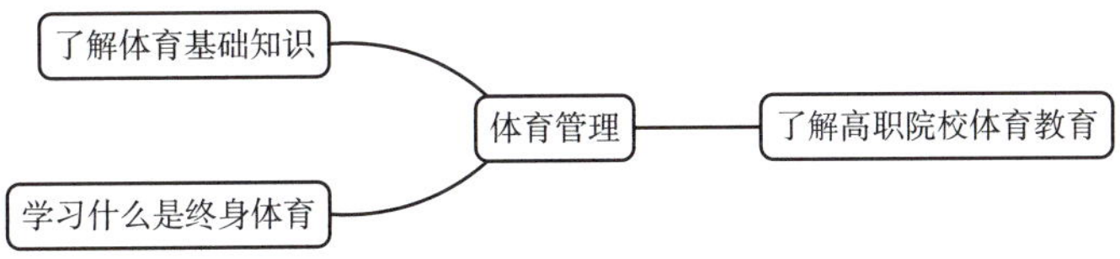

高素质技能型人才培养目标

知识目标	能力目标	素养目标
1. 了解体育的概念及高校体育教学内容体系； 2. 了解健康的概念及健康与体质的关系； 3. 了解影响健康的因素	1. 了解体育与健康的相关概念； 2. 准确把握健康、亚健康的判断标准； 3. 培养终身体育的健康观念； 4. 理解高职院校体育教育的相关知识	1. 认清体育与健康的本质； 2. 全面认识高职开展体育与健康的意义，厘清体育运动对自身的影响

任务一　了解体育基础知识

体育是人类社会特有的文化现象。作为人类有目的、有意识的社会活动，体育是为适应社会需要和人的生理、心理需求而产生的，主要产生于生产劳动的过程中。体育活动是在人类生存进化的漫长过程中孕育和发展起来的，逐渐表现出多功能、多元化的形式和特点。

一、体育的含义

人们对体育的认识是随着人类认识活动逐步深入的，随着现代生产生活方式和人文环境等客观条件的变化，体育的性质、内容、范围、对象及时空关系也不断变化。根据我国体育发展的特点和规律，体育可分为广义体育和狭义体育。

广义体育是以身体练习为基本手段，以增强体质、增进健康、丰富社会文化生活、促进人的全面发展和精神文明建设为目的的有意识、有组织的教育过程和社会文化活动，包括体育教育、竞技运动和身体锻炼三个方面，是一种特定的社会文化现象，属于社会文化教育的范畴，受社会政治制度和经济的制约，为社会政治制度和经济制度服务。

狭义体育是指促进身体发展、增强体质，传授身体锻炼的知识和技能，培养道德情操和意志品质的教育过程，也是教育的组成部分，更是培养人才全面发展的一个重要方面。

二、体育的功能

体育的功能是指体育在社会进步和人类发展过程中所产生的各种效益。随着社会的发展，人们对体育多元化的需求层次不断提升，体育的功能也在逐步完善和发展。

1. 生物功能

体育的生物功能主要表现为健身养生、健美和健心三个层次。

（1）健身养生功能。生命在于运动。体育运动能促进人体各器官与系统的生长发育，以及各组织结构与机能的改善，还能全面提高身体素质，提升人体基本活动、适应自然和抵抗疾病的能力，达到防治疾病、强身健体、延年益寿的目的。

（2）健美功能。通过体育锻炼塑造出来的健康美具有恒久魅力。参加体育活动可以塑造形体美、姿态美和健康美，使整个机体表现出蓬勃向上、充满朝气和青春飞扬的健康活力。

（3）健心功能。体育锻炼可以培养人的心灵美，调节人的情绪，培养人的良好心理素质和高尚道德情操。

2. 社会功能

体育的社会功能主要表现在教育、政治、经济、娱乐和社会情感五个方面。

（1）体育是教育的重要组成部分，是培养人才全面发展的重要手段。体育可以培养良好的道德品质，促进人的全面发展，从而提高民族整体素质。现代体育融健身、娱乐为一体，教育功能早已扩展到整个社会，并在不断优化的过程中整合出新的内涵。

（2）体育既受政治制度的制约，又为政治服务。体育可使国家扩大国际影响，振奋民族精神；发展国际文化，服务外交事业；加强民族团结，促进国家统一和世界和平。

（3）体育既受国家经济发展的制约，又为国家经济发展服务，这是现代体育发展的主要特点和趋势。体育能强身健体，提高劳动者的工作效率，促进产业及科学事业的发展，还可促进就业。作为一种新兴产业，体育以其独特的魅力和广阔的市场备受经济界的高度重视。体育旅游、体育表演、体育建筑和其他体育经营产业正以“朝阳产业”的姿态成为国民经济新的增长点，不断彰显自身独有的风采和魅力。

（4）体育为社会提供了娱乐场所，促进了文化形态的发展，满足了人们的精神需要，越来越受到人们的青睐。随着休闲体育时代的来临，它给人类提供了全新的娱乐享受、减压和宣泄的方式，在促进家庭和睦、愉悦心情等方面带来了新的体验。例如，参加户外体育活动可以调节生活，享受大自然的乐趣，促进人际关系的和谐发展。

（5）体育可以提高社会的稳定性，还可净化国民情感，激发民众的爱国热情。体育活动被人们视为加强人际交往及沟通的平台。

三、体育的分类

根据我国体育的特点和规律，可将体育分为学校体育、社会体育和竞技体育。三者受政治、经济的影响和制约，既有区别，又相互关联，构成一个整体。

1. 学校体育

学校体育是指在各级各类学校中开展的，通过身体活动增强学生体质，传授身体锻炼的知识和技能，培养学生道德和意志品质的有目的、有计划的教育过程。学校体育的目的是完善学生的自身发展，使学生具有良好的体质，掌握体育锻炼的相关知识和技能，使其终身受用。

2. 社会体育

社会体育又称大众体育、群众体育，是指为了达到强身健体、医疗保健和休闲娱乐等目的而进行的内容广泛、形式多样的体育健身活动，具有一定的健身性、休闲娱乐性和灵活自主性。社会体育作为我国体育事业的重要组成部分，关系到人们体质的增强、健康水平的提高和生活质量的改善，对现代社会的发展具有重要意义。

3. 竞技体育

竞技体育又称竞技运动，是为了最大程度发挥人在体格、体能、心理等方面的潜力，取得成绩而进行的科学、系统的训练和竞赛活动。竞技体育既具有对抗性、竞争性和娱乐观赏性，又具有规范性、组织性、国际性及公认性，还具有一定的教育意义，有利于推广、普及全民健身。

任务二　学习什么是终身体育

终身体育是20世纪90年代以来伴随体育改革发展而产生的一个新理念，是指一个人终身进行身体锻炼和接受体育教育。它包括两方面的内容：一方面是指人从生命开始至生命结束，都坚持学习并参加身体锻炼；另一方面是指人在不同时期、不同生活领域提供参加体育活动的机会。

一、终身体育的内容

终身体育是指在体育教学中注重培养学生自觉和自愿参加体育活动的兴趣、能力和习惯，主要包括以下几点。

（1）长期坚持体育锻炼。

（2）保持稳定且持久的体育兴趣。无论是在校期间还是走上工作岗位，都能对体育表现出极大的热情。

（3）掌握体育基础知识、基础技术和基础技能（简称“三基”），是培养终身体育观的基础和关键。

（4）在参加体育锻炼过程中能产生愉悦、酣畅淋漓的情绪感受，消除忧郁、烦闷等不良心境。

（5）把体育活动作为日常生活的必要组成部分，树立良好的体育锻炼意识，养成科学的健康观，培养健康文明的生活方式。

二、终身体育的特点

终身体育的特点如下。

（1）自觉性。国家将终身体育教育作为高校体育教育的目标之一，使学生能够树立终身体育的思想，并将其内化为自身生活的组成部分，主动、自觉地参加各种体育锻炼和健身活动。

（2）经常性。随着人们闲暇时间的增多，为了充实自己的业余生活，可以利用业余时间参加各种健身活动，从而达到增进健康、娱乐身心、扩大交际范围和陶冶情操的目的。

（3）生活性。参加有益身心的健身活动是提高生活质量的一个重要途径。体育将成为人们日常生活不可或缺的一部分。

（4）社会性。随着社会体育的兴起和发展，体育活动已成为人们进行社会交往的一个重要手段。

（5）普及性。现代社会中的男女老少都越来越重视健康、健美和长寿，认为身体健康就是最大的人生财富。因此，参加体育锻炼的人越来越多，进行体育锻炼的项目、方式和方法也更加多元。

（6）科学性。生命在于运动，进行体育锻炼前必须掌握科学锻炼的原则、方法和理论。

三、终身体育意识的培养

学校是进行终身体育教育最有利的场所。高校学生走向社会，能否继续经常地进行体育锻炼取决于自身的终身体育意识。大学体育作为学校体育的最后一站，作为学校体育和社会体育的衔接点，对培养学生终身体育意识具有特别的意义。

（一）终身体育意识的含义

首先，大学生要有健康意识，要有积极参与体育活动的兴趣，并确立适合自己的体育项目，形成自觉锻炼身体的习惯。其次，大学生要掌握必要的体育基础知识、生理卫生常识、人文体育知识、体育锻炼常识等，做到科学锻炼身体，对体育活动有基本的欣赏和评价能力。最后，大学生应掌握基本的体育技能，进行科学锻炼。

（二）终身体育意识的培养方式

牢固树立体育意识，做好体育宣传工作，是培养学生自觉参加各种课内外体育活动，实现家庭、社会参与学校体育教育的重要手段。学校可以充分利用橱窗板报、多媒体广播等宣传媒介拓展学生的知识面；定期举办知识讲座，组织各种形式的竞赛活动，增强学生的自觉性，激发体育锻炼的热情。

1. 加强终身体育思想教育

终身体育意识是从自我意识衍生出的对终身体育的理解，学校体育教育的关键就是体育意识的培养。体育意识是人脑对体育客观事物的反映，是对体育的感觉、思维等多种心理过程的总和。其动机和目标是唤起学生参加体育活动、坚持体育锻炼的内驱力。

2. 激发终身体育锻炼动机

学生良好的体育动机需要靠提升自我体育意识来培养。体育教师要利用丰富的教学设施和教学条件创设引人入胜的教学情境，使学生获得愉悦的情感体验，激发学生参加体育锻炼的动机，完成使学生终身受用的基本知识和技能的体育教学。

3. 重视体育兴趣的培养

随着终身体育思想的确定，体育兴趣的培养引起社会的高度重视。体育兴趣的培养需通过锻炼加以维持和巩固。在持之以恒的锻炼中，能看到锻炼的作用和效果，能对体育锻炼及其方法产生深刻认识，形成稳固的体育兴趣爱好。在此过程中，学生可通过学习多样化的知识、技能和媒介的广泛宣传，加强和巩固自己的体育兴趣和爱好；体育教师可通过灵活多样的教学手段激发学生的体育兴趣和爱好，使其感受并体验体育运动的快乐和价值，自觉地参与体育运动。

4. 注重体育能力的培养

教师在学校体育教学中加强终身体育意识及兴趣培养的同时，应注重对学生体育能力的培养，注意培养学生制定计划、积极组织和参加群体活动、进行体育理论知识学习等的能力，多途径、多渠道地培养学生自觉锻炼身体。

任务三　了解高职院校体育教育

高职院校体育教育是体育素质教育的重要组成部分，对高职院校学生体质的发展起着重要作用。随着课程改革的不断深入，以及国家对体育教育重视程度的日益提高，高职院校体育教育呈现出蓬勃发展的新局面。

一、高职院校体育教育的目的

教育部于 2024 年 6 月出台了《全国高等职业（专科）院校体育课程教学指导纲要（试行）》（以下简称《纲要》），《纲要》指出：“体育课程是高职高专学生以身体练习为主要手段，达到增强体质（体能）、掌握体育知识、技术与技能、促进体育素养与健全人格养成，提高职业准备水平为目标的公共必修课程，在高职高专学校课程体系里占据着不可替代的重要地位，是学校体育工作的核心环节。它将体育知识技能学习、身心和谐发展促进、思想品德教育、文化科学教育、生活教育以及职业综合素质养成教育融合于体育学习活动中，是培养全面发展的社会主义高素质高技术技能型人才的关键途径。高职院校体育教育目的在于增强学生体质，通过系统的体育课程学习与日常锻炼，促使学生在耐力、力量、柔韧及协调性等身体素质方面显著提升，使身体形态机能达到理想标准，为其今后投入学习、工作和生活筑牢健康根基。”

二、高职院校体育教育的任务

根据《纲要》及高职教育特点，高职院校体育教育的任务可概括为以下五大核心方向，旨在通过体育教学与实践，培养“德技并修”“全面发展”的高素质技能型人才。

1. 提升学生体质健康水平，筑牢职业发展体能基础

通过科学的体育课程与锻炼计划，全面增强学生的耐力、力量、柔韧、速度、协调等身体素质，改善身体机能（如心肺功能、肌肉耐力），使学生体质健康达标率符合国家标准，并为职业岗位所需的特殊体能储备奠定基础。通过开设基础体能课程（如跑步、力量训练、柔韧练习），结合《国家学生体质健康标准》制定个性化锻炼方案。针对不同专业需求设计“职业体能模块”，如对护理、幼教专业：强化下肢耐力（如长时间站立）与肢体协调性（如精细操作）；对机械、建筑专业：加强核心力量与爆发力训练（如搬运、攀爬等职业动作模拟）；对信息技术、财经专业：侧重肩颈放松训练与久坐人群体能调节（如瑜伽、普拉提）。

2. 培养体育兴趣与运动专长，塑造终身体育意识

通过多样化的体育项目教学，激发学生对体育运动的兴趣，使其掌握 1~2 项终身受益的运动技能，养成自主锻炼的习惯，树立“健康第一”的生活理念。如开设“体育选项课”，提供丰富的运动项目（如篮球、足球、羽毛球、乒乓球、健美操、武术等），允许学生跨学期选修，深度发展专长；依托体育社团、俱乐部（如骑行社、攀岩社）和校园体育赛事（如运动会、班级联赛），营造“以赛促练、以趣激学”的氛围，让学生在实践中提升技能、感受运动乐趣；开展“体育文化节”“健康生活周”等活动，普及运动康复、科学健身知识，引导学生将体育融入日常生活。

3. 强化心理健康与社会适应能力，培育健全人格

通过体育活动培养学生的抗压能力、团队协作精神、规则意识和竞争意识，促进心理健康，提升社会适应能力，塑造自信、坚韧、包容的人格特质。如利用户外运动（如拓展训练、定向越野）帮助学生释放压力，通过“运动处方”缓解焦虑、抑郁等情绪问题；通过集体项目（如篮球、排球、拔河）培养学生的沟通能力、分工协作意识和集体荣誉感；在对抗性比赛中引导学生正确看待胜负，增强心理韧性；将体育活动中的“规则意识”“执行力”“抗挫折能力”与职业素养培养相结合，例如通过模拟“体育赛事组织与管理”任务，锻炼学生的领导力与应急处理能力。

4. 融入课程思政元素，落实立德树人根本任务

挖掘体育课程中的思政资源，将爱国主义、集体主义、奋斗精神、工匠精神等价值理念融入教学，实现“体育育人”与“思政育人”的深度融合。如讲述体育健儿（如奥运冠军、职业运动员）的拼搏故事，激发学生的爱国情怀与奋斗精神；通过队列训练培养纪律意识，通过体育规则讲解强化法治观念，通过“运动损伤互助”传递关爱他人的品德；组织“体育志愿服务”（如社区健身指导、校园体育公益活动），培养学生的社会责任感与奉献精神。

5. 服务职业教育特色，对接岗位能力需求

紧密结合高职专业特点，通过体育教学提升学生的职业适应性与岗位胜任力，助力“岗课赛证”综合育人。如与行业企业合作，分析典型职业岗位的体能需求（如物流专业的“搬运耐力”、旅游专业的“户外适应能力”），开发“职业体能训练包”；针对高风险岗位（如机械加工、建筑施工），开设运动损伤预防、急救技能（如心肺复苏、创伤包扎）课程，提升学生职业安全意识；与企业联合开展“体育 + 职业”活动（如企业拓展训练、职工体育赛事组织），让学生在真实场景中运用体育技能，增强职业竞争力。

三、高职院校体育教育的途径

课堂体育教学是按照教育计划和体育教学大纲组织的专门教育过程，是实现高职院校体育教育目标的基本途径。

（一）课堂体育教学

课堂体育教学是高职院校体育教育的主要形式之一，也是高职院校体育课程的重要组成部分。

1. 课堂体育教学的指导思想

课堂体育教学要树立健康第一的思想。《中共中央　国务院关于深化教育改革全面推进素质教育的决定》指出："健康体魄是青少年为祖国和人民服务的基本前提，是中华民族旺盛生命力的体现。学校教育要树立健康第一的指导思想。"

（1）课堂体育教学要树立全面素质教育的思想，通过科学有效的体育与健康课程的教学过程促使学生全面素质得以提高。

（2）课堂体育教学要树立面向全体学生的思想，促使每个学生都能主动发展，达到人人享有体育、人人享有健康的目的。

（3）课堂体育教学要树立终身体育的思想，学校体育是终身体育的基础，要把运动、体育、健康置于人的生命的全过程。

（4）课堂体育教学要树立个性教育的思想，以人为本，重视个性，创造良好的氛围，展示学生的个性，发展学生的天赋，挖掘学生的潜能。

2. 课堂体育教学的类型

（1）必修基础课。这类课程使学生形成正确的体育意识和现代健康观念；明确健康是目的，体育是过程，运动和身体练习是手段；掌握体育与健康的基本知识、技术和技能；全面提高学生身体素质，改善身体形态机能，增进身心健康。必修基础课既要重视与中学体育和健康课程的衔接，又应注意为下一阶段学习奠定坚实的基础。

（2）必修选项课。在基础课教学的基础上，根据学生的个人喜好、特长和身心发展水平，以某一类（组）运动和身体练习项目为主要内容组织系统教学，通过学习掌握该项目的相应知识、技术和技能，增加参与体育活动的兴趣，培养终身坚持体育锻炼的习惯及健康生活的行为方式，进一步增强体质、增进健康，获得体质与健康的自我评价能力。

（3）体育选修课。这是为高职学生开设的由学生自由选择修习的体育课程。学生在完成必修课的基础上，可以根据个人的兴趣和爱好自主选择某项运动，进行专门学习，进一步培养学生自觉参加体育活动、注重健康行为方式的意识和能力，为终身坚持体育锻炼打下坚实基础，并在此过程中增强体质和促进身心健康。

（4）保健体育课。这是为身体异常和少数病残、体弱学生开设的必修课或选修课。它有利于学生根据自身情况选择适宜的运动内容，目的在于增强学生体质，帮助学生恢复健康，调节学生心理，矫正学生身体缺陷，促使其形成正确的体育与健康意识，提高体育活动的能力。

（二）课外体育活动

课外体育活动是体育课程的延续和补充，是高职院校体育教育过程中不可分割的环节。课外体育活动在增强学生体质、培养学生自觉锻炼身体的习惯、陶冶学生情操、丰富学生文化活动、发展学生个性等方面能起到良好的促进作用。

1. 早操锻炼

早操是高职院校学生学校生活的重要组成部分，可以加强条件反射、活跃生理机能，促使学生以良好的状态开始一天的学习生活。坚持早操锻炼是养成良好生活习惯的有效措施，其形式多样，能满足不同学生的个体需要。早操可以是轻音乐相伴的健身跑，也可以是集体广播操、太极拳、迪斯科健美操。

2. 课外体育锻炼

课外体育锻炼是学生在课前、课间或课后进行的体育活动，以锻炼身心、娱乐休闲、丰富课余生活为目的，由学生个人、群体、学校或俱乐部等自由组织开展，内容丰富，形式多样，深受学生欢迎。

（三）课外体育竞赛

课外体育竞赛是学校体育教学和运动训练的重要方法，是学校推动师生体育运动广泛开展、增强学生体质和提高运动技术的重要措施，其形式多样，包括校内体育竞赛、校际运动竞赛等。

1. 校内体育竞赛

校内体育竞赛是指学校内开展的各种竞赛活动，也可以是全校性的运动会。校内体育竞赛能够培养学生团结协作、不断进取的精神，达到锻炼学生意志和社会交往能力的目的。校内体育竞赛为全校师生提供了公平竞争的机会。

2. 校际运动竞赛

校际运动竞赛一般有两个或两个以上学校参加，包括体育俱乐部的比赛及地区比赛等，规格较高的运动竞赛有大运会等。校际运动竞赛有助于促进不同学校之间的交流，给学生提供更多观赏体育竞赛的机会，有利于形成学生的集体意识、荣誉感和归属感。

（四）其他体育活动

1. 课余运动训练

课余运动训练是利用课余时间，对部分身体素质较好有某项运动专长的学生进行系统训练的专门教育过程，是高职院校体育教育的一种主要组织形式。课余运动训练是执行、普及和提高相结合的重要措施。课余运动训练一方面肩负着提高学生运动技术水平、创造优异成绩、参与校际或国际交往、为校或为国争光的光荣使命；另一方面承担着指导普及、促进学生体育运动蓬勃发展的艰巨任务。课余运动训练有目标的双重性、对象的广泛性、时间的课余性、运动项目的专门性与训练手段的多样性等优点，有高科技、多学科、体能与智能优势。

2. 野外健身活动

野外是指山、河、湖、海、草原、天空等自然环境。野外活动是指在野外开展的各种活动的总称，如郊游、野营、登山、攀岩等。野外活动的范围主要分为陆域、水域和空域。野外活动是一项具有陶冶情操、强身健体、消除疲劳等效能，深受青少年和广大人民群众喜爱，不被其他运动所替代的有益活动。其活动特点决定了它对青少年的教育意义，因而成为学校教育的内容和终身体育锻炼不可缺少的部分。

项目二　健康概述

知识导图

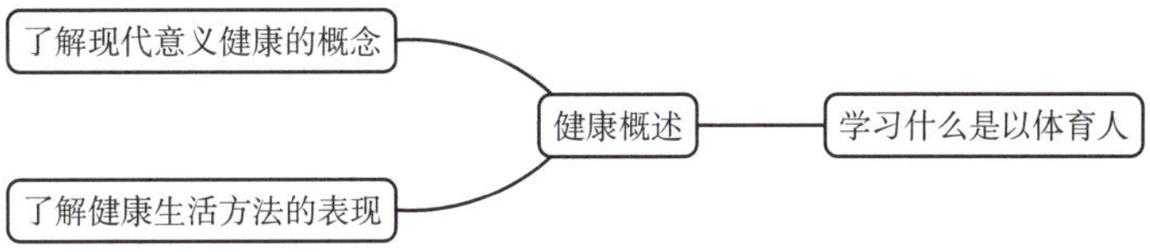

高素质技能型人才培养目标

知识目标	能力目标	素养目标
1. 掌握健康的含义； 2. 掌握影响健康的因素； 3. 学习健康的主要特征	1. 了解健康的生活方式； 2. 掌握平衡膳食的含义； 3. 了解平衡膳食的原则	1. 树立“健康是基石”的理念，培养对自身健康的责任感； 2. 关注公共健康，养成“个人与社会健康共同体”意识

任务一　了解现代健康的概念

健康是一个不断发展变化的概念，在不同的历史时期，人们对健康的理解不尽相同，但较为科学的观点当属世界卫生组织对健康的定义。1948 年，世界卫生组织（World Health Organization，WHO）成立，并向全世界发布了有关健康的重新认识，健康不仅仅是没有疾病和身体的虚弱现象，而是一种在身体上、心理上和社会上的完满状态。这是对健康较为全面、科学、完整和系统的定义。现代健康观是指生理、心理、道德和社会适应能力均处于良好状态。

一、健康的内涵

1990 年，世界卫生组织进一步丰富了健康的含义，提出健康还应包括道德健康的观点，也就是说，健康是指一个人在躯体健康、心理健康、社会适应良好和道德健康四个方面皆健全。科学的健康观改变了人们传统没有疾病即健康的观念，使健康的范围扩大到躯体健康、心理健康、社会适应良好和道德健康等方面，追求一种更积极的状态，更高层次的身心协调与发展。

人是一个生理和心理紧密结合的有机体，精神和躯体在同一个生命系统中共同起作用。每个人以精神为表现的心理活动和以躯体为载体的生理活动是相互影响、相互转化、相互依存和辩证统一的，不存在无生理活动的心理活动。生理健康是心理健康的基础，心理健康反过来能促进生理健康，生理和心理两方面的因素都与人的健康有密切联系。没有一种疾病是纯生理或纯心理的，人的生理与心理的健康问题是互为因果的。也就是说，生理或心理无论哪一方面出现问题，另一方面必定受到影响。

社会和环境因素会对人的健康产生重要影响。健康是一种个人财富或社会财富的代表，是人生幸福指数的决定因素之一，疾病与健康不是对立的，而是彼此相互依存、相互转化的统一体。从疾病最严重状态到健康最顶峰状态是一个生命的连续过程，处于经常变化而非绝对静止的状态，实际上健康和疾病是人体生命过程中两种不同的状态，从健康到疾病是一个由量变到质变的过程。

二、影响健康的因素

影响健康的因素是多方面的，有生物、环境、卫生服务、心理、行为和生活方式等因素。

1. 生物因素

生物因素是指影响人体健康的先天遗传因素和后天获得的各种致病因素（病原微生物、寄生虫等）。遗传是指亲代的特征通过遗传物质传递给后代的过程，DNA 是遗传的物质基础，遗传基因决定人体各种遗传性状。目前已发现 5 000 多种遗传病，随着科学技术的发展，一旦明确各基因功能，解密基因组编码，就有望治愈人体的遗传性疾病。

2. 环境因素

环境是影响人体健康的重要因素，包括自然环境和社会环境。自然环境是人体生存的物质基础，良好的自然环境对人体健康有促进作用。社会环境是指由政治、经济、文化、教育等因素构成的社会系统。

3. 卫生服务因素

卫生服务因素主要是向个人和社区提供范围广泛的促进健康、预防疾病的医疗与康复服务，保护和改善人体健康。健全的医疗卫生机构、完备的服务网络、一定的卫生投入及合理的卫生资源配置可以促进健康。

4. 心理因素

人的心理因素与健康长寿有密切关系，积极的心理因素是健康长寿的一个重要因素。人在愉快时，内啡肽分泌增多，脑细胞活力得到保持，大脑功能得以改善，从而增强身体免疫，提高机体防病和治病的能力；如果闷闷不乐，常常处于忧虑、紧张和压抑的精神状态中，便容易引起疾病，疾病又容易导致不良情绪，如此反复，形成恶性循环。

5. 行为和生活方式因素

行为和生活方式因素对人体的影响巨大，具有潜伏性、累积性、经常性、广泛性和持久性等特点。不良行为和生活方式范围广泛，如不合理饮食、吸烟、酗酒、缺乏体育锻炼、药物成瘾等。改变引起疾病的不良行为和生活方式，养成健康的行为和生活方式，是保证身心健康、预防现代疾病的重要因素。

三、健康和体质的特征

健康已经成为全世界人们共同关注的话题。体质作为人类具有的基本特性，其内涵与现代健康观有许多相似，体质学是建立在生物学、医学、人类学、心理学和社会学基础理论之上的一门综合性学科。健康和体质之间既有差异，又密切联系。体质是生命活动和身体运动之间的对立统一，也是健康和体力（或体能）之间的对立统一。体质“一分为二”就是健康和体力，体力和健康不能互相替代，各自相对独立；只有把体力和健康有机地结合，才能完整地反映出体质水平。

1. 健康的主要特征

（1）躯体健康：人体结构完整，生理功能正常，体重得当，身材均匀，肌肉富有弹性，反应敏捷等。

（2）心理健康：人格完整，处事乐观。

（3）道德健康：乐于奉献，不损害他人利益。

（4）社会适应良好：胜任社会和生活的各种角色，乐于承担责任；应变能力强；能够抵御一般性感冒和传染病。

2. 体质的主要特征

（1）躯体健康：主要脏器无疾病；身体发育良好，体格健壮，体型匀称；心血管、呼吸系统具有良好的功能；有较强的运动和劳动能力。

（2）心理发育健全：情绪乐观、意志坚强，有较强的抗干扰、抗不良刺激的能力。

（3）对自然和社会环境有较强的适应力。

任务二　了解健康生活方式的表现

健康生活方式是指有益于健康的行为方式，主要表现为生活有规律，没有不良嗜好，讲究个人卫生、环境卫生、饮食卫生，讲科学、不迷信，平时注意保健，生病及时就医，积极参加有益于健康的文体活动和社会活动等。拥有健康的生活方式，需从合理平衡膳食、健康的作息规律、坚持体育锻炼、改变不良行为习惯等方面努力。

一、合理平衡膳食

合理平衡膳食是健康的基础。《健康中国行动（2019—2030 年）》指出，饮食风险因素导致的疾病负担占 15.9%，已成为影响人们健康的主要危险因素。一些学生偏爱零食、快餐、油炸食品、饮料等，导致他们摄入的蔬菜等偏少，这些不良饮食习惯严重影响身体健康。

（一）平衡膳食的含义

平衡膳食是指能量和各种营养素能全面达到营养供给的膳食，包括能量平衡、各种营养素之间的平衡等。要实现这些平衡，要求食物多样化、合理选择和搭配食物、合理烹饪等。平衡膳食要求食物搭配合理、种类齐全，并讲究食物的质和量。

（二）平衡膳食的原则

1. 食物多样，以谷类食物为主

食物多样是平衡膳食的基本原则，以谷类食物为主是平衡膳食的基础。谷类食物中含有丰富的碳水化合物，是人体所需能量最经济、最重要的来源。每种食物的营养特点不同，只有多样性地摄入才能满足平衡膳食的需要。营养学家建议，平均每天摄入 12 种食物，每周摄入 25 种食物。

2. 多吃蔬菜、水果和薯类

蔬菜与水果中含有丰富的维生素、矿物质和膳食纤维。蔬菜的种类繁多，包括植物的叶、茎、花、果等，不同品种的蔬菜所含营养成分不尽相同。红、黄、绿等深色蔬菜中维生素含量超过浅色蔬菜和一般水果，它们是胡萝卜素、维生素 B_2、维生素 C、叶酸、矿物质（钙、磷、钾、镁、铁）、膳食纤维和天然抗氧化物的主要来源。薯类含有丰富的淀粉、膳食纤维，以及多种维生素和矿物质，常吃薯类食物，有利于心血管健康。

3. 每天吃奶类、豆类或其制品

奶类除含丰富的优质蛋白质和维生素外，含钙量较高，且利用率很高，是天然钙质的来源。豆类是我国的传统食品，含大量优质蛋白质、不饱和脂肪酸、钙及维生素 B_1、维生素 B_2、烟酸等。

4. 适量吃鱼、禽、蛋、瘦肉等，少吃肥肉和荤油

鱼、禽、蛋、瘦肉等动物性食物是优质蛋白质、脂溶性维生素和矿物质的来源。动物性蛋白质的氨基酸组成更适合人体需要，且赖氨酸含量较高，有利于补充植物蛋白质中赖氨酸的不足。肥肉和荤油为高能量、高脂肪食物，摄入过多往往引起肥胖，而且还是造成某些慢性病的危险因素，因此尽量少吃。

5. 饮食宜少盐、少油

清淡膳食有利于健康，饮食不要太油腻、太咸，不要食用过多动物性、油炸和烟熏食物。

（三）养成良好的个人饮食习惯

大学生应积极、主动地了解食物相关知识，提高营养科学素养；保证合理的三餐饮食，规律进餐，参考体重指数（Body Mass Index，BMI）保持适宜的体重；合理选择零食满足休闲娱乐，零食宜适量，尽量不吃油炸、膨化食品，不喝含糖饮料；不暴饮暴食，不吸烟，不饮酒；通过调节饮食和科学运动控制体重，忌过度节食减肥。

二、健康的作息规律

我国有句古语："日出而作，日落而息。"春华秋实，夏雷冬雪，世间万物自有节律，人体器官也有自我调节能力，这种自我调节能力保证了人体各部分的需求。随着科技发展，夜间工作或娱乐已不受限制，这种不规律的作息会引起体内生物钟的紊乱，引发各种疾病。

1. 避免熬夜

2024 年 3 月 21 日第 24 个世界睡眠日，中国睡眠研究会发布《2024 中国居民睡眠健康白皮书》，在参与调查的大学生群体里，52% 的人于零点至凌晨两点入睡，19% 的人入睡时间晚于凌晨两点，00 后已然成为熬夜的主力军，平均入睡时间为 0：33 。可见，熬夜在高校学生群体中已成为普遍的现象。熬夜严重损害着学生的身体健康，须知失去健康，一切都将化为泡影。大学生熬夜的缘由主要集中在学习、工作以及休闲娱乐等方面。随着智能手机与移动互联网的普及，大学生熬夜的趋势愈演愈烈。除特殊情况外，大学生应尽量避免熬夜。

从身体机能层面来看，高校学生长期熬夜会导致用眼过度。眼睛长时间超负荷运转，极有可能引发视力的功能性减退，甚至诱发白内障等眼部疾病。生理调节方面，长期熬夜会打破内分泌平衡，降低消化系统功能，引发腹胀、食欲缺乏等症状，情况严重时，还会对肝脏功能造成不良影响。心脑血管方面，熬夜是诱发心脑血管疾病的潜在因素。皮肤方面，熬夜会干扰皮肤的正常代谢，致使痤疮、皮疹等问题频出。睡眠质量也深受其害，容易诱发失眠、多梦、神经衰弱等症状 。此前，中国青年报社会调查中心联合问卷网对 1180 名青年开展的一项调查表明，57.5% 的受访青年将没有养成健康生活习惯的原因归结于手机等电子设备占用了日常时间 ，这在大学生熬夜现象中可见一斑，电子设备中丰富的娱乐内容、便捷的社交功能等，让大学生在夜晚难以自拔。

2. 保证充足睡眠

科学家研究发现，如果大学生能够保持每天 7~8 小时的睡眠，那么他们的注意力会更集中，做事效率会更高，记忆力也会增强，甚至能加速脂肪的燃烧。充足的睡眠能帮助大学生建立良好的饮食习惯，提高免疫力，促进人体的生长发育。

想要保证充足的睡眠，大学生应合理规划自己的日常生活，让事情有计划、有方法、有节奏地进行；中午尽量安排半小时左右的午睡时间，不可将时间荒废在网上聊天、打游戏方面；营造舒适的睡眠环境，选择在固定时间段入睡；睡前两小时停止一切饮食。

三、坚持体育锻炼

2024 年全国卫生健康工作会议上，再次强调了健康中国战略推进的关键意义，其核心要义与《“健康中国 2030” 规划纲要》一脉相承。《纲要》明确将 “全民健康” 确立为 “建设健康中国的根本目的”，把健康置于优先发展的战略高地，力求全方位、全周期守护和保障民众健康。

（一）体育锻炼的原则

1. 主动性原则

主动性原则是指锻炼者在充分理解运动的目的和意义的基础上，自觉、自愿、主动、积极地进行身体锻炼。积极主动是坚持身体锻炼的首要条件。一个人只有保持对体育的主动、热情，才能真正投入体育实践。比如，有的人是为了更健全地生长发育，有的人是为了调节紧张的学习生活，有的人是为了某项运动技能与成绩的提高，有的人是为了更结实健美，有的人是为了锻炼意志、防病治病。

人们根据不同的体育锻炼目的加入体育锻炼行列，说明体育锻炼具有多重功效，需要人们保持对体育的热情，主动投身锻炼，参加体育活动。

2. 全面性原则

全面性原则是指在锻炼中要统筹兼顾，使身体各部位、各器官、各系统的机能及身体素质和活动能力都得到均衡发展。人体是一个非常复杂的生命有机体，只有全面锻炼，才能互相促进和共同提高。对于正处在生长发育阶段的大学生来说，贯彻全面锻炼尤其重要。全面发展不仅是对体育锻炼本身的要求，也是对参与锻炼个体的要求，只有注重协调一致、合理发展，才能最终实现体育锻炼的目的。

3. 循序渐进原则

循序渐进原则是指对人体施加负荷时应逐步增加，使机体在适当负荷的条件下工作。每个人的适应能力都不相同，应注意逐步加压。循序渐进原则包括三个层面：一是运动负荷的循序渐进，指运动负荷量（强度、持续时间和次数）逐渐提高的过程；二是练习内容上的循序渐进，练习内容由简到繁，动作由易到难的过程；三是节奏上的循序渐进，负荷增加太慢会限制体能提高，负荷增加太快容易造成疲劳和损伤。体育锻炼的过程是人体对内外环境变化适应的过程，这个过程不能急于求成，必须逐步提高才能获得良好的效果。

4. 持之以恒原则

进行体育锻炼，不仅要循序渐进，还要持之以恒，只有这样才能收到良好的效果。毛泽东在《体育之研究》一文中指出：“凡事皆宜有恒，运动亦然。有两人于此，其于运动也，一人时作时辍，一人到底不懈，则效不效必有分矣。”（1917 年 4 月《新青年》杂志第 3 卷第 2 号）参加体育锻炼，坚持与不坚持，效果必然是不一样的。

进行体育锻炼时，身体的各器官、各系统都是在神经系统的支配下进行工作的。骨骼的坚实、韧带的牢固、肌肉的粗壮和肺活量的增大等都是长期坚持锻炼的结果。如果长期不锻炼，各器官、各系统的机能会慢慢减退，体力逐渐衰退，体质渐渐下降，人体只有在经常的体育锻炼中才能得到增强。

5. 运动负荷适宜原则

在体育锻炼中，运动负荷适宜是极其重要的。实践证明，运动负荷太小，锻炼效果不佳；运动负荷过大，不仅不能增强体质，而且有损身体健康。只有适宜的运动负荷，才能有效地增强体质。

负荷是否适宜，因人因时而异。即使同一个人，在不同的机能状态下，对负荷量的承受能力也不尽相同。当身体状况不佳、情绪不好时，人体的各种机能下降，在进行体育锻炼时就要调整负荷量；当学习和工作紧张，脑力劳动频繁，体力消耗较大时，要相应地调整体育锻炼的负荷量。确定运动负荷的大小，要充分考虑锻炼者的年龄、性别、健康状况、体质水平、项目特点和锻炼目的等因素。

（二）体育锻炼的方法

每个人的健康状况不一样，兴趣、爱好也不相同。因此，在选择和确定自己的锻炼内容与锻炼方法时要因人而异。从实践经验看，下面几种方法简便易行，对增强体质具有良好效果，适合大多数人采用。

1. 散步健身法

普通散步法一般指用慢速（每分钟走 60~70 步）或中速（每分钟走 80~90 步）散步，每次散步 30~60 分钟，这种散步常用于保健。快速散步法一般为每小时 5~7 千米，每次步行 30~60 分钟，常用于普通中老年人增强心脏功能和减轻体重。散步健身法可以分阶段进行，循序渐进，心率控制在每分钟 120 次以下为宜。

2. 跑步健身法

开始练习跑步的体弱者可以先进行短距离慢跑，从 50 米开始，逐渐增至 100 米、200 米以至更多，百米用时一般为 30~40 秒。体力稍好的人可进行长跑，距离从 1 000 米开始，在适应这个长跑后可逐步增加距离至 3 000~4 000 米，每千米用时为 6~8 分钟。

心肺功能稍差的人应该采取慢跑与步行相交替的方式锻炼身体。运动量要根据跑步时每分钟最高脉搏次数来掌握，最高脉搏次数每分钟不宜超过 170 次。参与此种健身方法的人应结合自身情况合理控制运动量。

3. 运动处方健身法

对每个体育锻炼者来说，一份合理的运动处方能有效地提高自己的体能水平，运动处方应适合个体需要。一份运动处方应包括锻炼目标、准备活动、锻炼模式和整理活动，特点因人而异，对“症”下“药”。采用运动处方健身，可以避免不合理的运动损害，更好地达到健身和预防疾病的目的，还可以吸引更多的人，促进体育锻炼的普及和科学化。

4. 跳绳锻炼法

跳绳锻炼能提高心血管系统和呼吸系统的功能，提高肌肉长时间工作的能力。普通人可以通过跳绳来锻炼身体，对心肺功能和肌肉耐力要求极高的拳击运动员也常常将跳绳作为锻炼的重要手段。因为跳绳对速度、灵敏、协调等体能有较高的要求，所以跳绳锻炼会使体能得到增强。对肥胖的人来说，再也找不到比跳绳更好的减肥方法了。

5. 自行车锻炼法

自行车的品种繁多，有作为交通工具的普通自行车、骑车旅行的越野自行车、适合穿山越岭的山地自行车及各种竞赛用的自行车等，无论哪种自行车都可以用来进行身体锻炼。为了消除室外自行车锻炼的不安全因素，获得自行车锻炼对提高心肺功能的良好作用，固定式自行车练习器被发明并得到普及。在室内练习虽然没有优美的风景相伴，但一边锻炼一边欣赏音乐、看电视等可以使枯燥的锻炼变得趣味盎然，其乐无穷。

四、改变不良行为习惯

一切违反社会规范的行为都属于不良行为，不良行为严重影响个体的身心健康。帮助学生改变不良行为，使其在长期的学习和生活中通过自我磨炼、自我约束、加强修养而形成良好的行为习惯，是高职院校体育教学的重要任务之一。

1. 杜绝吸烟行为

烟草是一种慢性自杀剂，燃烧后变成烟雾进入人体。烟雾中包含很多成分，主要成分有尼古丁、焦油、一氧化碳，它们进入人体的各个组织后会对人体健康产生巨大危害。吸烟会导致血栓，引发心脏病；会损害脑部、口腔、肺部、胃部、肝脏、肠道及全身骨骼；还会使人的抵抗力下降，导致感冒、神经衰弱、睡眠不足等，甚至引发肺癌、口腔癌等恶性疾病。目前，我国仍然是世界上吸烟人数和吸烟比例最高的国家。吸烟是一种危害生命和健康的行为，也是一种对自己、对他人不负责任的行为。青年学生要充分认识吸烟的危害，自觉抵制烟草诱惑，拒吸二手烟，远离烟草危害。

2. 杜绝过量饮酒行为

中华民族悠久的历史长河中，酒作为一种特殊的存在，在中国传统文化中有着独特的地位，几乎渗透社会生活的各个领域，成为人类表达情感和相互交流、沟通的媒介。古代诗人常常以酒助兴，如陶渊明不能一日无酒;李白“斗酒诗百篇”,酒喝得越多,诗写得越好。适量饮酒本来是一件韵味十足的事,但很多人会不知不觉地被酒“控制”,沦落为嗜酒者或酗酒者,酒由此成为许多祸事的根源,酒后闹事致人死亡、酒后驾车导致交通事故屡见不鲜。

酒精进入人体后无法立即排出。若在短时间内大量饮酒,摄入体内的酒精会抑制大脑的呼吸中枢,可能造成血糖下降或呼吸停止。有些人对酒精吸收不好,大量饮酒会导致体内各种维生素的缺乏,间接导致神经系统受损。青年学生对酒精的耐受力低,容易导致脑部、脏器功能受损,表现为精神涣散、发育极慢、未老先衰等。更为严重者可能会埋下肝硬化、胃癌、心血管等疾病隐患。青年学生血气方刚,在酒精的刺激下可能会变得喜怒无常、神志不清,从而诱发某些心理疾病。

3. 杜绝沉迷互联网行为

当今是信息数字化时代,网上求职、网上购物……这些便捷条件创造了一种全新的生活方式。但互联网是一把双刃剑,在给人类社会带来巨大变革和发展的同时,也不可避免地产生安全危机。如果青年学生沉迷网络世界,会影响身体健康,更重要的是影响心理健康,导致心理疾病,甚至做出违法犯罪行为。

任务三　学习什么是以体育人

总书记在全国教育大会上着重强调,要全面贯彻党的教育方针,落实立德树人的根本任务,培养德智体美劳全面发展的社会主义建设者和接班人。这为教育领域的改革与发展锚定了方向,对高校思想政治工作提出了更为深刻的要求。高职院校体育课程作为高校“课程思政”建设的重要一环,对贯彻落实课程思政、实践“三全育人”具有不可忽视的作用。

一、体育文化

体育发挥育人功能的关键一环是体育文化。体育文化育人就是用科学精神、团结拼搏、健康第一、真善美等体育精神特质来培育和造就大学生的体育素养。

(一)体育文化的含义

体育文化是一种主体参与的运动文化,是主体在运动中智慧、思想及对周围环境的反映,也是一种深含各种品质的文化,竞争、公平、团队协作等精神品质就是一种有广泛因果联系的运动文化。体育文化的孕育演变过程是长期积累、选择、变化、冲突、交融地承载着深厚文化积淀的社会文化活动,其底蕴与文化内涵是一脉相承的。

体育文化无时不在、无处不在,伴随人类生存、生产活动过程的始终,是人们以主、客体一致的锻炼为基本手段,以超越自我或挑战人类身体极限为直观结果,以理性指导和感性体验帮助塑造人性、体悟人类社会实践活动中的核心价值理念——自由、公平、和谐,达到的思想高度及与之相匹配的实际创造和积累起来的有形与无形的财富总和。

(二)体育文化的三要素

体育视野下的文化内涵包括物质、行为制度和心理三个要素。体育文化隶属文化范畴,是人类发展过程中形成的有关体育的物质文化、行为制度文化和心理文化的总和。

(1)体育文化的物质要素指体育文化的物质实体,即包括凝结在体育文化特质中的各种物质产品。传统的体育服装、体育场馆、体育器材等都属于物质形态的体育文化。一般而言,体育的物质文化是体育文化的最外表层面。

(2)体育文化的行为制度要素指体育文化的行为方式和制度规范,即体育制度文化。它既是体育文化的组织形式,也是体育意识的体现,如体育教学、课余体育活动、体育科研、体育竞赛等。

(3)体育文化的心理要素指体育文化的精神和观念,即体育视野下的体育精神文化。体育健康价值观是高校体育文化的本质和核心。

（三）校园体育文化

校园体育文化是维系学校社团的一种精神力量，在培育校园精神、大学精神，促进精神文明建设，营造学校人文气息和人文氛围方面起着重要作用。

1. 校园体育文化的内涵

校园体育文化是指在学校这一特定范围内所呈现的一种特定的体育文化氛围，是在教学和科研实践过程中所创造的体育精神财富与物质财富的综合；是以校园为空间，以学生、教师为主体，以参与各种体育锻炼项目为主要内容，以体现校园精神为主要特征的一种群体文化，集竞技、健身、消遣、娱乐、审美、传播文化等多元功能为一体；是一个系统的、开放的文化体系，既有严谨的科学方法、健全的组织机构，又有丰富的人文资源及丰富的文体活动。

校园体育文化包含学校师生在体育教学、健身运动、运动竞赛、体育设施建设等活动中形成和拥有的物质财富与精神财富，以及体育观念和体育意识。它是以学生为主体、以课外体育文化活动为主要内容、以校园为主要空间、以校园精神为主要特征的一种群体文化，这种特定的文化氛围是和学校的培养目标、校规校纪等内容相联系的。校园体育文化是一种有着深刻内涵和丰富外延的独特的文化现象，校园体育文化和校园德育文化、智育文化、美育文化等一起构成校园文化群，又与竞技运动文化、社会体育文化一起组成了广义的体育文化群。

2. 校园体育文化的人文精神

校园体育文化凝结、渗透着体育风尚，能够活跃校园生活的精神氛围，使校园充满生机活力和健康向上的体育风气，有助于在此氛围中的师生形成积极进取的心境和奋发努力的情感，能优化心态，陶冶情操，促进良好校风、学风的形成。校园体育文化的人文精神主要表现在以下几个方面。

（1）塑造顽强的意志品质和拼搏精神。体育从社会生产劳动中剥离出来以后，人们就不断地利用它挑战极限，在每次冲击极限的过程中，人们不仅需要非凡的体能和体力，更需要顽强的意志和拼搏精神。

（2）塑造公平的竞争意识和精神。公平竞争是所有体育活动的基本表现形式，公平竞争精神包括两个方面的内容：一方面是不畏强者、敢于竞争、敢于胜利、善于竞争、善于胜利的优秀品质；另一方面是倡导“公开、公平、公正”的行为规范，以此表现出参与者良好的道德。

（3）塑造集体主义和团结协作精神。任何形式的体育运动都积极倡导个性的张扬和集体的配合相结合，即战胜个体，又相互支持、相互配合、团结协作，融小我于大家之中，为共同目标努力。

3. 校园体育文化的人文价值

在校园体育文化活动中，每个成员既是体育文化的创造者和传播者，又是体育文化的接受者和享用者。校园体育文化的重要意义在于受教育者的主动参与，并置身其中积极开展创造性活动。

（1）提高学生思想道德素质。高校是知识、人才、信息、青年学生高度密集的地方，高校学生的思想道德水平直接影响未来社会主义事业的发展方向。校园体育文化具有教育性、导向性、感染性等特点，可通过组织丰富多彩的体育活动提高学生的思想道德素质。另外，体育活动具有群体性特征，为培养学生的群体意识、发扬团队精神提供了条件，通过群体比赛能有效地培养学生的集体主义精神。

（2）增强学生体质，维护学生健康。学校通过体育教学和各种喜闻乐见的群众性体育活动，既能增强学生体质，也能培养学生的终身体育意识、兴趣、习惯及能力，使学生走向社会后，不仅拥有健康的体魄，还具有一定的体育健康素养，以适应现代生产方式和生活方式。

（3）增强学生的竞争意识和进取精神。当今社会是充满竞争和挑战的时代，树立积极的竞争意识和进取精神，可使人在竞争中立于不败之地。体育运动是人与人之间的体力、智力和能力的竞争，是最富有竞争性的领域。体育运动以其竞争的魅力吸引学生参与，成为学生学习公平竞争、不断进取的最好课堂和演练场。

（4）锻炼学生的心理素质。心理素质对人的整体素质有重要的调节作用。大学生通过参加校园体育文化活动，能促进自身心理素质的不断发展和个性的日趋完善，培养及锻炼勇敢、坚强、机智、果断、开朗和热情的心理品质。

（5）促进学生个体的社会化。从社会文化的视角看，体育运动有利于学生学习与掌握社会规范，培养良好的社会公德、责任感，形成健康人格，全面提高意志力、抗挫折能力、合作精神及人际交往能力等素质水平。

（6）培养学生健康的审美观念和审美能力。在多姿多彩的校园体育文化中，学生受到外在美和内在美的熏陶，获得丰富多样的美的情感体验，能够提高学生鉴赏美、创造美和表现美的能力，进而使学生更加自尊、自爱、自信和自强。

二、中国传统体育文化

传统体育是传统文化的载体之一。传统体育项目的发展，不仅是强身健体的需求，更蕴含着对中国体育文化的认知与传承。

中国传统体育随着原始人类的生产劳动、宗教祭祀、军事战争、健身娱乐、教育传承等社会活动产生并发展。狩猎活动中，人们通过踢、打、摔、擒等本领与野兽搏斗，通过制作弓箭、用藤条缠住石球协助狩猎。宗教祭祀活动中开展游蛇灯、赛龙舟、舞狮等活动。此外，还有各种休闲娱乐活动，赛马、丢花包、放风筝、跳绳等。各种各样的身体锻炼形式和方法逐渐丰富起来，由劳动人民世代产生、实践、发展并流传至今，这些丰富多彩的传统体育项目是中华民族宝贵的文化遗产。

中国传统体育是中华优秀文化的重要组成部分，具有深厚的文化内涵。中国文化强调天人合一、情景合一、知行合一，突出展示了中国古人朴素的整体观。以崇尚礼让、宽厚、平和为价值取向的体育形态，不主张事物的极限发展，强调人与自然的和谐，在宁静、冥想中悟道。导引、气功、太极、武术等传统体育项目的动作结构特点都以平衡统一为精要，体现“好静”的特点。

中国传统体育项目主要包括竞技类（武术、摔跤、马术、赛龙舟等）；养生健身类（五禽戏、导引术、易筋经、太极拳等）；娱乐表演类（舞龙、舞狮、荡秋千、跳皮筋等）。此外，还有一些特色鲜明、具有丰富民族风格和地方特色的项目，如维吾尔族的叼羊、藏族的赛牦牛、苗族的打手毽、壮族的投绣球、朝鲜族的跳板等。

三、奥林匹克运动

拓展阅读

奥林匹克运动

在人类发展的历史长河中，奥林匹克运动是一种最悠久的社会文化现象，体现了人类追求更快、更高、更强的精神。奥林匹克运动将不同肤色、不同文化背景的民族紧密联系在一起，对人类文明产生了深刻影响。

1. 夏季奥运会

夏季奥运会每四年举办一届。经国际奥委会认可并被列入夏季奥运会的体育项目有射箭、田径、羽毛球、棒球、篮球、拳击、皮划艇静水、自行车、马术、击剑、足球、体操、手球、曲棍球、柔道、现代五项、赛艇、帆船、射击、垒球、乒乓球、跆拳道、网球、铁人三项、排球（竞赛大项）、举重、摔跤、游泳、跳水、沙滩排球、皮划艇激流回旋、蹦床、花样游泳、艺术体操、水球等。

目前，举行的夏季奥运会有 30 多个运动项目（第 29 届夏季奥运会体育项目如图 1-3-1），竞赛时间（包括开幕式、闭幕式在内）不得超过 16 天，节假日不进行比赛，期限顺延。国际奥委会规定，得到国际奥委会承认的各国际单项体育组织及其所管辖的运动项目才能列入奥运会比赛。

2. 冬季奥运会

第一届冬奥会于 1924 年在法国的夏慕尼举行。1925 年，国际奥委会决定每 4 年举行一次冬季奥运会，在夏季奥运会的同一年举行。1986 年，国际奥委会决定将冬季奥运会和夏季奥运会从 1994 年起分开每两年间隔举行。2022 年北京冬季奥运会的比赛项目（如图 1-3-2）主要有冰球、冰壶、速度滑冰、花样滑冰、短道速滑、高山滑雪、越野滑雪、跳台滑雪、自由式滑雪、单板滑雪、北欧两项、冬季两项、雪车、钢架雪车、雪橇等。

赛期包括开幕式在内不得超过 16 天。国际奥委会规定，列入冬季奥运会比赛的男子项目至少须在两大洲、25 个国家和地区广泛开展，女子项目至少须在两大洲、20 个国家和地区广泛开展。

图 1-3-1　第 29 届夏季奥运会体育项目

图 1-3-2　2022 年北京冬季奥运会体育项目

四、体育欣赏

人类在社会实践中创造了体育，其审美价值不断提升。21 世纪以来，体育发展进入新阶段，涉及更多美学知识。体育美学助力人们认识体育之美，指导审美活动，促进身心全面发展。

（一）体育中的美学

1. 美在体育运动中展现

体育运动的美依托自然实体人的呈现。体育运动以人体美的运动形式表现，如健美运动员展示强健肌肉、匀称线条与优美造型。各类体育项目都能展现人体力量、速度、灵巧、耐力与青春活力，融合体育运动与美。

2. 体育运动与体育审美

观赏体育比赛是一种审美活动，兼具感性与理性，具有社会功利价值。体育观众参与体育创造和传播，但并非所有观众都能获得美感。观赏者需具备审美意识和能力，能与客体交流并产生心理激励；还需有一定运动能力，熟悉项目特点，才能对审美客体做出稳定情感反应。人类在运动中展现自然和社会属性，冲击人体极限。体育审美以直接参与为特征，不同运动项目带来不同审美感受，体育相关的服装、建筑等也能满足审美需求。

3. 艺术审美

艺术审美是生活美的集中体现，经概括、加工融入个人审美意识，可塑造非现实形象。体育美虽遵循美的规律，但必须符合竞技要求，尊重人体科学规律，追求以最少体力将天赋、体力发展到极致，且要有具体可感形式，拒绝虚伪夸张。在艺术作品中，人是被塑造的对象；在体育运动中，人是表现的主体。文学艺术美借助文字等无生命物质为媒介，体育审美以运动的人体为媒介。文学艺术美侧重审美想象，具有稳定性和静止性；体育审美侧重审美感知，是流动、动态的美。

4. 体育美的欣赏

体育运动展现美的艺术世界，给人精神愉悦和享受。运动员在比赛中的高超技艺是美的体现，如艺术体操运动员的灵动柔软、竞技体操运动员的稳健优美、球类比赛的精彩战术配合等。跳高、帆船、击剑等项目的运动员表现也让观众沉醉，激励人们追求体育的更高境界。

（二）体育比赛欣赏

1. 体育比赛欣赏的基本内容

体育比赛欣赏涵盖对运动员动作、品德、技术战术运用与临场发挥的欣赏；对裁判执法水平、教练员临场指挥风格的欣赏；对解说员、评论员评说的欣赏；对体育书籍、报刊、摄影作品、体育运动场馆建筑风格、器材服装的欣赏；对体育健身者的自我欣赏；对人体形体、体育音乐、比赛场地环境的欣赏等。

2. 体育比赛欣赏的意义

（1）体验不同的体育文化。体育文化反映不同国家和民族的风俗民情与意识观念，与体育生活紧密相连，规范体育行为，影响价值观念，与社会文明相辅相成。

（2）陶冶情操。欣赏运动员的体形和动作，能产生愉悦，激发热爱体育和追求美好生活的愿望。

（3）振奋民族精神。强化集体观念，激发爱国主义热情，体育运动通过促进共识体现振奋民族精神的功能。

（4）激发体育意识。体育比赛能启迪健康、拼搏、创新、道德等意识。

模块二 科学的体育锻炼

项目一 体育锻炼的原则与方法

知识导图

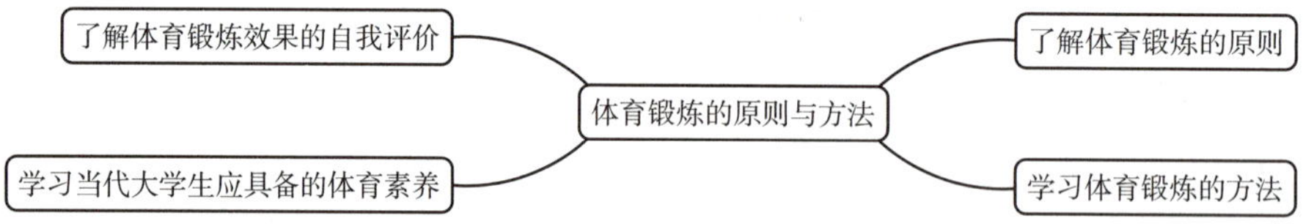

高素质技能型人才培养目标

知识目标	能力目标	素养目标
1. 全面理解体育锻炼的基本原则； 2. 掌握不同类型的体育锻炼方法； 3. 理解体育锻炼与职业发展的关系，认识适当的体育锻炼对提升职业能力和工作效率的积极作用	1. 根据自身的身体条件、兴趣和目标，结合体育锻炼的原则，制定出适合自己的锻炼计划，能够在实际锻炼中灵活调整计划； 2. 正确执行各种体育锻炼方法，确保锻炼的效果和安全性； 3. 运用所学知识，对体育锻炼的效果进行自我评估，能够根据评估结果调整锻炼计划	1. 树立正确的体育锻炼观念，形成积极的生活方式； 2. 在体育锻炼中培养坚持不懈、自律自强的品质，形成良好的锻炼习惯，将这种精神应用到日常生活和职业发展中； 3. 通过体育锻炼增强团队合作意识和竞争意识，提升人际交往能力，为未来的职业发展奠定坚实的基础

任务一 了解体育锻炼的原则

体育锻炼的原则是每一个参加体育运动的人都应该严格执行的基础依据，也是人们在以往的锻炼中，根据客观事实总结出的规律，是科学体育锻炼的重要组成部分。

1. 自觉性原则

人体的发展与素质的提升是长期积累的过程。参与者需养成锻炼的习惯，相信锻炼的价值和作用，以此为动力长期坚持，合理选择运动项目，从而获得良好的锻炼效果。自觉性是坚持长期锻炼的前提。

2. 经常性原则

每次体育锻炼都会增强机体代谢，促进新物质合成，形成“超量恢复”，提升机能水平。但若不持续刺激，这种反应会逐渐消退，机能恢复到原水平。因此，在“超量恢复”基础上，需不断施加良性刺激，积累效果，增强机体功能。所以，应制定并严格执行长期锻炼计划，实现锻炼目的。

3. 渐进性原则

体育锻炼需依据自身能力，科学地安排负荷与难度。锻炼计划和过程都应循序渐进，学习动作由易到难，运动量由小到大。锻炼前要做准备活动，高强度或复杂动作放在最后。

4. 全面性原则

体育锻炼应从整体出发，不仅要改善身体形态、机能和心理素质，还要增强适应环境和抵抗疾病的能力，促进身心全面协调发展。

5. 区别性原则

锻炼的内容、方法、运动负荷因人而异。锻炼者在性别、身体状况、运动能力等方面存在差异，对体育的认识和可塑性也不尽相同。因此，应根据个人实际情况制定锻炼计划，以促进身心健康。

6. 适量性原则

运动可使身体产生一定的疲劳感，但这种疲劳感必须是适宜的，运动量和强度过大易致身体不适，过小则效果不佳。不同年龄段的人体负荷极限不同，运动时应控制在极限范围内，具体如表 2-1-1。心脏跳动的次数和运动前的数据进行对比，若一样，则表明身体恢复正常；若比往日多 5 次左右而且延续 3 天以上，且身体表现出不适，则说明运动量过大。

表 2-1-1　不同年龄段运动强度：心率　　单位：次/分

强度		年龄				
		20~29 岁	30~39 岁	40~49 岁	50~59 岁	60 岁以上
高强度	100%	190	185	175	165	155
	90%	175	170	165	155	145
中等强度	80%	165	160	150	145	135
	70%	150	145	140	135	125
	60%	135	135	130	125	120
低强度	50%	125	120	115	110	110
	40%	110	110	105	100	100

任务二　学习体育锻炼的方法

锻炼者可不拘泥于形式，根据自己锻炼的目的、要求、兴趣来选择合适的锻炼内容和方法，达到强身健体的目的。

一、发展基本体能的内容与方法

1. 散步

散步是受众最广泛的锻炼方法，对场地和环境要求低，运动量易控制，适合中老年人。

（1）低速散步法：每小时 3~4 千米，每分钟 70 步左右，每次 45 分钟，适合保健。

（2）高速散步法：每小时 6 千米，每分钟 100 步左右，每次 45 分钟，心率控制在 120 次/分钟以下，适合减脂。

（3）定时定量散步法：平地与坡度 3°~5° 的斜坡交替各走 15 分钟，适合疾病患者。

2. 跑步

跑步适合各年龄段人群，锻炼效果好，但需选择合适的方法。

（1）走、跑交替法：适合不同运动者，通过交替走和跑控制运动负荷。

（2）高强度耐力跑：设置固定距离或时间，运动强度较大；也可采用越野跑、自然地形跑等形式。

二、发展综合素质与运动技能的内容与方法

1. 体操

体操能强健身体、塑造体型，对肌肉力量和协调性有良好锻炼效果，包含竞技体操、艺术体操和蹦床等。练习体操有一定危险性，需注意安全，加强保护。

2. 球类

球类运动深受学生喜爱，能增强身体素质和脏腑功能，运动负荷可按个体特征适当调整。

三、形体塑造及健美的内容与方法

1. 形体塑造

通过形体塑造练习可改善形体姿态，提升个人气质和形象，展现个性美感。

2. 健美运动

健美运动包括健美操、形体操、韵律操等，可徒手或用哑铃等器材练习，旨在健美身材、改善体型、陶冶情操。健美操深受大学生喜爱，能提升有氧代谢能力、协调性、艺术素养，愉悦身心。

3. 体育舞蹈

体育舞蹈融合体育、社交、娱乐与艺术，是有氧运动和形体语言，有益健康和形体改善。

（1）摩登舞：华尔兹、探戈、狐步舞、快步舞、维也纳华尔兹。

（2）拉丁舞：伦巴、恰恰、桑巴、斗牛舞、牛仔舞。

（3）集体舞：10 种国际标准交谊舞（8 对选手参赛）。

四、传统体育锻炼的内容与方法

传统体育历史悠久，以武术为代表，是中华民族在长期历史演进中创造并逐渐形成的运动项目。武术集竞技、健身、表演于一体，不仅能增强体质，还能培养勇敢、机智和敏捷等品质。

五、其他体育锻炼的内容与方法

其他体育指各种体育游戏，如拔河、跳绳、扔沙袋、放风筝、踢毽子、荡秋千等，这些游戏适合学生特点，能有效促进身心健康、提高运动能力。此外，游泳、登山、自行车远行、野外郊游、攀岩、轮滑、飞盘、台球等运动项目也有较高的锻炼价值。

任务三　了解体育锻炼效果的自我评价

一些参加体育锻炼甚至是经常参加体育锻炼的人，经过一段时间或者长期的锻炼后，不知道或者不确定锻炼效果，到底应该怎样利用科学知识知道自己的锻炼效果呢？下面这几点值得参考。

一、运动后自己的体会

运动后的 24 小时内，若出现浑身酸痛、精神萎靡、食欲不振、心情低落等状态，若排除疾病因素，可能是运动量超负荷或运动项目难度过大造成的。因此，平时应记录运动时间和负荷，下次锻炼时适当缩减时间、减少负荷，循序渐进，避免运动损伤。经常运动的人，运动后虽有一定的倦怠感，但身体恢复得较快，没

有不适感或者不适感明显减轻；不经常运动的人，运动后的身体倦怠感的消失速度比较慢。

二、身体形态、肌肉维度的变化

运动爱好者经过锻炼后，身体会发生较大的变化，如四肢变得更发达，整个身体的肌肉线条更健美，同时给人一种矫健挺拔的感觉。

三、身体机能方面的变化

（1）肺活量较运动前有明显改变。由于经常锻炼，肺部的通气量明显增加，呼吸肌的能力也有显著提高。

（2）经常锻炼者的心脏跳动较普通人慢，即运动性心动徐缓。在静息状态下，心脏每分钟跳动次数减少，但功能不变，说明运动能增强心脏功能。

四、心理健康状况的变化

经常运动的人体魄强健，心理健康，生活、工作和学习中充满活力，心情愉悦。

科学评估运动状况对运动效果至关重要，合理的运动项目、方式和负荷对增进健康极为重要。因此，锻炼前后的自我评价极为关键，个人可根据相关数据指标进行准确测量，以此调整锻炼方式和运动量。

任务四　学习当代大学生应具备的体育素养

体育素养是指运动者对体育相关内容的学习和参与体育锻炼而获得的体育能力的综合体现。具体表现是对体育知识了解的程度、学习体育技能的水平、掌握体育技术的优劣、形成体育意识的深度、表达体育个性是否鲜明等。努力提升体育文化素养对于学生在以后激烈的社会竞争中稳步发展有着极其重要的影响。

一、树立“健康第一”的理念

健康是人类的终极追求，反映了一个民族和国家的发展水平。我国强调“健康的身体是青少年成为栋梁之材的基本条件，是民族发展的动力”，要求学校贯彻“健康第一”的理念，落实体育工作。大学生应重视健康，牢记“身体是革命的本钱”，通过体育锻炼实现全面健康。

二、提升自身体育水平

大学生在高校体育学习中，应重视体育对健康的促进作用，掌握体育健身的基本原理，并运用这些知识指导个人锻炼；要学会自我评估锻炼效果，将体育视为文化，提升体育文化素养，提高体育活动的水平。这不仅需要大学生掌握基本体育知识，还要不断改进锻炼方法，总结技术经验，增强体质，为终身体育打下坚实的基础。

三、坚持锻炼，健康生活

部分当代大学生的生活习惯和个性特点对健康不利，为获得持久健康，合理的体育锻炼是关键，应养成锻炼习惯，培养健康的生活方式。

四、提升自身的体育道德修养

体育是传播精神文明的重要载体，能有效培养高尚道德情操。大学生应通过体育运动竞赛提升自身能力，增强合作意识，深入了解体育内涵，这是提升体育素养的根本途径。

项目二　运动卫生安全与处置

知识导图

运动卫生安全与处置
- 学习常见运动损伤的预防与处理
- 了解常见运动性疲劳
- 知道体育锻炼的基本要求
- 了解健康运动常识

高素质技能型人才培养目标

知识目标	能力目标	素养目标
1. 了解运动生理卫生的基础知识，了解不同运动项目对身体的影响和锻炼前后的卫生注意事项； 2. 掌握运动安全的基本原则，了解运动损伤的常见类型、原因及预防措施等； 3. 了解运动处置的基本方法，包括运动损伤的初步判断、应急处理以及后续康复措施，正确应对运动中的突发情况	1. 根据体育锻炼的卫生要求，合理安排自己的运动计划，确保运动过程中的卫生安全； 2. 根据自身情况，采取有效措施消除运动疲劳，提高运动恢复效率； 3. 预防常见的运动损伤，遇到损伤时能够迅速做出正确的判断和处理，减轻损伤程度； 4. 运用健康运动常识，制定个性化的运动方案，提高运动效果，促进身心健康	1. 树立健康运动的理念，认识到科学、安全的体育锻炼对于身心健康的重要性； 2. 在运动中培养自我保护的意识和能力，养成良好的运动习惯和生活方式； 3. 提升对生命的尊重和重视，形成积极向上的生活态度； 4. 在体育锻炼中培养团队协作、公平竞争的体育精神，提升社会适应能力和综合素质

任务一　知道体育锻炼的基本要求

一、运动前要做好准备活动

1. 准备活动的作用

（1）充分的准备活动可以使我们的身体快速地进入运动状态，使机体尽快达到最佳运动水平，对锻炼者的身体和心理能产生积极的影响。

（2）准备活动俗称热身，通过激活体内酶活性，使肌肉进入高效运动状态，优化血流与黏滞性，从而降低运动损伤风险。

（3）准备活动可以在心理层面上让锻炼者意识到要进入运动状态，可引导锻炼者集中注意力，告诉自己锻炼已经开始。

2. 准备活动的要求

普通锻炼者热身 15 分钟即可，结合拉伸等活动，建议慢跑；专项运动员需针对性地热身约 20 分钟，活动内容与运动项目相关。热身强度以身体微汗、心跳加快、关节灵活、兴奋性提升为标准。

二、运动结束要做整理活动

1. 整理活动的作用

（1）运动前有热身，运动后有拉伸，这个拉伸就是整理活动的一部分。整理活动可以让运动员从运动中的兴奋状态逐渐恢复到平静状态。

（2）整理活动一般会在一个比较轻松愉快的氛围下进行，这样会对运动员机体起到一个调节作用。通过一些放松的内容设置来消除掉运动后的疲劳感，使酸疼的肌肉得到有效调节。

2. 整理活动的要求

运动后，整理活动应以低强度、舒缓内容为主，放松走、深呼吸、拉伸、按摩等均可使心率自然回落。运动员跑后需缓冲慢走，调整呼吸，尤其赛后需全身放松，舒缓身心疲劳。此外，寒冷环境下注意添衣保暖，避免感冒。

三、饭后不宜剧烈运动

饭后血液集中于消化系统，立即运动会导致血液分流，影响消化功能，长期易引发胃肠疾病，甚至消化道痉挛。此外，剧烈运动时氧气需求增加，膈肌活动加强，胃内食物可能压迫胸腔，导致呼吸困难，同时加重心脏负担。

四、运动时饮水要适量

一般人每日需水约 2 500 mL（含食物），运动时排汗增加需强化补水，但应注意剧烈运动后大量饮水可能导致盐分流失，引发代谢失衡，严重时引发肌肉痉挛、肠胃不适。口渴常因呼吸导致黏膜干燥，非真正缺水，此时漱口即可缓解。补水应遵循“少量多次”原则，每次 150~200 mL，间隔 15 分钟以上，出汗多者可补充淡盐水。运动后待身体恢复平静状态，再适量增加饮水以促进机能恢复。

五、运动场地的安全要求

室内外的运动场地需均达标：检查室内地面平整度、防滑性、灯光照明及空气流通；室外场地应清除砖头、石块等杂物，确保场地平坦适宜。锻炼者应选择无干扰的安全场地。

六、运动器械的安全要求

使用运动器械时应首选国家认证的产品，使用前须充分了解器械功能。例如，跑步前检查鞋钉是否牢固；球类运动前须检查球体完整性及气压（夏季防过热爆炸）。

七、运动服装的安全要求

运动服装需透气、柔软，利于散热排汗，大小合身。夏季建议浅色轻便装，冬季注意保暖，可搭配帽子、手套。鞋袜需合脚、透气、有弹性，避免穿皮鞋、凉鞋或赤脚，以防运动损伤及脚部疾病。

任务二　了解常见运动性疲劳

一、运动性疲劳的表现

人体运动性疲劳的具体表现一般是反应变慢，动作出现不协调现象，注意力开始变得不集中，运动中常会出现错误的判断，由于乳酸的堆积使肌肉出现酸痛和肿胀感，运动中的呼吸开始变浅并加快。以上情况的出现，说明运动者已经出现疲劳，应停止运动进行休息，同时也说明运动性疲劳是多种因素导致的。

二、运动性疲劳的判断

运动性疲劳可以通过锻炼者自身感觉进行判断，如运动后出现四肢酸疼、头晕、恶心呕吐等；也可通过锻炼者的精神状态进行判断，如运动后出现面色苍白、大量出汗、呼吸困难等。通过这些可以大致判断锻炼者的疲劳程度，具体判断标准见表 2-2-1。

表 2-2-1 运动性疲劳程度的简易判断标准

内容	轻度疲劳	中度疲劳	极度疲劳
自我感觉	无任何不舒服	疲乏、腿痛、心悸	除疲乏、腿痛、心悸外，还有头痛、胸痛、恶心甚至呕吐等现象，且这些现象会持续相当长一段时间
面色	稍红	相当红	十分红或苍白，有时呈蓝紫色
排汗量	不多	较多	非常多
呼吸	中度加快	显著加快	显著加快并且呼吸较浅，有时会出现节律紊乱
动作	步态平稳	步态摇摆不稳	摇摆现象显著，出现不协调动作
注意力	较好，能正确执行指示	执行口令不准确，出现错误的技术动作	执行口令缓慢，技术动作出现变形

三、推迟疲劳出现的因素

锻炼者在进行体育锻炼时，如何让自己疲劳状态出现得晚一些，有以下几方面的因素。

（1）平时注意经常性锻炼，努力提高自己的身体素质。

（2）锻炼者平时可以尝试多个运动项目并交替混合进行，这对于推迟疲劳有帮助，如篮球和足球的交替锻炼活动，可以使上下肢的锻炼更加均衡，避免局部疲劳过早出现。

（3）在进行体育锻炼时（特别是运动员）一定要特别注意，自己所练习的专项供能系统，如 100 米短跑的主要供能系统是 ATP-CP 系统（磷酸原系统）。清楚地了解自己的专项供能方式并采取与之匹配的练习方法进行专项练习，这对于疲劳的推迟有显著效果。

（4）体育锻炼需要强大的意志力支撑，平时一定要把意志力的训练加到自己的专项训练内容里，意志力提升对运动成绩的提高有很大的帮助，对于改善疲劳状态也有直接影响。

（5）“三分练七分吃”充分说明了营养的重要性，合理的膳食安排是锻炼好坏的直接保证，运动饮食的合理安排，可以使运动员的疲劳推迟，从而提高运动成绩。

四、加速消除疲劳的方法

加速消除疲劳的措施大致有以下几方面。

1. 坚持合理的生活规律

消除运动疲劳需合理作息、均衡饮食与充足睡眠协同作用，尤其剧烈运动后，要保证优质的睡眠，成年运动员建议每日睡眠 8~9 小时。

2. 合理补充营养

锻炼者长时间剧烈运动后易产生疲劳，科学补充营养是消除疲劳的关键。运动易消耗蛋白质、糖类、脂肪等能量物质，需及时补充，并搭配维生素、无机盐以促进身体恢复。

3. 物理疗法

锻炼者锻炼后可通过穴位按摩、光疗、电疗、温水浴（建议 10~15 分钟，不超过 20 分钟，每日不超过 2 次）及热敷（水温 47~48 ℃）促进血液循环，加速代谢废物的排出。锻炼前对负荷部位热敷 10 分钟可推迟疲劳。

4. 药物

维生素 B_1、B_6、C 及中药黄芪、刺五加、参三七等能调节中枢神经，增强心血管功能，促进疲劳消退。长时间疲劳的运动员可补充 B_{12}、三磷酸腺苷等。

5. 心理调节

心理调节是消除疲劳的重要手段，保持愉悦心情，运动后听舒缓音乐，吸氧和负离子疗法均有助身体恢复。

任务三　学习常见运动损伤的预防与处理

一、运动损伤的预防

1. 运动损伤发生的原因

（1）锻炼者没有掌握运动相关损伤的预防知识，对运动损伤预防的必要性认识不够，没有主动采用合理的预防手段，所以在运动中容易出现运动损伤。

（2）锻炼者根本不做准备活动，没有做准备活动就直接进行剧烈运动，最容易造成肌肉、关节等拉伤或扭伤。

（3）运动心理问题。没有运动经验，思想过于放松，运动中过于紧张，情绪调节能力差，对于某些特殊动作有恐惧心理。

（4）自身的运动能力差，身体基础条件弱，对锻炼内容没有做好充分准备，对动作的控制能力不足，从而导致损伤的发生。

（5）天气原因。在高温和潮湿的环境中运动，会让锻炼者汗如雨下，导致中暑等情况出现；在特别寒冷的天气锻炼，很容易冻伤皮肤或者发生一些意外损伤。

2. 运动损伤的预防

（1）掌握一些预防运动损伤的理论知识并时时告诫自己预防运动损伤的重要性。

（2）在运动团队中，服从管理，按纪律办事，按指挥行动，把运动安全措施做好，如运动器械的检查、运动场地的检查、运动装备的检查等。

（3）运动前一定要把准备活动做充分。

（4）锻炼者要根据自己的兴趣和运动能力选择合适的运动项目，适量地进行运动。

（5）运动前要学习运动理论知识，结合理论在实践中逐渐掌握动作技能，对于特定动作还要进行辅助和保护。

二、常见运动损伤的处理

1. 软组织损伤

运动摔倒易致软组织损伤，轻微伤口可用过氧化氢（双氧水）清洁，酒精或碘伏消毒；严重伤口需及时就医缝合。

2. 肌肉拉伤

未热身、剧烈运动或动作过猛易致肌肉拉伤。轻度拉伤可冰敷 30 分钟消肿，避免立即按揉或热敷，建议用弹性绷带固定。严重疼痛可遵医嘱服用止痛药。

3. 关节扭伤

未做好防护或地面不平易致关节扭伤，常见部位为踝腕、膝关节等。扭伤后需固定患处，先冷敷后热敷止痛消肿，严重时需检查骨伤，治疗包括复位、固定或手术。如踝腕、膝关节扭伤，需抬高患肢，先冷敷 48 小时后热敷。

4. 挫伤

挫伤多由外力打击引起。轻度挫伤时，冷敷 24 小时后用活血药/止痛贴，再热敷，约一周痊愈。重度挫伤时，用云南白药+白酒敷，包扎换药，配合理疗恢复。

5. 脱臼

脱臼即关节错位，锻炼者需保持冷静，避免移动关节，更不可按揉。治疗时，需尽快复位（越早越好），后用夹板、石膏或吊带固定关节，可遵医嘱服用布洛芬等药物止痛。

6. 骨折

骨折分闭合性和开放性两类。开放性骨折需先止血，按回骨头以防骨髓炎，木板固定后送医。闭合性骨折需避免移动防止二次损伤,用木板固定,肿胀处热敷,促进血液循环,可配合药物治疗。

任务四　了解健康运动常识

随着时代的进步,越来越多的人开始健身,健身时有很多不可忽视的小细节。

一、体育运动的安全常识

(1)跑步是一种很常见的运动方式,跑步前的准备活动一般包括各个关节的屈伸、绕环、扭转等。跑步速度最好是由慢到快地进行,给身体一个适应过程才是安全、正确的。

(2)跳绳的准备活动与跑步基本相同,跳绳虽然是全身性运动,但跳绳对踝腕关节和膝关节的锻炼比较多一些,所以要加强这几个部位的热身练习,避免受伤。

(3)篮球的准备活动需针对踝腕、指、膝、腰关节进行。具体热身方法是踝腕绕环,指关节单手指运球,腰部体转或原地持球转体,膝关节蹲起或弓箭步拉伸。

(4)羽毛球的准备活动需针对腕、肩、膝、踝关节进行,预防损伤。热身方式有踝腕、肩关节绕环拉伸,结合击球动作,膝关节不同蹲起+步伐练习。

(5)乒乓球的热身活动部位主要是手腕、大臂、小臂以及肩部。手腕和肩部的练习可以是绕环,大臂和小臂的练习就是通过拉伸或者徒手的挥拍动作进行。

(6)网球的热身活动针对性比较强,肘部的热身非常重要,如果热身不好,打球姿势不标准,很容易形成"网球肘"。肘部的热身可以通过臂屈伸来活动韧带,也可以通过无球的正、反拍挥拍练习肘部。

二、健康运动的注意事项

1. 参加剧烈运动后切忌过量饮水

剧烈运动后盐分随汗液流失,过量饮水会干扰生理机能,甚至引发抽搐。此外,大量饮水会使胃胀,阻碍呼吸,加重心脏负担,影响消化,损伤胃部。

2. 选择合适的锻炼环境

运动时最好选择适合体育锻炼的正规体育运动场所,如风景优美的城市公园、专业的运动健身会馆、综合性体育场馆等,这样能够避免伤害事故的发生。

3. 选择最佳运动量

运动量的选择需结合个人年龄、性别、职业、体能等因素,采用适合评定方法(心率、指数、库珀评分等)来确定。运动时间需适中,过短热量消耗不足,过长影响次日状态,建议选择适宜运动量并长期坚持。

4. 锻炼后整理拉伸

整理拉伸是指在运动结束后,采取的可以让机体消除疲劳和快速恢复的若干手段。整理拉伸的目的是让运动员过于僵硬的肌肉得到有效放松,从紧张激烈的比赛或运动中恢复到平时安静的状态。也可以通过按摩的方式进行整理拉伸。

5. 运动过后莫忘"冷却"

运动之后的"冷却",与健身之前的"热身"一样重要。运动员在运动后,需要逐步安静下来,这是所有运动员必须了解并执行的锻炼原则。无论生理学角度还是心理学角度,都告诉我们运动后"冷却"是必不可少的一个环节。

6. 运动后补充营养

运动员每日训练消耗巨大,运动后营养补充直接影响锻炼效果和成绩。运动员需重视补充水、电解质、糖分、碱性食物,运动后应多吃碱性食物,避免食用碳酸饮料、大鱼大肉等酸性食物,以免加重疲劳。

7. 运动后不能立即洗澡

运动后不宜立即洗澡(尤其是热水澡),此时身体未恢复平稳,洗澡会加重心脏负担,严重时会导致头晕、呼吸困难，高危人群（如老年人、肥胖者）更应避免运动后马上洗澡。

三、掌握安全运动常识的好处

掌握安全运动常识的益处是多方面的。这不仅关乎个人的健康，还影响着生活质量、运动习惯的持续性。

1. 预防运动伤害

安全运动常识的首要益处在于预防运动伤害。了解正确的运动姿势、适当的热身与拉伸方法，以及运动装备的选择，可以大大降低肌肉拉伤、关节扭伤、骨折等风险。

2. 提升运动效果

了解运动常识和技巧不仅能保护身体，还能提升运动效果。例如，正确的呼吸技巧可以提高耐力，正确的力量训练技巧可以更有效地增强肌肉力量。掌握这些技巧，能让运动更高效，更快地实现健身目标。

3. 养成长期运动习惯

掌握安全运动常识有助于建立并养成长期的运动习惯。当了解如何安全、有效地进行运动后，他们有可能从运动中获得乐趣和成就感，更有动力参与运动。

4. 增强身体适应性

了解如何根据身体状况调整运动强度和时间，可以帮助个人逐步提高身体适应性，适应更高强度的运动或挑战。这不仅有助于提升体能，还能增强身体的抵抗力，减少生病的风险。

5. 促进心理健康

运动本身就是一种有效的减压方式，但如果不了解如何正确进行，可能会适得其反，增加心理压力。正确的运动方法和心态调整技巧，可以帮助个人在运动中获得更多的心理益处。

6. 避免运动误区

许多人在开始运动时，由于缺乏相关知识，容易陷入一些运动误区（过度训练、忽视营养补充等）。掌握安全运动常识，可以帮助个人避免这些误区，确保运动计划的科学性和有效性。

思考与讨论

1. 在体育锻炼中，如何贯彻安全性原则？大学生在锻炼中需注意哪些？
2. 体育锻炼方法多样，适合大学生的锻炼方法有哪些？如何选择锻炼方法？
3. 大学生应具备哪些体育素养？
4. 请结合自身的体育锻炼经验，讨论在体育锻炼过程中，你是如何遵循安全要求的？你认为这些安全要求对提升锻炼效果、预防运动损伤有何重要性？
5. 请谈谈你对运动性疲劳的认识。
6. 请结合你所了解的知识和经验，讨论常见运动损伤的预防方法。

模块三

体能训练与发展

项目一　健康体能发展的基本原理

知识导图

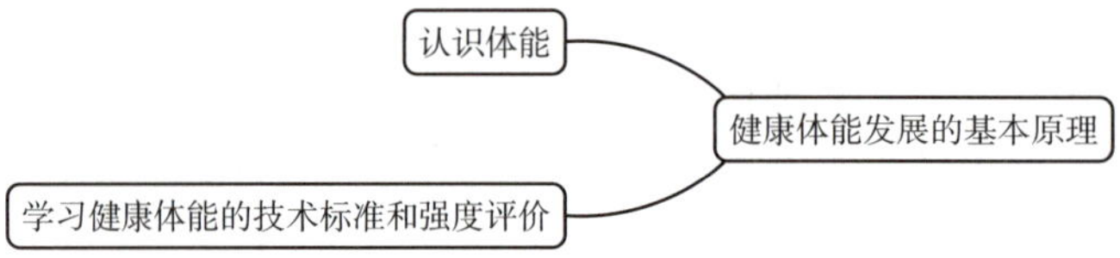

高素质技能型人才培养目标

知识目标	能力目标	素养目标
1. 了解体能的基本类型; 2. 了解发展各项体能的基本锻炼方法	1. 掌握体能锻炼计划的制订原则,为自己制订合适的体能锻炼计划; 2. 掌握发展体能素质的核心训练方法(如抗阻训练、自重训练、等长收缩训练等)	1. 培养科学锻炼的意识,养成坚持体能锻炼的习惯和积极健康的生活方式; 2. 提升对自身体能状况的关注与认知,树立正确的健康观念

任务一　认识体能

(一)体能的基本概念

体能是人们适应生活、工作和学习等活动应具备的身体能力。体能分为健康体能和运动体能两部分。

1. 健康体能

健康体能是人们维系健康所具备的身体能力。健康体能使我们以饱满的精力、向上的姿态去面对学习和生活。有些同学在生活中很容易感到疲惫,没做多少事就感到很累,学习生活的热情也不高,像打了霜的茄子没有精气神,而经常运动的同学则充满朝气,很有活力,同时应对很多事情也游刃有余。这除了和个人能力有关,还与健康的体能密切相关。

从生理层面讲，健康体能和以下因素息息相关。

（1）心肺耐力：指身体在持续性活动时，循环系统和呼吸系统供氧的能力。体能锻炼能有效地提升心肺耐力，预防冠心病等心血管疾病。

（2）肌肉力量和肌肉耐力：前者是指肌肉或肌肉群一次竭尽全力收缩时对抗阻力的能力；后者指肌肉或肌肉群多次重复收缩而不疲劳的能力。人体的所有活动离不开肌肉收缩，良好的肌肉力量和肌肉耐力是健康生活的保障，也是发展其他体能的基础。

（3）身体成分：指人体内水、蛋白质、脂类、糖类和无机盐以及维生素的含量或占比，运动方面主要考察人体总体重中脂肪成分重量和非脂肪成分重量（瘦体重）的相对数量关系。

2. 运动体能

运动体能是指在健康体能的基础上，人们所具备的与运动相关的身体能力。运动体能对于人的能力提出了更高层次的要求。对健身者而言，发展运动体能能从事更多种类的体育活动，如考查灵敏与速度的地板球、需要平衡性的跳绳、需要协调性的赛艇等。对于竞技者而言，发展运动体能可以帮助他们在赛场上取得更好成绩。对于学生而言，发展运动体能可以帮助他们应对体育测试，有机会在课余时间尝试不同的体育项目，感受体育的乐趣。

运动体能和如下因素密切相关。

（1）灵敏度：指人体在复杂条件下，快速、准确、协调地变换身体姿势和运动方向并随机应变的能力。

（2）速度：指在单位时间内，全身或身体的任一部位从一个位置快速移动到另一个位置的能力。

（3）协调性：指人的肢体或肌肉在动作中的配合能力。

（4）平衡性：指人体在相对静止状态或动态条件下维持身体姿势稳定的能力。

（二）体能运动的基本类型

体能运动的种类很多（见表 3-1-1），有球类运动（篮球、足球、网球等），有中国传统运动（太极拳、木兰拳等），但最为常见且应用最广泛的项目是跑步、游泳和自行车。跑步是最常见的运动方式，深受大众欢迎。

表 3-1-1　体能运动的基本类型

运动类型	运动方式	健身效果
球类运动	篮球、足球、橄榄球、曲棍球、冰球、排球、乒乓球、羽毛球、网球、门球、柔力球等	提高心肺功能、肌肉力量、反应能力，调节心理状态
中国传统运动	太极拳（剑）、木兰拳（剑）、武术套路、五禽戏、八段锦、易筋经、六字诀等	提高心肺和呼吸功能，增强免疫机能，调节心理状态

任务二　学习健康体能的技术标准和强度评价

（一）健康体能的技术标准

1. 运动量

运动量由运动频率、强度和时间（持续时间）共同决定，即训练的 FIT。每周的总运动量用来评价运动量是否达到了促进健康的推荐量。

运动量的推荐值是 500~1 000 代谢当量/周，相当于每周消耗 1 000 千卡的热量，大约每周 150 分钟中等强度的运动或每天步行 5 400~7 900 步。更小的运动量也可能为低体力水平的人带来健康，体重管理者可能需要更大的运动量。不同运动健身方式的运动量见表 3-1-2。

表 3-1-2　不同运动健身方式的运动量

运动项目	运动强度	运动时间	运动频率（天/周）
快走、慢跑、游泳、自行车、扭秧歌	中	30 分钟或以上	5~7
跑步、快节奏健美操	高	20 分钟或以上	2~3
太极拳、气功	中	30 分钟或以上	3~7
篮球、足球、网球、羽毛球、乒乓球	中、高	30 分钟或以上	3
力量练习	中	20 分钟或以上	2~3
牵拉练习	低	5~10 分钟	5~7

2. 运动时间

运动时间是指一段时间内进行体力活动的总时间。一般锻炼者建议每天运动 30~60 分钟，每周 150~300 分钟中等强度运动或每周 75~150 分钟高强度运动；或中等强度、高强度运动交替进行。以管理体重为目标的体能运动，需要更长的运动时间（每天至少 60~90 分钟）以达到降低体重的目的。

需要注意的是，完成推荐量可以是连续的，也可以是一天中以每次至少 10 分钟的多次活动累计完成，即便运动时间低于最小推荐量，也可能带来健康益处。

3. 运动方式

不同运动方式的推荐人群详见表 3-1-3。

表 3-1-3　不同运动方式的推荐人群

运动分组	运动类型	推荐人群	运动举例
A	需要最少技能或体能的耐力运动	所有成年人	步行、休闲骑行、慢舞
B	需要最少技能的较高强度耐力运动	有规律锻炼的成年人或至少中等体能水平者	慢跑、跑步、划船、有氧健身操、动感单车、椭圆机、爬台阶、快舞
C	需要技能的耐力运动	有技能的成年人或至少中等体能水平者	游泳、越野滑雪、滑冰
D	休闲运动	有规律锻炼的成年人	网球、羽毛球、篮球、足球、高山速降滑雪、徒步旅行

锻炼者要根据实际情况对运动的持续时间、频率和强度进行调整，如果一开始还不能达到预期的运动强度和时间，可以先减量完成。运动开始的 2~3 周中，将每次训练的时间延长 5~10 分钟。规律运动一个月后，逐渐增加运动量，延长运动时间，直到达到预期目标。循序渐进的运动方法可以降低运动损伤。

（二）体能运动的强度评价

体能运动的强度监测分为三种方式：心率监测、呼吸监测和主观体力感觉监测。

前两种有一定的计算方法和计算公式，监测结果准确、客观；后一种凭借个人主观感觉，简单易行，可操作性强。

1. 心率监测

我们可以用储备心率（Heart Rate Reserve，HRR）法来测算运动的靶心率（目标心率），运动中通过对心率监测来达到监测运动强度的目的。要计算靶心率，首先要推测最大心率，具体公式见表 3-1-4。

表 3-1-4　最大心率推测公式

公式	适用人群
最大心率=220−年龄	少部分男性和女性
最大心率=216.6−0.84×年龄	4~34 岁男性和女性
最大心率=207−0.7×年龄	适用所有年龄段和体适能水平的成年男女

根据最大心率，利用 HRR 法公式计算靶心率范围：

靶心率（THR）=（最大心率−安静心率）× 期望心率+安静心率

其中，安静心率可通过自己在安静状态下测试脉搏而得。一般运动时，期望心率的范围在 40%~60%。例如，一位大学生年龄为 22，使用第三个计算公式，最大心率=207−0.7 × 22=191.6；安静心率为 63，靶心率=（191.6−63）×（40%~60%）+63，计算出靶心率为 114.44~140.16，故此次运动的心率应控制在 114~140。

2. 呼吸监测

体育健身活动会引起人体呼吸频率和呼吸深度的变化，根据运动中的呼吸变化监测运动强度，见表 3-1-5。

表 3-1-5　不同呼吸状态对应的运动强度

呼吸	特征描述	运动强度
轻松	与安静状态相比，运动时呼吸频率和呼吸深度变化不大，呼吸平稳，运动心率一般在 100 次/分以下	低强度
比较轻松	运动中呼吸深度和呼吸频率增加，可以正常语言交流，运动心率相当于 100~120 次/分	中小强度
比较急促	运动中只能讲短句子，不能完整表述长句子，运动心率相当于 130~140 次/分	中等强度
急促	运动中呼吸困难，运动中不能用语言交谈，运动心率一般超过 140 次/分	高强度

3. 主观体力感觉监测

不同主观体力感觉对应的运动强度见表 3-1-6。

表 3-1-6　不同主观体力感觉对应的运动强度

呼吸	主观体力感觉	运动强度
根本不费力	6~7 级	低强度
极其轻松	8 级	
很轻松	9~11 级	
轻松	12-13 级	
稍累	14~15 级	中等强度
累	16~17 级	高强度
很累	18 级	
极累	19 级	
力竭	20 级	

体能运动监测强度最有效的方法有两种：一种是以时间为标准，即控制跑步的配速；另一种是以脉搏为标准，即监测心率，使之在靶心率的范围内。运用这两种方法，有助于我们达到预定的运动目标。

拓展阅读

发展体能的方法

项目二 体能锻炼计划的制定与实施

知识导图

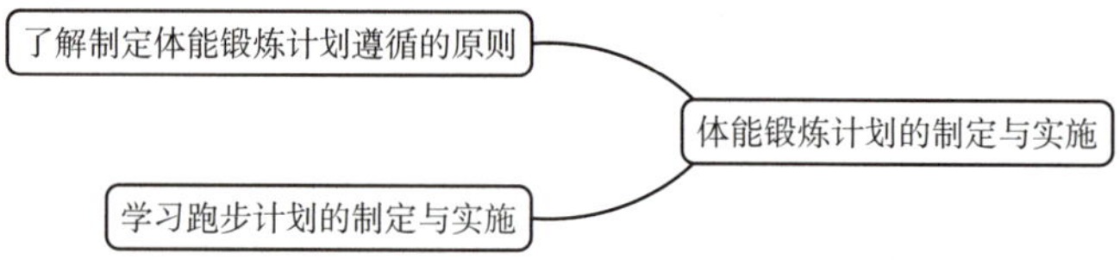

高素质技能型人才培养目标

知识目标	能力目标	素养目标
1. 掌握体能锻炼计划制定的核心原则与基本要素； 2. 理解体能锻炼计划实施的流程、监测方法及效果评估	1. 能够结合自身体能水平与目标制定个性化锻炼计划； 2. 能在计划实施中运用科学监测手段（如心率、配速）调整训练强度	1. 培养科学锻炼的自律意识与持续执行计划的习惯； 2. 在计划实施中锻炼抗压能力与目标管理能力

任务一 了解制定体能锻炼计划遵循的原则

1. 可行性原则

体能计划最重要的在于切实可行，只有可操作的计划才能长期坚持，我们可以把较为简单、条件限制较少的运动作为经常性运动，把趣味性高但限制条件多的运动作为偶尔性运动。

2. 循序渐进原则

我们根据自身实际情况对运动量、运动频率、运动时间进行灵活调整，循序渐进、由浅入深地进行体育活动。发展体能是一个渐进的过程，想一口吃成大胖子是不现实的，那样只会带来运动损伤。

3. 多样性原则

如果每天都进行同一种运动会比较枯燥，我们可以把不同的运动项目交叉安排练习，锻炼身体不同部位的肌群力量，增加体育活动的趣味性。

任务二 学习跑步计划的制定与实施

跑步作为一种普通、简单的体能运动方式，因其所受限制少、对硬性装备的要求低，广受大众欢迎。本节介绍跑步的相关技术，意在从实践层面指导读者如何根据自己身体实际情况科学跑步，运用适当理论分析其原因。本书模块四有对短跑和中长跑技术动作的详细介绍，在此不再赘述。

（一）跑步的基本类型和训练计划的制定

在制定跑步计划前，先了解跑步的类型，每种跑步类型的训练目的各不相同，读者可以根据自身需要安排每日的训练。

1. 匀速跑

以运动健身为目的的跑步最好全程匀速跑，不要随意改变速度，以免体力消耗过快。每一次速度的改变都要打破之前的身体平衡，包括改变先前的呼吸、迈腿和摆臂节奏，须全身配合适应改变，容易出现不适感。匀速跑全程是使整个身体都以同一节奏运动，主观感受相对比较舒适。

2. 节奏跑

节奏跑是以一定的节奏进行的跑步活动。跑步者以相对较快的速度持续跑较长的距离，需具备控制和保持速度的能力，才能完成这一过程。节奏跑的具体实施方案如下。

（1）制定此次锻炼的目标距离。

（2）明确自己完成目标距离的最快配速（最好成绩）和自己完成目标距离的轻松配速（丝毫不费劲地完成目标的成绩）。

（3）根据最好成绩，在保持一定强度的条件下，略降低目标配速，完成此次训练。

（4）目标速度和目标距离一旦制定，就告诉自己这是在我能力范围之内的目标，一定可以完成。当跑步过程中出现意志消极、心理抗拒时，也要怀着必胜的信心坚持下去。如若身体出现不适，应及时停止该次锻炼。

一位大学生某天的锻炼实例如下。

①此次锻炼的目标为 10 千米。

②最快配速为 4 分 46 秒，轻松配速为 5 分钟。

③制定此次节奏跑的配速：4 分 50 秒到 4 分 55 秒。平稳起见，开始的 4~5 千米可用 4 分 55 秒的配速完成，若状态尚可，可增加速度，用 4 分 50 秒完成后半程。如若训练当天状态不好，可以继续维持 4 分 55 秒的速度，或酌情减速。

如若跑步过程中出现疲惫、厌倦、消极等情况，首先要学会判断，是心理上不想跑，还是身体上不想跑。如果是心理上不想跑，还是要鼓励自己坚持下去。在此介绍一个比较有效的坚持方法：专注节奏、调整呼吸。

跑步的关键有两点：呼吸和节奏。跑步痛苦的时候，痛苦本身分散了跑者的注意力，导致跑步者关注身体上的痛苦而感觉更加痛苦。所以，要把注意力再拉回到跑步本身，即呼吸和节奏。专注保持现有的节奏、用步频、步幅跟上节奏，再调整呼吸，适应现有节奏。根据多年的跑步经验，这种痛苦持续时间不会太长，一般出现在跑步中段（如 10 千米跑的 4~6 千米处）。撑过一会儿，就会觉得稍微好些。快要到终点时，跑步者总会继续坚持下去。所以真正考验意志的时候，也就那么一段时间，即跑步的“关键时间段”。希望跑步者都能靠毅力顺利度过“关键时间段”，完成预定目标。

3. 间歇跑

20 世纪 50 年代，德国心脏学家赖因德尔和教员倍施勒提出间歇训练理论，认为训练时心率达 170~180 次/分钟，间歇后心率到 100~125 次/分钟时再进行训练，这样有利于增强心脏功能。间歇跑在实践中运用效果显著，前捷克斯洛伐克的长跑选手埃米尔·扎托皮克，被誉为 20 世纪最伟大的长跑运动员。他先后参加过 1948 年、1952 年和 1956 年三届奥运会，共获得 4 金、1 银共 5 枚奖牌。其中，在 1952 年的奥运会上先后夺得 10 000 米、5 000 米和马拉松跑的 3 枚金牌，并且打破了这 3 个项目的奥运会纪录。除了扎托皮克在长跑运动中的天赋异禀，他能创造这种体育奇迹还要归功于不同于他人的训练方法——间歇训练法。具体方法是先跑 5 个 200 米，再跑 25 个 400 米，最后再跑 5 个 200 米。

先不要对 5 个 200 米、25 个 400 米、5 个 200 米感到恐惧，间歇法的特点是单次距离短、每次速度大、间隔时间短、总体次数多。间歇法是一种强度训练，一般用于赛前一周，可以让身体承受较大强度的负荷，刺激心肺，以求赛场上能承受高强度的运动，发挥出好成绩。对普通跑步者而言，间歇训练法可以让自己适应更高的强度，提升跑步速度和成绩。

跑步者可根据自身条件和预期目标为自己设定间歇训练计划。制定方案没有一个万能的公式，要依靠跑步者对自身的了解有的放矢。以某位大学生为例，她有一个 1 500 米的比赛，故在比赛的前两周左右进行间歇训练。不在比赛前一周训练，是因为间歇训练体力消耗较大，身体经过间歇训练后要经过一段时间的恢复。训练内容为 10 个 400 米，每个预期时间是 1 分 30 秒（若她全力跑一个 400 米，最快也要 1 分 20 秒；而 1 分 40 秒跑 10 个 400 米对她而言较为轻松，达不到刺激的效果；故将每个 400 米定在 1 分 30 秒较为合理）且每个 400 米之间间隔的时间也为 1 分 30 秒（即用 1 分 30 秒跑完一个 400 米后，休息 1 分 30 秒，再跑第二个，以此类推）。

有一个较为客观的方式可以测试跑步者的心肺功能是否强大——心率。如果跑步者跑每个间歇时的心率可以快速达到 180~200 次/分钟，且经过等同时间休息后，心率快速恢复正常（或接近正常），则说明该跑步者心肺功能强，反之则弱。间歇跑就是训练跑步者承受强度、快速恢复的能力。

4. 加速跑

加速跑一般用于跑前，目的在于充分调动心肺，使身体进入运动状态。每个加速跑的跑动距离在60~80米，跑步者跑动速度由慢到快、步幅由小到大，逐渐加速。类似于短跑运动员出发后的前几步。

对于健身者，只要匀速慢跑就可以达到健身的目的，慢跑和游泳穿插进行可增加趣味性，但是竞技者需要将上述跑步方式穿插训练以提升成绩。同样，如果健身者希望在跑步时提升成绩，增强心肺功能，提高身体素质，也可以用竞技者的训练方法，突破已有的舒适圈。健身者与竞技者一周运动计划对比见表3-2-1。

表3-2-1　健身者与竞技者一周运动计划对比

时间	健身者	竞技者
周一	匀速慢跑	节奏跑
周二	游泳	慢跑休整
周三	匀速慢跑	间歇跑
周四	游泳	慢跑休整
周五	匀速慢跑	节奏跑
周六	游泳	长距离跑
周日	休息	休息

（二）跑步训练的注意事项

1. 跑步的准备活动

跑步前一定要做准备活动。跑步是中高强度运动，不能从安静状态直接进入跑步状态，一定要有准备活动。准备活动的具体内容可根据跑步的强度自由调整。活动要点是先活动关节，使膝、肩、肘、髋等关节在跑步时灵活运动，避免拉伤扭伤；热身使心率增快，血流增快，顺利进入跑步状态。

具体方案如下。

（1）头部：头部上下左右活动，顺（逆）时针绕圈转动。

（2）肩部：双手轻放于肩部，肩部前后交替绕环。双臂伸直，以肩为圆心，绕大环。

（3）髋部：髋部是躯干与腿相连接的部位。一腿直立，一腿向上抬起，向外转动90°，活动髋部。

（4）膝关节：腿部微曲，转动膝关节。

（5）手腕和脚踝：转动手腕和脚踝。

（6）加快心率：原地向上跳跃，原地高抬腿，开合跳。

有能力或跑长距离的跑步者可以先慢跑几圈，让身体升温，再做上述活动。跑步者做准备活动时，不要拘泥非要做某个具体动作，而要关注这个动作是否起到锻炼目标部位、关节的效果，跑前准备活动的重点在于活动各个关节。

2. 跑后的拉伸放松

一定不要忽视跑后的拉伸和放松。跑步时肌肉紧张，跑后一定要充分放松，使身体快速恢复，在下一次运动时元气满满。跑步后的放松方式有很多种，主要针对身体以下部位进行放松：腿部、肩部、背部，其中以腿部拉伸和放松最为关键。

（1）腿部拉伸。跑完恢复正常呼吸后，可进行拉伸。最基础的方法是架腿拉伸，利用有一定高度（比自己腰略高）的固定物（架腿杠等），一条腿架在其上，另一条腿保持直立，身体往架在横杠上的腿上压，感受腿部的拉伸感，换腿重复上述动作。若没有固定物，可原地弓步压腿，注意两腿间距尽量大，双脚掌着地，感受后腿小腿的拉伸感。两腿自然开立，一腿微曲，一腿伸直，脚跟着地，脚尖抬起；身体往脚尖方向下压，感受伸直小腿的拉伸感。

（2）腿部放松。运用泡沫滚轴放松：人坐在瑜伽垫上，将泡沫滚轴置于腿下，来回滚动，起到放松肌肉的效果。队友相互踩腿放松：一人放松俯卧，另一人手扶墙，站立踩腿，先用前脚掌踩大腿、小腿，会有较为疼痛之处，针对疼痛之处可换用脚跟轻踩放松；根据自身情况变换脚跟、脚掌踩腿，控制轻重程度。热敷放松：正常运动后多采用热敷的方式，用热水泡腿，淋浴时用热水冲淋酸痛部位，或用热毛巾敷酸痛处，能起到放松的效果。

项目三　发展职业体能的实用技术

知识导图

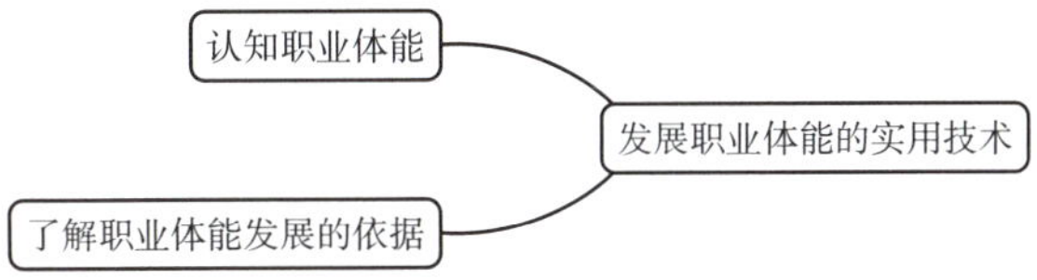

高素质技能型人才培养目标

知识目标	能力目标	素养目标
1. 掌握职业体能的核心内涵及不同职业场景下的体能需求特点； 2. 理解发展职业体能的实用技术原理与训练方法	1. 能根据职业岗位特性（如耐力、力量、灵活性需求）选择适配的体能训练技术； 2. 能在职业场景中运用科学监测手段（如主观体力感觉、心率控制）实施体能训练计划	1. 树立职业体能与岗位需求结合的专业意识，养成常态化训练的习惯； 2. 在职业体能训练中培养抗压能力与任务适配性

任务一　认知职业体能

职业体能指与职业（劳动）有关的身体素质以及在不良劳动环境条件件的耐受力和适应能力，是经过特定工作能力分析后所需具备的身体活动能力，包括重复性操作能力、背肌承载静态力的能力、其他肌肉群能达到维持工作姿势要求的能力，以及人体对工作环境的忍耐程度的能力。

体育的贡献在于提高身体素质和劳动能力，在劳动力再生产中期培养、保护、恢复和增强劳动力的作用。高职院校以培养国家需要的实用型高技能人才为主要目标。高职学生的劳动是现代高科技下的技能型、创造性劳动，属于物化劳动过程而非简单的纯体力劳动。学生毕业后所从事的职业岗位工作客观上对其体能提出了不同的要求：要适应紧张而单调的流水作业；要承受机械的振荡、噪声的干扰；要经得住特殊气味及高温、强冷的侵袭；要能在高、难、险的环境下完成高精度的生产任务。这就需要未来的高职人才不仅具有较高的职业技术操作能力，还应当具备较强的体能，即未来职业岗位对专业人才的要求是不仅要有较强的技术能力，还要有相关的力量、耐力、速度、柔韧、灵敏等身体素质，只有职业技术和职业体能发展相得益彰才能发挥最大价值。

在职业化劳动中，身体部位的活动有局部性、重复性、固定性和持续性的特点。体育活动能更好地帮助劳动者掌握劳动技能、劳动规律和节省力量进行工作的熟练技巧。

拓展阅读

职业体能训练与发展的内容与方法

任务二　了解职业体能训练与发展的依据

根据人力资源社会保障部认定的职业分类目录和教育部关于普通高等学校、高职高专教育指导性专业目录的分类标准，按职业岗位劳动特点，将身体姿态划分为静态坐姿类、静态站姿类、流动变姿类、工厂操作姿态类、特殊岗位姿态类五大类。

结合高职院校的专业设置进行归类，分析各职业操作动作能力的对应性和补偿性，以学生专业对应岗位操作动作的特点、操作姿势、操作动作、职业工种操作活动的性质、不同职业病的防治方法等为依据，根据相互之间的关系，有针对性地进行职业体能训练和发展。

项目四　体育竞赛的组织与欣赏

知识导图

高素质技能型人才培养目标

知识目标	能力目标	素养目标
1. 了解体育竞赛的多维价值，掌握体育竞赛的分类； 2. 学习体育竞赛的组织与编排方法； 3. 了解体育竞赛的组织程序，从成立组织机构、制定竞赛规程、制定工作计划到编制秩序册，以及竞赛期间和结束后的各项工作	1. 能够制定简单的体育竞赛组织方案，合理安排资源，协调各方工作； 2. 理解和欣赏体育比赛中的各种美，能够对运动员的表现进行客观评价； 3. 理解体育竞赛中的文化内涵，包括不同国家和民族的风俗、观念及体育文化发展史	1. 树立正确的体育道德观念，包括公平竞争、尊重对手、遵守规则、诚实守信等体育精神； 2. 通过了解和观赏国际体育赛事，拓宽国际视野，增进对不同文化和价值观的理解和尊重

任务一　了解体育竞赛的种类

体育竞赛是各项体育运动项目比赛的总称，以争取胜利为直接目的，以体育项目或某些身体活动为主要内容，按照一定规则进行个人或集体的体力、技艺、心理、智力等的综合较量。我国的体育竞赛不仅是推动体育活动开展、提升运动水平、普及群众体育的关键途径，还扮演着评估训练成效、充实人们的业余文化生活、加强社会团结和促进友谊的角色。此外，体育竞赛是塑造优秀品质和集体主义精神的熔炉，也是挖掘和培养体育人才的平台、推广体育运动、提高其社会影响力的有效手段。通过体育竞赛，不仅能够提升个人和团队的能力，还能够强化社会的整体凝聚力和文化素养。

体育竞赛的种类有很多，有世界级、全国和各省市举办的大型竞赛，也有区级中型竞赛和基层单位举办的小型竞赛，按竞赛任务的不同可分为综合性竞赛和单项竞赛两类。

一、综合性竞赛

综合性竞赛（又称运动会或综合性运动会）一般包含若干运动项目，任务是全面检查各项运动普及与提高的情况，广泛交流总结经验，推动体育运动的发展，如全运会、亚运会、奥运会等。

二、单项竞赛

单项竞赛指单独进行某一项目的比赛，一般分为以下几种。

1. 锦标赛

锦标赛是一种高水平、权威性的体育赛事，通常由国家或国际体育组织定期举办，旨在选拔和展示顶尖运动员或团队的实力。这类比赛不仅对运动员的积分和排名具有重要影响，而且通过竞技能促进运动技术的发展和能力的提升。

2. 联赛

联赛是一种周期性、持续性的体育竞赛，通常由同一国家或地区的多个队伍参与，按照预定的赛程进行多轮比赛。这种赛事旨在提供一个长期而稳定的竞技平台，让队伍之间通过比赛来提高技艺、积累经验。联赛不仅有助于增强各参赛队伍之间的竞争和交流，而且通过积分制度和赛季末的排名，激发运动员的斗志和团队的凝聚力。

3. 杯赛

杯赛是一种淘汰制或循环制的体育竞赛，通常由一个组织或个人发起，并以捐赠奖杯的形式授予冠军或获胜队伍。这种赛事不限于特定国家或地区，强调的是单一赛事的荣誉和奖项。杯赛往往因其独特的荣誉感和竞赛的刺激性而备受瞩目，能够吸引广泛的参与者和观众关注，同时也是运动员展示技艺和团队精神的平台。

4. 邀请赛和友谊赛

邀请赛和友谊赛是体育竞赛中的非正式比赛，重在促进交流和增进友谊。邀请赛由主办方邀请特定队伍或运动员参加。友谊赛则更强调友好竞技和文化交流，通常不计入正式排名，更注重比赛的娱乐性和教育意义。

5. 对抗赛

对抗赛是一种由两个或多个实力相近的单位或国家联合举办的体育竞赛，主要目的是促进交流、分享经验、提高技艺。这种赛事通常集中于特定的运动项目，强调竞技水平和公平竞争，为参与者提供一个展示技能和相互学习的舞台。对抗赛不仅能增强参赛者之间的友谊和团结，还有助于提升国家或地区的体育竞技水平。

6. 选拔赛

选拔赛是为挑选优秀运动员或团队参加更高级别比赛而组织的赛事，通过竞争性选拔，确保最具实力和潜力的选手能够代表地区或国家参与重要的国家级或国际比赛，是培养和发现体育人才的重要途径。

7. 表演赛

表演赛是一种以展示体育运动技能、推广体育文化为目的的非正式比赛，通常不计名次，更注重运动员的表现力和运动的观赏性，旨在吸引观众、增加体育项目的普及和影响力。

8. 通讯赛

通讯赛是一种通过邮寄或网络提交比赛成绩的体育竞赛，适用于可以量化的项目，如田径、游泳等。它突破了地域限制，简化了组织流程，节省了资源，但缺少现场竞技的互动和氛围。

任务二　学习体育竞赛的基本方法

体育比赛经常采用的竞赛制度有循环制、淘汰制和混合制三种。竞赛制度的选择应根据比赛的目的、任务、参赛队的多少、竞赛时间的限定、场地器材情况以及经费的多少而定。

一、循环制

循环制是指参加竞赛的各队在整个竞赛或在同一个小组中都有彼此相遇的机会。循环制分为单循环、双循环和分组循环三种。

（一）单循环

单循环是参加竞赛的各队都有相遇比赛的机会，是一种比较公平合理的比赛制度，能客观、合理地确定名次，但一般只在参加比赛的队数不多且又有足够竞赛时间时采用。

1. 比赛轮数

在循环制的比赛中，各队都参加完一场比赛即为一轮。参加比赛的队数为单数时，比赛轮数等于队数，如 5 个队参加比赛，即比赛轮数为 5 轮。参加比赛的队数为双数时，比赛轮数减一，如 6 个队参加比赛，则比赛轮数为 5 轮。

2. 比赛场数

单循环比赛的场数的公式计算：比赛场数=队数 ×（队数-1）÷2

如 6 个队参加比赛，则比赛场数为 6×（6-1）÷2=15（场）。

（二）双循环

双循环是指各队在比赛中相遇两次，为了增加各队相互交流和学习机会时采用。双循环比单循环比赛总场数增加一倍。

（三）分组循环

参加比赛队较多而竞赛时间较短时，为了合理地确定名次，可采用分组循环的比赛方法，这在学校或基层竞赛中采用较多。分组循环是将参赛队平均分成若干小组，在各小组内进行单循环比赛，然后根据实际情况需要，再将各组优胜队或名次队进行单循环比赛或交叉赛排出最终名次。

二、淘汰制

淘汰制是指在比赛中逐步淘汰成绩差者（或失败者），直到最后决出冠、亚军。淘汰制一般是在参加队数较多而举行比赛期限较短时采用。淘汰制可分为单淘汰和双淘汰两种。

（一）单淘汰

1. 比赛轮数

如果参加的队数是 2 的乘方数时，则比赛轮数正好是以 2 为底的幂的指数。如 8 个队参加比赛，比赛轮数为 3 轮，因为 $8=2^3$；16 个队参加比赛，比赛轮数为 4 轮，因为 $16=2^4$。如果参加的队数不是 2 的乘方数时，则轮数为较大的一个以 2 为底的幂的指数，例如 14 个队参加比赛，则按 16 个队的轮数来计算，即为 4 轮。

2. 比赛场数

单淘汰比赛总场数等于参加队数减一，如 8 个队参加比赛，比赛场数为 7 场。单淘汰制名次评定就是在全部比赛中没有失败过一场的队即为冠军队。如果在竞赛规程中要求参赛队均须确定名次时，就应进行附加赛。常用的方法是复赛中失败的两队补赛一次，胜者为第 3 名，负者为第 4 名，复赛中失败的 4 个队进行补赛，争夺 5 至 8 名（如图 3-4-1）。

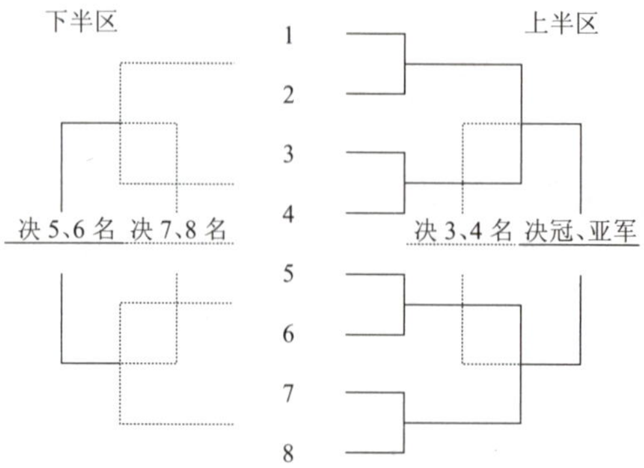

图 3-4-1　竞赛规程

（二）双淘汰

双淘汰是指参赛的队（人）在一次失败后，还有机会进行比赛，当第二次失败后才被淘汰。

1. 比赛轮数

双淘汰的轮数是单淘汰赛轮数的 2 倍加 1，例如 8 个队采用双淘汰比赛，其轮数等于 $3 \times 2+1=7$（轮）。

2. 比赛场数

双淘汰的比赛场数等于参赛的队（人）数的 2 倍减去 3，例如 8 个队采用双淘汰比赛，其总场数等于 $8 \times 2-3=13$（场）。

三、混合制

一次竞赛中同时采用循环制和淘汰制叫混合制，一般竞赛分为两个阶段进行。前一阶段采用分组单循环，后一阶段采用淘汰制进行决赛。采用先分组循环后淘汰制的混合制比赛，最好分成 2 组、4 组、8 组、16 组进行分组循环，以便编排淘汰制的比赛秩序表。

任务三　认知体育竞赛的组织与编排

一、体育竞赛的基本组织程序

（一）竞赛前的工作

1. 成立组织机构

成立组织机构的规模要与竞赛规模相匹配，机构范围要根据竞赛规模大小而定。市、县一级单位或学校竞赛组织机构的规模，可结合具体情况而定，主要以保证完成比赛任务来合理安排。较大规模的赛会常设立组织委员会（竞赛委员会），一般还设仲裁委员会。组织委员会设主任、副主任、委员等，还会下设竞赛处和秘书处。竞赛处下设竞赛组、裁判组、场地组和调研组等；秘书处下设宣传组、会务组、保卫组、医务组、后勤组等。各级组织主要职责范围如下。

（1）组织委员会：指竞赛的领导机构，主要负责制定和执行竞赛计划，审查协调各组工作计划及检查执行情况，处理和决定竞赛中出现的问题和竞赛总结工作。

（2）仲裁委员会：指竞赛仲裁机构，在组织委员会的领导下，负责监督竞赛规则和竞赛规程执行，并对执行中所发生的问题纠纷予以复审和裁决。

（3）办公室：负责秘书、会议、联络、接待、食宿、交通、医务和财务等行政事务工作。

（4）竞赛处（组）：负责竞赛的组织编排，成绩的登记与公布，组织裁判长、领队及教练员联席会，负责开幕式、闭幕式的组织及奖品的分发。

（5）宣传组：负责宣传报道、思想教育和体育道德风尚奖的评选。

（6）保卫组：负责赛会住地和比赛场地的安全保卫工作。

（7）裁判委员会（组）：负责检查比赛场地和器材，组织裁判员赛前的学习和实习，安排比赛中裁判的工作，宣布比赛最终结果和名次。

2. 制定竞赛规程

竞赛规程是竞赛组织者和参与者的指导性文件，在竞赛前由主办单位根据竞赛的目的、任务制定，并提前发给有关单位，以便各单位作好准备。竞赛规程是竞赛工作的依据。竞赛规程应包括竞赛名称、竞赛目的与任务、竞赛日期和地点、竞赛项目、参加单位及资格、竞赛办法、录取名次、奖励办法、报名/报到的日期和地点、裁判员和仲裁委员会选派方法和注意事项等。

3. 制定工作计划

各处（组）根据职责范围，分头制定工作计划，经组织委员会审定后按期落实，并定期检查工作进展情况。各处(组)间既要分工明确,又要协调配合。

(1)组委会的工作:按照各职能部门的工作计划检查落实情况,协调解决一些疑难问题,召集裁判长、领队及教练员联席会,由组委会通报竞赛工作的准备情况和解决与比赛有关的各种问题。

(2)竞赛组的工作:竞赛规程编排、编印秩序册、运动员资格及健康审查、检查场地器材、印制竞赛用的各种表格、安排好各参赛队赛前对比赛场地的适应性练习、组织好调研人员和辅助工作人员的培训。

(3)秘书组的工作:拟定大会文件、大会会议、文娱活动、发奖等,以及接待、交通、食宿、宣传、票务、医务等行政事务。

(4)裁判组工作:组织裁判员和辅助裁判员的业务学习和实习、裁判长检查场地和器材落实情况、进行裁判分组并确定负责人等。

(5)宣传组工作:协助组委会召开新闻发布会的筹备,让更多的宣传媒体介入赛会进行宣传报道。

(6)保卫组工作:根据赛会的需要安排一定的警力,确保赛会安全顺利进行。

(7)仲裁委员会工作:与组委会共同审查报名队和队员的参赛资格,组织仲裁成员学习《仲裁委员会条例》。

4. 编制秩序册

秩序册是运动会竞赛组织和竞赛秩序的文字依据,由运动会的竞赛部门负责编制,报组委会审定后付印。综合性运动会需要在各单项竞赛秩序册编制基础上及时汇编总秩序册,提前下发。秩序册一般包括:竞赛规程及补充规定;组织委员会名单;办事机构名单;技术代表、仲裁委员会名单;裁判员名单;各参赛队领队、教练员、运动员名单;竞赛日程;竞赛分组;运动员姓名号码对照表;比赛场地和练习场地示意图;运动会最高纪录;大会及注意事项等。

(二)竞赛期间的工作

(1)竞赛组:要及时登记和公布当天的比赛成绩,经常检查并管理好场地器材与设备,遇到特殊情况需要更改比赛场地、日期和时间时,要及时通知各队。

(2)办公室:应深入各队听取意见,改进工作,保证运动员、裁判员和工作人员的伙食、洗浴及休息,赛场应有医生做好处理伤病事故的准备工作,并做好食品卫生与监督。

(3)裁判组:要及时组织裁判员总结,改进工作,保证比赛顺利进行。

(4)保卫组:随时注意与会人员住地及赛场的治安,特别是在大会,临近结束时更要加强保卫。

(5)宣传组:宣传报道和道德风尚奖的评选。

(6)仲裁委员会:复审比赛期间执行规则及竞赛规程中发生的纠纷、受理申诉和控告等,对上述问题仲裁要及时处理,不影响比赛正常进行。

(三)竞赛结束后的工作

竞赛组应及时对比赛成绩排出名次,交由裁判长宣布;召开组委会会议,听取工作汇报及意见,决定体育道德风尚奖的评选结果,组织闭幕式和颁奖仪式,汇编、寄发成绩册,安排和办理各队及裁判员离会有关事宜,完成赛会总结并向领导部门汇报。

二、常见体育竞赛的编排

(一)单循环赛制的编排方法

1. 逆时针轮转法

逆时针轮转法是先将1号位置固定不动,第一轮次序是将比赛队数的前一半号码依次写出,排在左侧,再将后一半号码,从下向上依次排在右侧写出,并用横线连起来。第二轮次序的轮转方法是1号固定不动,其他号码按逆时针方向轮转一个位置。第三轮次序按第二轮次序的位置,逆时针轮转一次,依此类推可排出其他各轮比赛秩序。例如,有6个队(人)参加比赛,比赛顺序见表3-4-1。

表 3-4-1　比赛顺序

第一轮	第二轮	第三轮	第四轮	第五轮
1—6	1—5	1—4	1—3	1—2
2—5	6—4	5—3	4—2	3—6
3—4	2—3	6—2	5—6	4—5

如果是 5 个队参加比赛，还用上表，只需将 6 号换成“0”作为轮空。

2.“贝格尔”编排法

从 1985 年起，世界性排球比赛多采用“贝格尔”编排法，其优点是单数队参加时可避免第二轮的轮空队从第四轮起每场都与前一轮的轮空队比赛的不合理现象。采用“贝格尔”编排法编排时，如果参赛队为双数时，把参赛队数分一半（参赛队为单数时，最后以“0”表示形成双数），前一半由 1 号开始，自上而下写在左边；后一半的数自上而下写在右边，然后用横线把相对的号数连接起来，这即是第一轮的比赛。第二轮将第一轮右上角的编号（“0”或最大的一个代号数）移到左角上，第三轮又移到右角上，依此类推。即单数轮次时“0”或最大的一个代号在右上角，双数轮次时则在左上角，见表 3-4-2。

表 3-4-2　“贝格尔”编排法

第一轮	第二轮	第三轮	第四轮	第五轮	第六轮	第七轮
1—0	0—5	2—0	0—6	3—0	0—7	4—0
2—7	6—4	3—1	7—5	4—2	1—6	5—3
3—6	7—3	4—7	1—4	5—1	2—5	6—2
4—5	1—2	5—6	2—3	6—7	3—4	7—1

无论比赛队是单数还是双数，最后一轮时必定“0”或最大的一个代号在右上角，“1”在右下角。根据参赛队的除数不同，“1”朝逆时针方向移动一个位置时，应按规定的间隔数移动，见表 3-4-3，“0”或最大代号数应先于“1”移动位置。

表 3-4-3　间隔移动

参赛队	间隔数
<4 队	0
5~6 队	1
7~8 队	2
9~10 队	3
11~12 队	4

“1”进行间隔移动时，凡遇到“0”或最大代号数时应先越过，不作间隔计算。一般国内比赛，各队以上届比赛所取得的名次数作为代号，如第 1 名为“1”，第 2 名为“2”，依此类推。世界性比赛大都采用东道主代号为“1”，上届第 1 名为“2”，依此类推。有的比赛也采用抽签方法确定代号。

（二）分组循环赛制编排方法

1. 分组办法

根据上届比赛成绩或实际水平，采用蛇形编排法分组（表 3-4-4），16 个队分成 4 组，8 个队分成 2 组。根据过去成绩和现在发展情况，经协商确定种子队。先用抽签的方法将种子队安排在各组内，然后再用抽签的方法确定各队所在组的位置。

表 3-4-4 循环赛制编排方法

组别	代号			
一	1	8	9	16
二	2	7	10	15
三	3	6	11	14
四	4	5	12	13

2. 比赛方法

以 16 个队参加比赛为例，将预赛各小组同名次的队编为一组，进行决赛。预赛各小组的第 1 名决定 1~4 名；预赛各小组的第 2 名决定 5~8 名，预赛各小组的第 3 名决定 9~12 名。将预赛各小组 1、2 名划为一组，决定 1~8 名；将预赛各小组 3、4 名划为一组，决定 9~16 名。将预赛前 1 名或前 2 名，划为一组参加决赛，决定前 4 名或前 8 名，其他各队不再比赛。在预赛中已经相遇的队，决赛中不再比赛，按两队在预赛阶段的成绩来排列名次。

（三）单淘汰赛的编排方法

如果参加的队数是 2 的乘方数，开始比赛的第一天所在的队都进行比赛，没有轮空队。只要按照参加比赛的队数，每两队编排一组逐步进行淘汰即可。例如 8 个队参加比赛，即赛四轮共 7 场，如图 3-4-2。抽签后，将队名填在秩序表中。

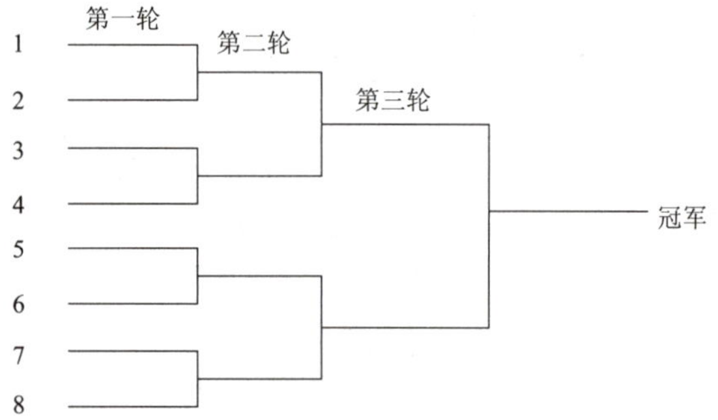

图 3-4-2 8 个队参赛的比赛秩序

如果参加比赛的队数不是 2 的乘方数时，要根据参加队数选择最接近且较大的以 2 为底的幂的指数作为号码位置数，号码位置数减去参加队数即为轮空数。例如 13 个队参加比赛，应选用 16 个号码位置数，有 3 个队轮空，即 2、10、15 号为轮空。第一轮比赛凡与 2、10、15 号比赛的队即为轮空队，轮空队只能在第一轮中出现，不能在其他比赛轮次中出现。如有轮空队，应首先让强队轮空。

为了避免技术较好的两队首先相遇而被淘汰，可采用设种子队的方法。编排比赛秩序时，把第一轮实力较强、技术较好的种子队合理地分别排入不同的区内，使他们最后相遇，这样在比赛中较为合理。确定种子队的主要依据是该队的技术水平和最近参加的主要比赛成绩。确定种子队主要依据参加比赛队的多少，一般 4 个队设一名种子队为宜。单淘汰的种子队应平均分布在各个区内。如 16 个队参加比赛，设 4 个种子队，把最强的 2 个种子队排在 1、16 号位置上，把 3、4 号种子队排在 8、9 号上。为了保证种子队合理地分布到各区，最简单的办法是查种子队位置，见表 3-4-5。

表 3-4-5 种子队位置表

1	64	33	32
17	48	49	16
9	56	41	24
25	40	57	8

种子队位置表的使用方法是根据种子队数量，依次逐行由左向右选取小于或等于比赛号码位置数(即比赛队数)的号码，即为种子位置号码。如有 32 个队参加比赛，设 8 个种子队，查种子队位置表，可选出 1、32、17、16、9、24、25 和 8 共八个号码位置。

拓展阅读

体育欣赏

模块四 田径运动

田径是指人类从走、跑、跳、投等自然运动中发展起来的练习运动和竞技项目，分为竞走、跑步、跳跃、投掷和全能五种。其中，以时间计算成绩的竞走和跑步项目称为径赛；以高度、远度计算成绩的跳跃、投掷项目称为田赛；而由跑、跳、投等部分项目组合成的综合项目称为全能运动。

拓展阅读

田径运动的产生与发展

拓展阅读

田径运动的特点和功能

项目一 跑步运动

知识导图

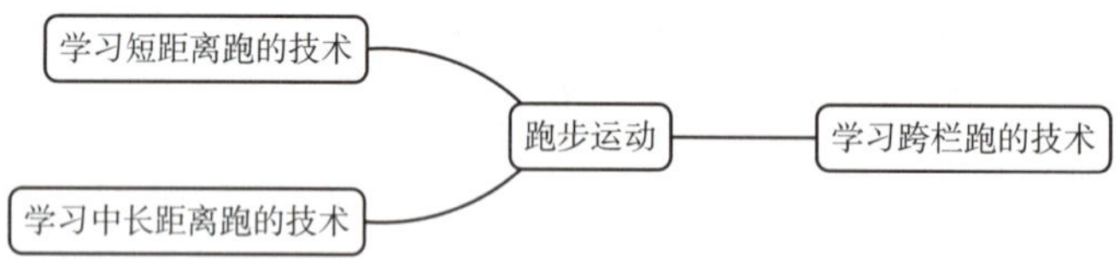

高素质技能型人才培养目标

知识目标	能力目标	素养目标
1. 了解短跑、中长跑、跨栏跑的技术差异； 2. 掌握步长、步频、起跨角度等关键术语； 3. 熟悉起跑犯规、跨栏技术规范等竞赛规则	1. 短跑：掌握起跑连贯技术与途中跑发力要领； 2. 中长跑：规范呼吸节奏、摆臂与步伐配合； 3. 跨栏跑：完成起跨→过栏→下栏的技术链	1. 理解跑类项目对身体素质的促进作用，养成终身锻炼的习惯； 2. 建立 循序渐进、科学训练 的自我调节意识

任务一　学习短距离跑的技术

短跑全程分为起跑、起跑后的加速跑、途中跑和终点冲刺四个阶段。

一、动作要领

1. 起跑

运动员必须采用蹲踞式起跑，起跑时使用起跑器。起跑器的安装有三种方法：普通式、拉长式和接近式。起跑由三个动作组成："各就位"口令时的动作、"预备"口令时的动作和鸣枪后的动作，前后动作之间有着密切联系，前一动作的好坏影响后一动作的完成质量。

2. 起跑后的加速跑

运动员听到枪声后，迅速蹬离起跑器，第一步着地就开始进入起跑后的加速跑阶段。为了尽快地在加速跑阶段达到最快速度，运动员起跑后最初几步躯干前倾较大，摆动腿在身体重心投影点的后面着地，此时膝关节仍保持较大弯曲度，一般第一步的步长为 3.5~4 个脚掌，第二步的步长为 4~4.5 个脚掌。随着速度的提高和跑距的延长，运动员的躯干逐渐抬起，摆动腿着地点逐渐移至身体重心投影点前面，步长也以约半个脚掌的长度增大，直至进入途中跑。

3. 途中跑

途中跑是短跑全程中距离最长、速度最快的阶段。当腾空结束，摆动腿摆至最高点后，大腿积极下压"鞭打式"着地；当支撑腿着地后，髋关节继续积极伸展，在身体重心和摆动腿屈膝摆动的压力作用下，支撑腿做退让性弯曲缓冲；当身体总重心移过支撑点垂直面后，摆动腿屈膝，迅速有力地向前上方摆出，并带动同侧髋前送；当支撑腿离地面后，随着惯性做膝关节折叠屈膝动作，同时伴随着抬腿的屈髋动作，边折叠边前摆。途中跑时，上体稍有前倾，两臂以肩为轴前后摆动，前后摆动幅度为 115°~125°。

4. 终点冲刺

终点冲刺阶段的技术与全程跑相似。在跑到离终点线前一步时，上体急速前倾，用胸部或肩部撞线。

二、动作难点

（1）起跑时适宜的身体位置和角度可使人体肌肉都处于最佳起跑状态。起跑器的安装应符合运动员起跑时的适宜位置和角度。

（2）鸣枪后，运动员蹬离起跑器时，两腿的蹬摆和手臂的推摆应积极有力、协调一致，尽可能向前。任何一点错误都会影响起跑效果。

（3）起跑后，加速跑的最初几步受躯干的前倾角度、动作的力量与速度影响，第一步尽可能快，步长不宜过大（3.5~4 个脚掌）。

（4）起跑后，加速跑速度的发挥主要是步长的增加，步长的增加应是逐渐的，突然或跃进式地改变步长会破坏跑步动作和节奏。

（5）减小前支撑阶段的支撑反作用力的水平分力和增大后蹬反作用力的水平分力是短跑途中跑支撑技术的核心。

三、动作口诀

（1）预备口诀。随令深吸一口气，重心前移，臀抬起，两腿角度要适宜，注意蹬摆离高度。

（2）鸣枪口诀。两手速推前后摆，两腿猛蹬抵足板，后腿前摆体前倾，前腿蹬直髋膝踝。

（3）加速跑口诀。起动步长逐渐增加，两腿加快蹬摆；上体保持向前倾，快速摆臂要放松。

（4）途中跑口诀。直道时，上体正直或少倾，用力后蹬髋前送，前摆后蹬配合好，下压趴地做缓冲，身体平稳起伏小，两臂摆动肩放松；弯道时，身体逐渐向内倾，两腿内摆向外蹬，右臂维持体平衡，弯道结束身转正。

（5）冲刺跑口诀。上体迅速向前倾，撞线要用胸或肩，两臂维持体平衡，终点过后勿突停。

此外，对于200米和400米跑，有一半以上的距离是在弯道上进行的。为了适应弯道，技术上应有相应变化。为了便于弯道起跑后能有一段直线距离进行加速跑，应将起跑器安装在弯道跑道的右侧，起跑器对着弯道的切线方向。弯道起跑后，前几步应沿着内侧分道线的切线跑进。加速跑的距离要适当缩短，上体抬起要早些。在进入弯道时，应尽可能地沿着跑道内侧跑，身体及时向内侧倾斜。运动员从直道进入弯道时，身体应有意识地向内倾斜，加大右侧腿和臂的摆动力量与幅度。弯道跑时，身体应向圆心方向倾斜。后蹬时，右腿用前脚掌的内侧、左脚用前脚掌外侧蹬地。两腿摆动时，右腿膝关节稍向内摆动，左腿膝关节稍向外摆动。两臂摆动时，右臂前摆稍向左前方，后摆时肘关节稍偏向右后方；左臂稍离躯干做前后摆动。弯道跑的蹬地和摆动方向应与身体向圆心方向倾斜。从弯道跑进直道时，应在弯道最后几步，身体逐渐减小内倾程度，跑几步后全力向前跑。

任务二　学习中长距离跑的技术

中长距离跑分为起跑、起跑后的加速跑、途中跑和终点跑四个阶段。

一、动作要领

1. 起跑和起跑后的加速跑

中长跑比赛采用站立式起跑。起跑前，先做1~2次深呼吸，然后站在起跑线后3米集合线处听候起跑口令。当“各就位”口令下达后，慢跑或走向起跑线，两脚前后开立，将一只脚放在起跑线的后沿，另一只脚放在距离前脚跟约一脚长的地方，两脚左右间隔约半脚长。两腿弯曲，上体前倾，体重落在前脚上，后脚用前脚掌着地。两臂在体前自然下垂，或前腿异侧臂在前，同侧臂在后。身体保持稳定，集中注意力听发令枪声。在听到发令枪声后，后腿立即蹬地以膝领先并迅速前摆，前腿也迅速用力充分蹬直，两臂配合两腿动作做快速有力的前后摆动，使身体迅速向前冲出，进入加速跑阶段。

在加速跑时，上体前倾较大，两腿交替跑进速度较快，摆臂、摆腿和后蹬都应积极迅速，尽量按跑道内凸沿的切线方向和朝着有利位置跑去。加速跑距离的长短和速度的快慢应根据个人特点、临场比赛情况和战术要求而定。

2. 途中跑

途中跑是中长跑的主要阶段，是运动员比赛时发挥训练水平和健身者获得锻炼效果的运动过程。因此，掌握途中跑技术是极其重要的。

后蹬阶段是途中跑技术的主要环节。后蹬动作应迅速积极，依次伸展髋、膝、踝三个关节，后蹬角度一般为55°。支撑腿后蹬的同时，摆动腿前摆。前摆时，小腿应自然放松，依靠大腿的前摆动作，膝关节领先并带动髋部向前上方摆出。支撑腿离地后，人体即进入腾空阶段。此时，蹬离地面的支撑腿放松，依靠后蹬反作用力的惯性和大腿的向前动作，使小腿折向大腿，膝关节弯曲，形成大、小腿折叠。但是，这种折叠动作比短跑要小一些。

摆动腿前摆结束时，大腿开始向下运动，膝关节随之自然伸直，用前脚掌在离身体重心投影点的前方一脚到一脚半处着地。前脚掌着地后，膝关节稍稍弯曲，进入垂直支撑时，再过渡到全脚掌着地。这种顺势缓冲动作，可以减小脚着地时对身体前进产生的阻力，使人体尽快地转入后蹬。着地时，脚尖向前，两脚足迹内缘在一条线上。中跑比长跑的下落着地动作应积极一些。中长跑时，上体接近垂直或稍前倾，头部正直，胸部正对前方并微向前挺，整个躯干姿势要自然不僵硬。摆臂时，肩部要放松，两臂弯曲，肘关节约成90°，两手半握拳，前后自然摆动。前摆时稍向内，后摆时稍向外。

中长跑时，有一半以上距离是在弯道上进行的。根据弯道跑时有一定向心力的特点，在跑的技术上也应与短跑一样有相应变化。但由于中长跑跑速比短跑慢，因此变化的程度比短跑小。

中长跑时，由于机体能量消耗大，因此对氧气的需要量会增加。为了保证机体对氧气的需求，因此呼吸必须有一定的频率和深度，必须与跑的步伐相配合。一般是跑 2~3 步一呼气，跑 2~3 步一吸气。随着跑速的加快和疲劳感的出现，呼吸的频率也会增加，可采用跑一步一呼气、跑一步一吸气的方法。跑步时要着重呼气，因为只有充分呼出二氧化碳，才能充分吸进氧气。呼吸一般用鼻子与半张开的嘴同时进行。冬季练中长跑或顶风跑时，由于内脏器官工作条件的改变，氧气供应落后于肌肉活动的需要，所以跑一段时间后，会出现胸闷、四肢无力、呼吸困难、跑速降低，产生难以继续跑下去的感觉，这种现象称为“极点”，这是一种正常的生理现象。当“极点”出现时，一定要以顽强的毅力坚持跑下去，同时加大呼吸深度，适当调整跑速，这样“极点”现象就会缓解，身体机能就会得到明显好转，这就是生理上的“第二次呼吸”。“极点”的克服，不仅是提高训练水平和锻炼效果的过程，也是培养顽强意志和克服困难精神的过程。

3. 终点跑

终点跑是指临近终点时的冲刺跑。运动员要以顽强的意志加快摆臂，加强腿部的蹬摆，奋力跑过终点。终点冲刺跑的距离应根据项目、训练水平、战术要求、个人特点和临场情况而定。通常跑 800 米可在最后约 300 米、跑 1 500 米可在最后约 400 米、跑 3 000 米以上可在最后 400 米或更长一些距离进行冲刺跑。

二、动作难点

中长跑的动作难点主要表现为跑进中着地缓冲柔和、圆滑，蹬摆配合协调，髋关节前移的幅度加大，此外疲劳状态下（后程）保持技术不变形，需加大步长并提高频率。

三、动作口诀

（1）“各就位”口诀。前后开立，两腿弯曲，上体前倾，稳定待发。

（2）“鸣枪”口诀。后腿低抬快迈，前腿有力蹬直，快速着地前跑，躯干保持前倾。

（3）起跑后的加速跑口诀。蹬摆有力频率快，躯干前倾渐抬起，加速多长视实况，有利位置即放松。

（4）途中跑口诀。柔和着地步频匀，两臂摆动肩放松，呼吸步伐有节奏，上体正直又平稳。

（5）弯道跑口诀。身体倾向内，摆臂右大左，靠近内沿跑，脚蹬均偏左。

（6）终点冲刺口诀。冲刺时机应适宜，全力以赴不犹豫。

任务三　学习跨栏跑的技术

跨栏是田径运动中最具活力的项目之一，吸引了大批具有挑战精神的运动员参与。如 110 米栏运动员要在比赛中顺利跨越 10 个栏架，轻快的节奏感和高度的协调性是运动员必须具备的素质。速度是取胜的前提，而要跨越 106.7 厘米高的栏架，还必须具有良好的爆发力和柔韧性。具备以上素质对成为一名优秀跨栏运动员是十分有利的。许多教练员将 110 米栏视为一项技术性项目来指导教学训练，他们花费大量时间（包括运动员的精力）测量和分析运动员起跑至第一栏步数、起跨距离、下栏落地距离、过栏技术和落地支撑时间，而忽视了此运动项目的本质——110 米栏是速度性项目。教练员（包括运动员）应将主要精力放在运动员如何快速过栏方面。

运动员的跑速是由步长和步频决定的，教练员应重点训练运动员通过反复快速过栏来适应跨栏速度，发展运动员的步频。

一、动作要领

1. 110 米栏

（1）起跑至第一栏的栏前跑。大多数运动员从起跑到第一栏要用 8 步。为准确地用 8 步跑完栏前这段距离，运动员起跑时必须把摆动腿放在后起跑器上。普通式起跑姿势对跨栏跑是比较适宜的。起跑后步幅应逐渐加大，直到起跨前的倒数第二步。起跨前最后一步要小于倒数第二步。跨栏运动员必须在起跑后的4~5步形成正常的途中跑姿势，一些身材高大的优秀运动员，可用7步跑完这段距离。

（2）过栏。运动员起跨时与栏架的距离是由跑动的速度、运动员身高、运动员髋关节的柔韧性决定的。过前一栏的技术也影响下一栏的起跨距离。起跨点距栏架的平均距离，男子为1.98~2.29米，女子为1.91~2.08米。过栏时应注意以下四个方面。

①摆动腿。过栏动作是由摆动腿迅速高抬膝开始的。该腿的抬起和落地应在跑进方向的直线上。膝关节必须向前抬起，使大腿稍高于水平面（脚踵要留在膝关节之后）。这一动作必须在小腿前摆至栏板前完成。摆动腿高抬膝使起跨腿充分伸直，能加快起跨速度。摆动腿的脚不应过早地超过膝关节。摆动腿小腿伸向栏板时，必须积极有力地压至身体下方。

②起跨腿。起跨腿的足跟必须靠近臀部，直到越过栏板，然后大腿经腋下向前提拉，由跨栏步进入栏间跑。

③手臂动作。当摆动腿屈膝抬起并伸向栏架时，摆动腿的异侧臂前摆至胸前并稍屈（该臂的手不应超过身体的正中线）。前伸应自然协调，不应过分前摆，以免上体偏转，失去平衡。当起跨腿向前提拉时，前伸的手臂必须以同样的速度后摆。由于腿部的质量大于手臂，因此手臂的摆动动作要大于腿部动作。手臂后摆时必须保持稍屈，以保持身体平衡。女子跨栏运动员起跨向前提拉动作可小于男子运动员。

④身体前倾。有效的起跨姿势有助于形成正确的过栏姿势。运动员身体的前倾应在未蹬离地面时开始。这一前倾是由起跨前最后一步步幅减小造成的。身体前倾有助于运动员身体重心运动轨迹接近于正常跑的轨迹，以防止运动员跳栏。

运动员摆动腿的脚落地即表示过栏动作完成，着地点距身体重心的投影点要近，脚落地时应以前脚掌着地，这样着地有利于运动员立即继续向前快跑。男子110米栏运动员脚的落地点应距栏1.22米，女子100米栏运动员脚的落地点应距栏1.07~1.17米。下栏后运动员应把注意力重新放在正确的短跑动作上。

（3）栏间跑。栏间跑必须保持良好的短跑技术，但此时的加速度是依靠步频而不是步幅。栏间的三步应按下列节奏来跑：下栏的第一步是最短的，因为过栏减小了后蹬的力量；第二步是最长的；第三步要短于第二步。

（4）冲刺跑。运动员跨过最后一栏后应保持良好的短跑姿势冲过终点。

2. 400米栏

（1）起跑至第一栏前的加速跑。400米跨栏运动员应采用与400米跑运动员同样的起跑姿势，从起跑到第一栏，男运动员通常要用22步，女运动员需要22~26步。同400米跑一样，运动员起跑后8~10步，步幅逐步加大，然后是4~5步的控制节奏跑，即开始准备起跨。

（2）过栏。由于400米栏栏高较低，所以运动员速度较慢，过栏时身体前倾较小。在400米跨栏跑中必须保持正确的短跑姿势和节奏。在过栏过程中臀部应抬起并向前，如果此时臀部下坐就会造成速度损失，栏间跑步数增加。膝关节的积极前摆及小腿积极下压是必要的，这一动作能使运动员更快落地并进入栏间跑。

（3）栏间跑。大多数男运动员栏间要用13~15步，女运动员通常要用15~17步。如果要换腿起跨在5~7栏外开始，男运动员用14步，女运动员用16步或18步。如果栏间跑步数发生变化，运动员要有变换起跨腿过栏的能力。当运动员跑向栏架时，必须目视该栏架前方，使全程跑具有连贯性，而不仅仅是冲向一个栏架。栏前3步和栏后3步必须稳定、准确，调整步子不应在这几步中进行。

（4）终点跑。运动员应尽力快速冲过终点。

二、动作难点

1. 摆动腿的动作速度与身体的位移速度的配合

为了提高身体重心，摆动腿下栏的整个支撑过程中大、小腿几乎是伸直的。下栏时如果摆动腿不能迅速下压着地，必然使身体重心投影点落在摆动腿着地点后面过远，其所产生的前蹬阻力，将大大降低运动员前进的速度。要使下栏着地脚靠近身体重心投影点，就要求运动员摆动腿的动作速度必须与身体的位移速度密切配合。在高速跑进的同时，运动员摆动腿快速前抬和下压的动作速度必须相应加快。

2. 两腿用力时间的配合

在过栏时，两腿能同步用力做剪绞动作，必须掌握好两腿的用力节奏。上栏时，起跨腿后蹬结束后，身体重心未升到最高点，摆动腿仍在栏架后方，还不能做下压动作，若急于提拉起跨腿势必使起跨腿过早地超越身体总重心，拉到正前方去等待身体下落，因而身体重心留在后面。此时，起跨腿应积极地蹬地，迅速蹬直髋、膝、踝三个关节。与此同时，摆动腿用力向前上方摆出，尽量加大两大腿之间的夹角，使起跨腿的前群肌肉如髂腰肌、股四头肌等，得到充分拉长和放松。这样，起跨腿就可自然形成一个“稍拖延”技术，但要避免因后腿拖一下而使动作不协调。

在下栏时，起跨腿不能超越身体重心过早地拉到正前方，在摆动腿着地的瞬间，起跑留在侧面。然后与摆动腿踝关节的蹬伸相配合，同时把起跨腿膝部拉向正前方，使髋关节伸直，躯干顺势抬起形成一个良好的跑进姿势。这样就能使过栏动作与栏间跑衔接得更好，充分发挥栏间跑的速度。

3. 跨栏步中两腿摆动幅度的配合

在跨栏步中，两腿摆动在时间上做好配合固然重要，但两腿摆动半径的配合，对改善跨栏跑的节奏则尤为重要，并且与两腿用力时间配合上可以产生相得益彰的作用。在蹬离地面后起跨腿的髋、膝、踝关节，不是在同一平面上运动的。为了使起跨腿能更省力地拉到正前方，并使膝关节抬得更高，就得缩短起跨腿的摆动半径。其中，最有效的方法是提拉起跨腿时要背屈踝关节，并逐渐折紧大、小腿，使起跨腿的环节重心尽量靠近体侧，这样起跨腿就能以较短的力矩拉过栏架。与此同时，起跨腿的膝部要在提拉到与髋关节同在一个水平面时，才做下压动作。拉高起跨腿的膝部，除了使前后腿用力更协调外，更重要的是使下栏后第一步的步长加大。

三、动作口诀

（1）摆动腿抬、伸、压，起跨腿蹬、展、拉，两臂伸、划、摆。

（2）起跨重心高，攻栏快而猛，压、拉似擦板，脚落即前跑。

易犯错误与纠正方法

①过栏动作不标准。栏前跑的技术差，用脚跟踏地起跨或全脚掌着地起跨造成很大制动；起跨点过近，起跨角度过大；脚部力量差；心理上怕过栏。

纠正方法：改进栏前跑技术，形成较准确的步长，提高起跨点的准确性；适当降低栏架高度，缩短栏间距离，适当加长起跨距离，保持高重心的跑法，最后一步按“短步”标志跑，踏上起跨点后起跨攻栏；通过各种跳跃练习提升腿部及踝关节小肌群的力量；反复进行练习，提高对栏架的感觉，克服怕过栏的心理。

②腾空时两腿动作消极，剪绞时机不正确。起跨腿蹬地不充分，提拉过早；柔韧性差，不能做出大幅度的分腿动作；摆动腿下压不积极；上体直立，妨碍起跨腿提拉动作的完成。

纠正方法：有意识地控制起跨腿，防止过早提拉，加大两腿的分腿角度，然后进行快速剪绞过栏，发展两腿的柔韧性和髋关节的灵活性。

③下栏时身体不平衡，动作停顿。摆动腿下压消极，上体直立，下栏着地时身体重心落后；起跨腿蹬伸不充分，急于提拉起跨腿，下栏时两腿几乎同时落地；腿、臂配合不协调，躯干扭转，肩轴偏斜。

纠正方法：做各种跨栏练习，提高压栏意识，改善两腿的剪绞配合和过栏时身体的稳定性；做跨栏上下肢配合模仿性练习，加强起跨腿同侧臂的控制能力，不使该臂后引带动肩和躯干扭转。

④下栏后第一步步长过小，破坏了栏间跑节奏。摆动腿下栏消极，起跨腿提拉过早；起跨腿提拉不正或幅度小；下栏着地技术不好或支撑不稳。

纠正方法：通过过栏的专门练习，改进下栏着地和两腿剪绞动作；按标志跑出下栏后的第一步；通过各种跳跃练习发展小肌群力量，提高支撑及后蹬力量。

⑤栏间跑直线差。起跨攻摆方向不正或提拉不到位，支撑力不够产生倒体，下栏时摆动过大造成上体扭转。

纠正方法：在栏板上设标志，调整攻栏方向；将栏架放在分道线上，让学生下栏后沿直线跑；改进跨栏步技术，提高过栏率。

⑥栏间捯小步，节奏紊乱。下栏时身体重心落后，造成栏间跑第一步减速；过栏后对跨越下一栏架心理上准备不足；腿部力量差，后蹬力量弱。

纠正方法：改进跨栏步技术，提高下栏着地与栏间跑的结合能力；缩短栏间距离，使学生建立正确栏间跑节奏；降低下一栏架，缓解学生的心理压力；发展腿部力量，提高平跑的步长。

⑦弯道过栏后身体扭转，下栏有停顿。起跨点过于偏左，身体向左倾斜不够；摆动腿摆起方向偏右，起跨腿蹬地力量弱；向前提拉速度慢、幅度小，身体两侧动作不平衡。

纠正方法：强调弯道过栏时要主动向左倾斜身体，摆动腿下栏着地向左用力，起跨腿（右腿）多向左提拉抬膝到身体中线；在 20 米半径的弯道上练习过栏，或在田径场弯道上练习快速过栏，栏间距 17 米跑 7 步（女生可跑 9 步），体会在加速情况下利用身体倾斜的向心力顺利跨越弯道栏的感受。

项目二　跳跃运动

知识导图

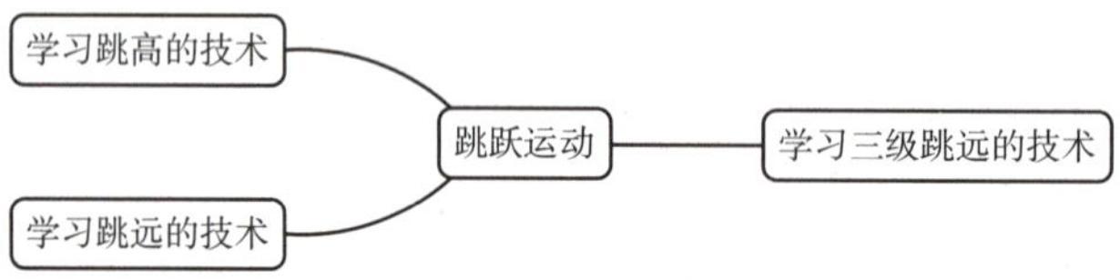

高素质技能型人才培养目标

知识目标	能力目标	素养目标
1. 了解跳高、跳远、三级跳远的技术原理； 2. 了解助跑节奏、踏跳角度等技术要素对跳跃成绩的影响； 3. 熟悉起跳犯规、试跳有效判定等竞赛规则	1. 完成助跑→踏跳→过杆的连贯动作（如背越式过杆技术）； 2. 协调助跑速度与踏跳力量，控制腾空姿势（如挺身式、走步式）； 3. 实现助跑→起跳→三次跳跃的节奏衔接与力量分配	1. 培养挑战高度（跳高）、突破远度（跳远）的进取意识； 2. 建立技术优先、循序渐进的训练理念，避免盲目追求成绩； 3. 遵守试跳顺序、起跳线规范等竞赛规则，树立公平竞争意识

任务一　学习跳高的技术

跳高分为助跑、助跑与起跳的结合、起跳、过杆与落坑四个阶段。

一、动作要领

1. 助跑

背越式跳高大多采用 8~12 步助跑，跳高全程呈抛物曲线，或者直线接抛物线。助跑动作近似短跑的途中跑，但要求身体重心高而平稳，上体略前倾，后蹬充分，前摆抬腿积极、自然，动作连贯，两臂大幅度摆动，在弧线段跑进时，身体的内倾应逐步加大。助跑的整个过程加速节奏明显，尤其是最后几步应积极跑进，加大每一步支撑阶段身体重心前移的幅度和速度。

由于比赛规则规定，不允许在比赛场地画线标明助跑的路线，因此运动员要保证步点的准确性和助跑曲线的合理性有很大难度。常见的是许多运动员提早切入弧线，或者最后两步跑成直线，致使身体过早地竖直而倒向横杆，造成起跳不充分。对此，运动员需要通过反复的练习和体会，依靠本体感觉控制身体内倾的变化，使自己的助跑曲线日趋合理和稳定。

2. 助跑与起跳的结合

要想助跑能够快速、连贯地过渡到起跳，就要求最后第二步积极跑进且动作结构无明显变化。摆动腿着地以后，身体重心迅速地移至支撑垂直部位，这时身体的内倾和膝关节的弯曲应达到最大。此后，摆动腿应有力地蹬伸，充分地伸展踝关节，推动髋部和躯干大幅度快速前移。在摆动腿蹬离地面瞬间，膝关节成150°~160°。摆动腿这一积极主动的动作，对加快身体重心向前的速度和迅速踏上起跳点有着十分重要的意义。保持最后第二步跑进的积极性和发挥摆动腿在推动身体重心快速前移过程中的作用，是这一技术环节的难点。

3. 起跳

运动员在踏向起跳点时，要保持身体的内倾姿势向前送髋和前移躯干，起跳腿一侧的髋超越摆动腿同侧髋，形成肩轴与髋轴的扭紧状态，肩轴几乎与横杆垂直，起跳腿以大腿带动小腿积极下压做扒地动作。着地时起跳脚外侧跟部接触地面，然后通过脚的外侧滚动至全脚掌，脚尖朝向弧线的切线方向，迅速完成缓冲和蹬伸动作。用力顺序由髋、膝、踝依次发力，蹬伸结束时，躯干和三个关节充分伸展。起跳时，对摆臂的要求是无论采用交叉双臂还是交叉单臂摆动，都要快速、充分，与摆动腿协调配合。

起跳动作的顺利完成需要腿、臂摆动的协调配合，起跳的效果在很大程度上取决于腿、臂摆动的节奏变化。也就是说，只有当腿、臂摆动表现出明显加速和减速节奏时，起跳才能达到理想的效果。

4. 过杆与落坑

起跳离地后，要求运动员保持住较伸展的身体姿势向上腾起，在摆动腿的膝和同侧臂的带动下，加速围绕身体纵轴旋转。当头和肩越过横杆时，及时仰头、倒肩和展体，利用身体重心向上的速度，积极挺髋，两小腿后收，使身体形成背弓姿势。接着含胸收腹，以髋部发力，带动大腿和小腿加速向后上方甩腿，使整个身体脱离横杆。落坑技术比较简单，向后上方甩腿后，保持屈髋伸膝的姿势下落，最后以背部落坑。

背越式跳高过杆的速度较快，增加了完成过杆动作的难度，运动员在过杆过程中，要尽量减少多余的动作，根据各环节身体与横杆相对位置的变化，沿着身体重心的运动轨迹，顺势依次越过横杆。此外，为了减少碰杆，运动员还应控制旋转的速度变化，使过杆动作的完成具有明显的节奏感。

二、动作口诀

（1）跨越式跳高。跨越过横杆，摆腿内旋转，体转跳腿抬，脚落有先后。

①助跑口诀。站立姿势开始跑，后段加速重心稳，最后三步大中小，节奏应为嗒嗒嗒。

②起跳口诀。脚跟制动髋膝直，送髋伸腿成倒体，提肩拔腰腿摆正，身体离地向上腾。

（2）背越式跳高。弧线助跑似弯道，快速踏跳用外脚，蹬伸扣摆立直腰，向后倒体勿过早，杆上展髋背成桥，收腹甩腿背落坑。

①助跑口诀。加速直跑有节奏，最后四步跑弧线，身体逐渐向左转，迈步大腿勿抬高。

②起跳口诀。跳脚踩上起跳点，摆腿扣膝体转直，提肩拔腰臂上摆，跳腿蹬直离地面。

③过杆与落地口诀。肩部后展，挺髋过杆，收腹举腿，肩背落坑。

易犯错误与纠正方法

①起跳前减速和制动。过早地为起跳做准备的心理，会造成最后几步助跑减速，上体后仰；倒数第二步摆动腿支撑过于消极，身体重心前移的幅度和速度不够；起跳腿前伸过远，着地时摆动腿尚未靠近起跳脚的支撑点，所产生的冲击力减缓了身体重心前移的速度，造成制动。

纠正方法：重复讲解背越式跳高的技术特点，进一步建立助跑与起跳结合技术的正确认知；反复连续进行单足（摆动腿）跳和上步起跳练习，提高摆动腿的支撑力量，增强摆动腿的蹬摆意识；通过全程节奏跑和全程助跑起跑练习，逐渐习惯在不断地加速中过渡到起跳，从而使助跑和起跳紧密地衔接起来。

②起跳后过早倒体。急于过杆，起跳时增加了向横方向的用力；沿弧线跑进时，没有很好地控制身体逐步地加大内倾或最后两步跑成直线，在离心惯性力的作用下，加快了上体倒向横杆；倒数第二步摆动腿支撑过渡阶段，没有获得"牢固"的支撑和保持身体内倾姿势踏向起跳点而过早倒向横杆。

纠正方法：消除怕过不了杆的心理障碍，要让学生明白，助跑最后一步与横杆约成30°，水平方向的运动已经提供了人体总重心超越横杆的可能性，因此起跳时应把所有的注意力集中于向上的起跳；反复进行全程助跑、全程助跑起跳和过杆练习，开始时用实线或虚线画出助跑路线，熟练后只设少数标志，强调依靠自身的本体感觉控制身体逐步加大内倾，保证助跑曲线的合理性和准确性。

③挺髋不充分，"坐着"过杆。有恐惧心理，过杆时不敢做倒肩挺髋动作；自我保护意识过于强烈，完成过杆动作前，就收腹做落坑准备；起跳不充分，腾起高度不够，无充足的时间完成一系列过杆动作；对动作顺序和用力部位认识不清，造成倒肩展体与收腿挺髋配合不协调。

纠正方法：过杆教学时，先用橡皮筋或橡皮带代替横杆，设置的位置靠海绵坑近一些，确保练习时的安全，消除学生的恐惧心理；重复做原地倒肩挺髋练习和原地跳起过杆练习，进一步体会过杆的动作顺序和用力部位；借助助跳板或低跳箱做助跑起跳，上高海绵台或万能架练习，使学生能在较大的腾空高度和较充足的腾空时间下，体会倒肩展体与收腿挺髋的协调配合，直至做出良好的背弓姿势。

任务二　学习跳远的技术

跳远分为助跑、起跳、腾空和落地四个阶段。

一、动作要领

1. 助跑

助跑距离的长短和步数的多少，应根据运动员短跑的能力而定。一般说来，助跑距离和步数，男子为35~45米，跑18~24步；女子为30~40米，跑16~18步。技术动作要领是助跑的速度要快，特别是助跑后段，跑的节奏越快越好，力求达到本人的最高速度；准确地踏上起跳板；助跑的起动姿势、助跑的距离、步频与步长的比例，不能随意变化。

对运动员或初学者进行跳远教学的第一课起，就要强调积极向板进攻的意识，即快速助跑下进行起跳的意识。在跳远中，跑快了可能跳不起来，但通过有意识练习是可以改变的。用平稳或减慢助跑速度的方法去适应起跳，将失去跳远运动的意义。积极向板进攻的意识要靠平时的教学训练加以培养，贯穿于整个教学训练的全过程。这是做好助跑的心理准备和先决条件。

助跑节奏是指在完成助跑过程中，步频和步长的配合，体现在以下几个方面：最后几步速率是否逐步提高；最后几步是否在保持较大步长的前提下，快频率上板；最后几步步长是否比较稳定且有规律地变化。运动员开始助跑后，步长和步频随着助跑步数与速度的增加逐渐均匀地增大和加快，助跑到最后6~8步，步长几乎达到最大值，这时必须在保持已获得步长的前提下，加快步频，形成高重心、高抬膝、高频率的跑法，在踏跳前达到最快频率上板。后几步采用加快频率、提高速率的节奏，有助于在起跳前达到最高速度，排除起跳前水平速度损失较多的可能性。助跑最后四步步长的合理变化是良好助跑节奏的又一体现。为使起跳前发挥和保持最大速度，助跑最后几步步长应趋于接近，不应有明显的变化。不同的训练水平，最后两步步长关系差异是显然的，要根据运动员本身的速度能力和力量水平来决定，为使助跑起跳能够流畅、自然的结合，两步差数在10~20厘米为宜。

助跑后段应注意以下两个方面的技术。一是控制好助跑后段的躯干姿势。现代跳远助跑技术的趋向是整个助跑阶段跑得放松、自然、向前性好，一般最初几步脚着地瞬间躯干倾角为30°~35°。随着向前跑进，躯干逐渐抬起，助跑中躯干倾角为80°~85°。当助跑进入最后几步时，脚着地瞬间，躯干逐渐变为正直，上板前约为90°。二是控制好助跑的身体重心变化。助跑过程中，身体重心应保持在较高的位置上平稳地向前移动，到助跑最后第二步时，身体重心略有下降，这是起跳前思想准备的自然结果。如果过早准备起跳，或身体重心过低，必然导致水平速度较大的损失，增加起跳困难。

助跑准确性直接影响试跳的成败，关系运动员平时训练水平能否在比赛中得以正常发挥。助跑准确性取决于运动员的助跑技术、助跑节奏、本体感觉器官的分化能力、训练水平和助跑与起跳的熟练程度，同时还取决于运动员注意力集中程度及对外界条件的正确判断。助跑过程中，为了保持正确的助跑节奏，一般需要采用助跑标记。第一个标记通常放置在助跑后的第 4 步处，以便控制最初几步助跑的连贯性。第二个标记放置在离起跳板 4~6 步处，这一标记可供教练员检查助跑的准确性。

2. 起跳

正确运用已经发挥出来的水平速度，通过起跳获得必要的垂直速度。技术动作上要求做到上板快，缓冲积极，摆动腿蹬摆迅速有力，快速完成起跳。

助跑最后一步摆动腿要积极蹬摆，起跳腿要积极下压。为了能够在助跑向起跳的转换中尽量减少损失水平速度，应做到快速助跑、快速起跳。在助跑最后一步，摆动腿一着地，就积极地迅速地蹬离地面，以髋带动大腿，折叠向前上方摆出，推动身体重心迅速前移。此时，起跳腿应以髋关节发力，以大腿带动小腿，向下向后击压。技术上要做到起跳腿迈出时大腿抬起的高度比前几步略低些，限制踏跳腿向前做大幅度摆动，着板点离重心投影点近些（30~40 厘米）。

起跳蹬伸的时机，髋部的正确位置及合理的用力顺序要注意。蹬伸时机，支撑反作用力与地面垂直之前开始蹬伸，对提高垂直速度更为有利。当开始蹬伸时，髋部要处于踏跳腿支撑点上方，以便准备获得下肢传来的支撑反作用力，以推动身体重心向前上方腾起。蹬伸起跳时应做到髋、膝、踝三个关节依次发力。

腿臂摆动在起跳中的作用很重要。起跳脚着地瞬间，摆动腿和两臂的快速摆动，能减小起跳脚着地时的冲撞力，有利于减少水平速度的损失。当起跳腿缓冲时，摆动腿和两臂的协调摆动，能加大起跳腿对地面的作用力，增加起跳力量。摆动腿和两臂摆至水平时“突停”，能更好地利用起跳惯性，加速身体向前上方腾起。维持身体平衡，把握住起跳方向。

3. 腾空

身体腾空后，根据空中的动作形式，腾空分为蹲踞式、挺身式和走步式三种姿势。

蹲踞式腾空跳得远，动作简单，保持腾空步的时间比较长，当身体到最高点时，留在身体后面的起跳腿开始屈膝向前、向上方抬起，逐渐向摆动腿靠拢，成蹲踞姿势。随后两腿向上收，上体前倾，两臂由前向下、向后摆动，向前伸小腿落地。蹲踞式跳远动作简单，初学者容易掌握。由于蹲踞式屈髋团身，缩短了身体向前旋的半径，加大了身体旋转的角度，所以稳定性差，往往影响落地的远度。

挺身式腾空的空中姿势保持腾空步的时间比蹲踞式稍短。腾空步后，展髋放下摆动腿，起跳腿屈膝前向摆动腿靠拢。两臂开始一前一后，摆动腿继续向后运动，两臂外展，挺胸送髋使躯干微成反弓形，继而收腹举腿，两臂上举，准备做落地动作。落地动作前，两臂由上经体前、体侧引向体后，两腿由膝靠近胸部开始，小腿尽量前伸准备落地。挺身式跳远的空中动作能拉长体前肌肉，有利于做收腹举腿和伸腿落地动作，效果比蹲踞式好。

无论采用何种空中姿势，均要求维持空中的平衡，落地前尽量将腿向前伸出。动作技术上要保持上体正直，腿臂协调配合。动作难点是如何维持平衡。腾空一开始，头稍微抬起，一般用两眼平视转为向前上方看来改变头部位置，以做到平稳，躯干要保持正直，在起跳结束、摆动部分的主要动作已经完成、腾空至最高点前，摆动部分仍应保持最大的摆动幅度。

以上各环节动作都是在相互紧密配合中完成的。它们之间衔接得越好、配合得越协调，平衡效果就越显著。

4. 落地

正确的落地技术对跳远成绩有很大影响，可防止伤害事故的发生。落地前，上体不要过于前倾，大腿尽量前抬，小腿伸直，脚尖勾起，两臂后摆。脚跟接触沙面时，向前向下压脚掌，两腿迅速屈膝，髋前移，两臂由后向前摆出，帮助身体迅速前移，使身体重心尽快地移过落点，然后身体顺势向前倒下。除了这种前倒落地方式外，还有侧倒落地法和坐式落地法。无论哪一种落地法，均要尽可能地推迟脚着地的时间，加大着地点和身体重心投影点之间的距离，避免身体向后坐在沙坑里，影响跳远成绩。

二、动作口诀

(1)助跑口诀。助跑快速很重要,节奏明显要记牢,距离步数因人异,步幅大小要定型。

(2)起跳口诀。积极踏板用全掌,摆腿屈膝朝前方,摆臂提肩腰拔正,快速离地腿蹬直。

(3)落地口诀。收腹举腿肩向前,两臂后摆配合好,脚跟触沙膝弯曲,重心前移勿后倒。

(4)踏跳口诀。跳腿低抬踏上板,重心迅速跟上来,“退让”微屈髋膝踝,重心移过支撑点,后腿屈膝速前摆,摆臂蹬伸快离板。

(5)蹲踞式口诀。跳起腾空成弓步,两腿屈膝靠胸部,伸腿落坑臂后摆,上体前移勿后倒。

(6)挺身式口诀。跳起腾空成弓步,前腿下摆髋展开,挥臂展体要充分,收腹举腿臂后摆。

易犯错误与纠正方法

①助跑步点不准确。起动姿势不固定;助跑加速时步长变化大,节奏不稳定;受风向、场地和情绪不稳定的影响。

纠正方法:采用固定的起动姿势,调整助跑标志物;反复练习跑步点,在快跑中固定步长和加速方式;稳定情绪,提高在不同气候和场地的情况下迅速应变的能力。

②助跑最后几步减速。步点不准,最后几步步长过大或过小;上体后仰,臀部后坐,后蹬不充分;怕越板犯规;体力不支,控制不了速度。

纠正方法:反复练习跑步点,特别注意调整助跑最后6~8步的第二助跑标志物的设置;强调助跑的最后阶段积极加强后蹬,加大两臂摆动,上体保持正直,提起身体重心,加速身体前移;助跑起跳要果断,如果体力不佳,可缩短助跑的距离或平稳加速,保证加速度上板的能力。

③制动式起跳。起跳脚着地时身体重心落后,过分前伸小腿;盲目追求腾空高度。

纠正方法:强调提高身体重心助跑,加速身体前移,用扒地式踏板起跳;强调快速跑上板进行起跳;在斜坡跑道上做下坡跑起跳。

④起跳腿蹬伸不充分。起跳腿缓冲过深,使蹬伸用不上力;起跳时髋没有积极前送;蹬伸用力开始太早或太晚;蹬伸动作不协调或力量不够。

纠正方法:强调助跑最后几步提高身体重心的起跳练习;强调起跳着地瞬间顶头、提肩、拔腰;反复做1~3步的起跳练习;做各种跳跃练习,改进动作的协调性和发展腿部力量。

⑤蹲踞式跳远中身体向前旋转。起跳时摆腿不积极,摆动幅度小;起跳时低头、肩前冲,上体过于前倾;急于做落地动作。

纠正方法:短、中程距离助跑跳远,要求起跳时身体保持正直,目视前方;起跳后保持“腾空步”姿势。待达到最高点再提膝靠胸做落地动作;连续做助跑起跳练习,着重改进摆腿和臂的动作。

⑥挺身式跳远中挺身过早。腾空步未做完就急于做挺身动作;起跳不充分,髋部前移不够,摆动腿摆动不积极。

纠正方法:加强起跳练习,强调腾空步姿势,待身体腾越一定距离后再做挺身动作;可在起跳板前1.5~2米处设一根高30~50厘米的橡皮筋或横杆,越过障碍物后再做挺身展体动作。

⑦挺身式跳远中以挺腹代替挺身。腾空步后,以挺腹代替摆动腿的下落;上体后仰,摆动腿没有后摆动作。

纠正方法:腾空时头部正直,下放摆动腿时先向下伸展髋部,然后稍向后摆,起跳腿屈膝稍向前提,形成摆动腿较直、起跳腿稍屈膝的姿势;在两臂悬垂或支撑状态(单杆、双杆上)下做挺身式模仿动作。要求同上。

⑧落地时“前栽”。落地前团身动作未完成,上体前倾过早;落地时没有向前伸小腿;腰腹力量不够。

纠正方法:做立定跳远练习,要求落地时前伸小腿;做短程助跑跳远练习,要求落地前两腿屈膝提至胸前,然后伸小腿越过落地点标志;发展腰腹力量。

⑨落地时“后坐”。脚跟着地时没有迅速屈膝;两臂没有及时前摆。

纠正方法:做立定跳远练习,落地缓冲时,两臂迅速向前挥摆,帮助身体重心前移过支撑点;做立定跳远或带几步助跑的跳远练习,体会落地时两腿屈膝缓冲动作。

任务三 学习三级跳远的技术

一、动作要领

三级跳远分为助跑、第一跳(单足跳)、第二跳(跨步跳)和第三跳(跳跃)四个阶段。

1. 助跑

助跑技术与跳远基本相同,要求跑得放松而且富有弹性,最后几步步幅要均匀,节奏明显,不要为了准备起跳而降低身体重心和改变节奏。

2. 第一跳(单足跳)

第一跳是在向前速度很大的情况下进行的,因而必须强调助跑与起跳的合理结合和有效衔接。因此,最后一步摆动腿要积极有力地蹬地,起跳腿踏向起跳板时大腿抬起高度略低一些,脚着地要有明显的扒地动作,保证这一跳在有一定远度的基础上,减少水平速度的损失。第一跳起跳腾空后,空中换步动作要及时进行,应同下一跳的起跳动作紧密衔接,过早或过晚都会影响下一跳的远度。为了不影响跑速,第一跳最好采用前后摆臂方式,即单臂摆,在腾空过程中两臂配合下肢的换步动作,经由体前拉向身体后侧方。

3. 第二跳(跨步跳)

第二跳的起跳是从第一跳的着地动作开始的,由于身体从高处下落着地,身体重心的落差大,产生很大的冲击力,这给起跳增加了很大难度。为了避免由于急剧的冲击而造成过分的缓冲,第二跳掌握好蹬摆时机是很重要的。当第一跳的起跳腿着地时,要积极下压做有力的扒地动作,着地后腿不能完全放松,膝部、踝部和大小腿后肌肉群都要保持适度紧张,使身体重心保持在较高的位置上,同时,腿和两臂要有力地向前摆动,并配合起跳腿有力的蹬伸动作,使整个身体向上伸展。这一摆蹬动作的速度、幅度和力量都会影响第二跳身体重心的腾空轨迹的高度与远度。第二跳腾空跨步姿势要保持较长的时间,在身体向前腾越中,尽量让两大腿保持较大的夹角,维持腾空时的身体平衡,为第三跳做好准备。

4. 第三跳(跳跃)

经过前两跳后,运动员的水平速度已有明显下降。因此,第三跳要充分利用剩余的水平速度,动员全部力量,尽可能提高垂直速度,以获得一个较高、较远的腾空轨迹,取得第三跳的最大距离。

二、动作难点

1. 形成理想的助跑与起跳相结合技术

助跑与起跳结合是三级跳远技术的关键,同时也是三级跳远技术的难点。要想通过助跑在起跳板前达到最大速度,就要在高速度下及时地、不失时机地完成着地、缓冲、起跳一系列的技术动作,而且是在极短的时间内完成。

2. 选择合理的三跳比例

充分发挥速度及运动员个人特点,选择适合个人特点的三跳比例才是取胜的关键。

3. 维持三跳中的身体平衡

三级跳远要进行三次着地接起跳,而且起跳是在很大水平速度下进行的,受起跳的制动和偏心推力的作用,人体必然会在腾空后产生前旋。因此,运动员必须及时地完成骨盆前移,摆动腿前摆高抬,腰背紧张用力,两大腿间夹角要大等动作,抵制或克服身体在腾空时的前旋,维持三跳中的身体平衡。

4. 掌握完善的第一、二跳着地技术

第一、二跳着地应掌握的技术是以髋关节发力,大腿下压,小腿前伸,微勾脚尖,腿几乎伸直,向后下方积极扒地,由脚跟到脚掌滚动着。注意在脚着地时送髋,两臂协同有力地摆动。为了保证技术的掌握,还要加强专项素质的提高,尤其是专项跳跃能力。

三、动作口诀

第一跳步用单脚，空中换步勿过早；第二跳是跨跳步，挥臂摆腿要协调；第三跳步称跳跃，单腿跳来双落脚。三级跳远跳三跳，各跳长度要比好。

易犯错误与纠正方法

①助跑步点不准。

纠正方法：在不同场地、不同气候条件下进行练习，丰富调整助跑步点的经验；加强助跑与第一跳结合的练习。应在第一标志线向前4步处加设第二标志，每次练习都必须踏上第二标志，多次重复，直至调整到准确为止。平时应经常练习助跑。

②第一跳起跳不充分。

纠正方法：反复进行助跑练习，形成合理的节奏，逐渐使之定型；在快速助跑中连续做第一跳起跳练习，强调扒地、抬体、送髋；快跑中每隔3~5步做一次起跳。在动作过程中保持上体与髋部的适度紧张，增强支撑作用力直接推动人体重心的感觉。

③第一跳腾空过高。

纠正方法：按三跳长度合理比例进行练习，学生要理解支撑腿着地负荷过大的后果，以便做出改进；加强助跑与起跳结合的练习，重点要求起跳前的节奏快，重心高，"上板"放脚动作要快并有积极扒地动作。

④跑及三跳节奏不好。

纠正方法：多进行跑的练习；放松自然跑，提高身体重心按标志助跑；通过短程助跑的练习强调上板前最后几步要快；全程助跑要逐渐加速。助跑的练习应占有相当比重；重视起跳腿着地后及时缓冲与前送骨盆的动作，腰、背肌处于紧张状态；多次重复助跑与起跳结合的练习，注重快节奏跑与积极有力起跳的衔接，强调起跳时的扒地动作；进行两跳的组合练习，控制第一跳的高度，保持向前性的用力；加强第二跳的向前上方用力，争取第二跳合适的距离；加强弱腿力量练习，经常做灵敏、协调性较强的活动。

⑤空中不平衡。

纠正方法：多进行短程助跑练习，改进助跑最后几步与起跳放脚的正确动作；多进行短程助跑或立定多级跳练习，改进蹬地、摆腿送髋，使身体重心在腾起前瞬间处于支撑点上方的合理位置；多进行短程助跑的轻跳练习，注意上下肢的协调配合。

项目三　投掷运动

知识导图

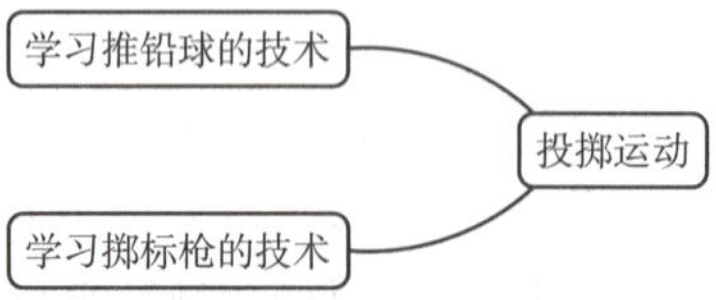

高素质技能型人才培养目标

知识目标	能力目标	素养目标
1. 掌握推铅球(力量爆发)与标枪(速度连贯)的技术原理; 2. 理解力量素质(铅球)与协调性(标枪)对投掷成绩的影响机制; 3. 熟悉投掷区边界、出手姿势有效性等竞赛规则	1. 完成蹬地→转体→伸臂的连贯发力动作(如滑步或旋转技术); 2. 协调助跑→交叉步→最后用力,实现标枪纵轴与飞行方向一致	1. 培养挑战力量极限(铅球)与技术精度(标枪)的进取意识; 2. 理解投掷项目对全身爆发力、协调性的促进作用,形成正确训练理念; 3. 建立"技术规范优先于力量蛮干"的安全意识

任务一　学习推铅球的技术

本任务主要分析背向滑步推铅球技术(以右手投掷为例),推铅球的动作分为滑步、过渡和最后用力三个阶段。

一、动作要领

1. 滑步阶段

(1)摆动腿带动髋部沿水平方向向投掷方向摆动。推铅球的滑步是由摆动、蹬伸、拉收、下压等动作组成的连续性动作,在这一过程中,腿的摆动起着先导作用,滑步时既要强调加大摆动的力量和幅度,为支撑的蹬伸创造条件,又要避免后摆过高使身体重心过多向上抬起,造成支撑腿蹬地角度增大而影响滑步的水平速度。

(2)支撑腿蹬收积极,有利于完成"超越器械"动作。在摆动腿开始减速,给支撑腿的压力减小的瞬间,在适宜蹬地角度(约35°)下,及时有力地蹬离地面,快速拉收右小腿,内扣膝、踝关节于身体重心下方支撑,使下肢以更快的速度赶超到上体和器械的前面,从而有效地完成"超越器械"的动作。

(3)注意非投掷臂和躯干与下肢动作的配合。滑步过程中,上体尽可能地保持与投掷相反方向的倾斜姿势,左臂前伸,左肩保持内扣,这样可以控制身体重心在滑步中的起伏,也可以防止上体过早抬起和转向投掷方向,有利于滑步后形成"超越器械"的动作。

(4)适宜的滑步速度和加速直线性。滑步过程中,人体与器械应成一个整体,人体重心的移动路线和器械运行的方向一致。摆动腿与支撑腿的摆蹬协调配合是滑步技术的难点,两者的结合是滑步技术的关键。滑步过程中要特别强调两腿的协调配合,做到以摆带蹬、摆蹬结合。

2. 过渡阶段

过渡阶段是指从右脚滑动结束到左脚落地,起承前启后的作用,保持滑步时所获得的速度,形成有利的身体姿势进入最后用力阶段。

3. 最后用力阶段

最后用力是指滑步结束,摆动腿积极下压着地后所进行的用力过程。该阶段的技术将直接影响铅球的出手初速度、出手角度和出手高度,对铅球的飞行远度起着决定性作用。

(1)左腿右髋的先导作用。进入最后用力阶段瞬间,右腿已开始首先发力,并在整个用力过程中起着先导作用。随着左腿的支撑与制动,右髋以积极的前移推动上体向投掷方向抬起和转动,从而使身体左侧有关肌群充分拉紧,左腿制动与蹬伸动作,加快了躯体的鞭打和伸臂推铅球动作。

(2)合理的动作顺序和节奏。合理的动作节奏,一方面体现人体各环节严格按一定顺序完成动作时的速度变化,另一方面表现各动作环节之间的间隔时间。合理的动作节奏保证了最后用力动作的连续性,提高用力效果。

(3)髋轴、肩轴的相互超越。滑步结束后,髋轴已形成交叉扭紧状态,用力时右髋积极向投掷方向前移,进一步加大了对肩的超越。当人体转向投掷方向时，左臂积极向体侧的快速摆动动作，加快了对肩轴的超越。当人体转向投掷方向时，应迅速使右肩赶到右髋的前面，两轴的相互超越，有利于加大工作距离，完成爆发性的推铅球动作。

（4）身体左侧的积极配合。在最后用力过程中，躯干的动作是以转动和鞭打的混合运动方式进行的，身体左侧的一系列动作为完成右侧的动作创造了条件，两侧动作的协调配合也是衡量正确技术的标准之一。

用力顺序正确与否是评价最后用力效果的主要标志，也是推铅球技术训练中应注意的主要问题。推铅球的动作应该有一个自下而上的用力过程。首先是右腿积极蹬伸，推动右髋向投掷方向移动，并使支撑反作用力通过髋部传递到躯干、上肢乃至投掷器上。这一过程中，参与用力的身体各环节的加速都是在前一环节达到最大速度的基础上实现的，从而使人体获得较大的速度。

二、动作口诀

（1）背向滑步投掷口诀。背向站在投掷圈，球置锁骨窝处，左腿后摆向抵板，右腿蹬收扣膝踝，重心落在右腿上，身体扭紧勿早开，右腿蹬转要连贯，挺髋展胸推拨腕，自下而上来用力，维持平衡勿出圈。

（2）侧向滑步投掷口诀。进圈身体侧向站，球置锁骨窝里边，左腿侧摆右腿蹬，收拉转膝擦地面，落地紧接猛用力，蹬转挺展推拨腕。

易犯错误与纠正方法

①推球时手腕、手指用不上力，或挫伤手指。手腕、手指力量薄弱；推球时右肘下降或没有屈腕拨指动作；推球时手指过于放松；用力顺序不正确，手臂用力过早。

纠正方法：加强手腕、手指的力量练习，持杠铃杆或轻杠铃屈腕练习等；进行向下对地推球练习，手腕、手指适当紧张，体会推拨球动作；注意正确的用力顺序，养成自下而上的用力习惯。

②滑步距离太短。左腿摆动和右腿蹬地力量不够，两腿配合不协调；右腿收腿不积极。

纠正方法：在地上画出右脚落地的标志，要求滑步后右脚落在标志上；徒手或持球做摆蹬结合练习。

③滑步后上体过早抬起，身体重心移至两腿之间。右腿收腿动作不好，主要表现在收拉距离短，右腿未落在身体重心下方；滑步中，头和非投掷臂过早地向投掷方向转动。

纠正方法：练习者双手或左手拉住同伴或橡胶带做滑步练习；滑步中要始终目视地上 2~3 米处的标志。

④滑步后停顿，不能与最后用力紧密衔接。左腿向上摆动，或下落不积极；腿部力量弱或爆发力较差。

纠正方法：徒手或持球做滑步摆腿练习，注意摆腿方向；加强腿部力量，尤其是爆发力练习。

⑤推球时身体向左倒。上体用力过早；左臂过分向左后方摆动；左脚落地的位置过于偏左。

纠正方法：滑步后保持上体正确姿势和左臂用力方向；画线限制左脚落地位置。

任务二　学习掷标枪的技术

掷标枪分为握枪与持枪、助跑、最后用力和标枪出手后维持身体平衡四个阶段。

一、动作要领

1. 握枪与持枪

用拇指和中指握枪，持枪时采用枪尖稍低于枪尾的肩上持枪法。

2. 助跑

助跑是为了最后用力前获得初速度，完成引枪和超越器械动作，做好投掷前的有利姿势。助跑的距离和速度因人而异，无论采用何种助跑技术，都应做到有节奏、动作协调一致。

（1）预跑阶段。预跑阶段的特点是均匀加速，运动员持枪于肩上，逐渐加速，自然放松。速度应与运动员的身体训练水平和技术的熟练程度相适应，这样才能达到良好的效果。

（2）投掷步阶段（以右手投掷为例）。在投掷步阶段，应当在不减速的情况下，完成引枪和超越器械动作，为投掷做好准备。目前，大多数采用直接向后引枪和五步投掷法。第一步从左脚踏标志线开始，身体姿势保持不变，右腿向前迈出，躯干右转，右手向后引枪。第二步是右腿落地，左腿积极前摆，右肩继续右转，右臂自然伸直，此时右臂位于肩轴的延长线上，躯干稍向后倾斜，标枪与小臂的夹角要小，左臂摆至身体左侧，左肩靠近标枪。第三步也叫交叉步，从左脚落地，右大腿快速前摆开始，交叉步的开始是两大腿积极靠拢，并使右膝接近左膝，当右大腿带动小腿快速有力前摆靠近左腿时，左腿快速有力蹬伸，促使右腿快速前摆，由于两腿蹬摆结合，形成髋轴和右大腿快速前摆积极下压，用脚掌跟外侧着地并迅速过渡到全脚掌，与投掷方向形成约 45°。第四步是投掷步中唯一没有腾空阶段的一步，在右腿尚未落地之前，左腿就要积极前摆，右脚触地后，体重落在弯曲的右腿上，接着右腿积极蹬转，左腿快速前摆迅速落地，做出强有力的制动支撑，上肢和器械保持不变，为最后用力形成良好的预备姿势。投掷步的节奏是加速的，比预跑阶段的速度要快，特别是第三、四步的速度明显快于前两步。投掷步的移动速度一般相当于本人绝对速度的 80%，这样有利于控制动作，使动作做得准确而自然。

3. 最后用力

最后用力是整个投掷标枪技术最重要的部分，必须做到尽可能多地带动人体肌肉参与，在交叉步右脚落地后，由于惯性使髋部继续向前运动，当右腿转入后蹬阶段左脚尚未落地之前，身体重心通过右腿支撑点瞬间开始用力。当左脚快速落地支撑，右腿继续蹬转，加速右髋转向投掷方向运动，使髋轴超越肩轴，在髋部牵引肩部向投掷方向转动的同时，左臂屈肘向身体左侧下方移动，加快右肩向投掷方向转动速度，从而带动投掷臂向上翻转，形成满弓动作。随着身体重心移至左腿上，左腿做迅速有力的蹬伸，髋、肩、肘用力后依次制动，逐级向上传递叠加到最大速度，这符合生物力学和运动解剖学的基本要求，即做到先大关节后小关节，先大肌群后小肌群参与用力。

4. 标枪出手后维持身体平衡

标枪出手后，为了防止犯规应及时向前跨出一大步，右脚落地后身体重心下降并稍左转体缓冲向前，维持身体平衡。注意，标枪出手角度为 29°~36°，攻击角接近 0° 时，标枪所受的阻力最小。

二、动作口诀

左脚踏上标志线，挥臂引枪要自然，右腿蹬转要连贯，挺髋展胸推拨腕，自下而上来用力，维持平衡勿出圈。

易犯错误与纠正方法

①鞭打动作效果较差。肩关节灵活性差，投枪时上体过早前移，没有及时翻肩，翻肩时标枪离开身体，鞭打时投掷臂的肘关节没有弯曲。

纠正方法：多做提高肩关节柔韧性的专门练习；用橡皮条做翻肩转体成满弓的练习；持小树枝做鞭打练习。

②投掷步明显减速，助跑与用力衔接不好。预跑阶段速度过快动作失控，以致最后用力前被迫减速；引枪时上体主动后倒，后倾幅度过大；第三步（交叉步）腾空过高，左脚落地速度慢、时间长；交叉步右脚落地后，右腿不能及时发力。

纠正方法：调整预跑阶段的速度；多做慢跑的加速跑中引枪，保持上体正直；反复练习投掷步和第三、四步动作，强调动作节奏，在第三步右脚着地前左腿要积极向前迈出；做右腿蹬转用力的模仿练习和各种跳跃练习。

③最后用力时左腿的蹬伸不充分，臀部下坐。右腿蹬地无力；投掷步的最后一步过大，在很大的向前惯性力和重力作用下左腿不能及时蹬伸；左腿力量较差。

纠正方法：多做上步投掷的练习，强调两腿衔接用力；设定标志练习。在跑道上画好第三、四步规定的距离标志，严格按标志练习，限制最后一步的步幅；进行各种跑跳练习，加强下肢的快速力量，强调左腿在最后用力时积极蹬伸。

④掷标枪时，用力不能通过标枪纵轴。握枪方法不正确；引枪时，持枪臂的右手过低，转肩和“满弓”时标枪的仰角过大或与前臂的夹角过大；转肩时，肘关节位置低于肩，用力时向下拉枪；标枪出手的时间过晚。

纠正方法：改进握枪方法；引枪、交叉步和转肩时注意控制标枪的角度与位置；多做正面和侧向的插枪练习。

⑤用力顺序不正确。对用力顺序不清楚；右腿发力不及时，上体过早前移，没有形成“满弓”姿势。

纠正方法：采用持器械的专门练习，如单手投掷实心球、沙袋等，体会正确用力顺序；多做上步掷标枪练习；做投掷前的预备姿势，右臂后伸拉住橡皮条，反复做最后用力的右腿蹬伸送髋动作。

项目四　比赛规则认知

知识导图

高素质技能型人才培养目标

知识目标	能力目标	素养目标
1. 掌握田径比赛的核心规则体系（如跑、跳、投项目的基本规则、判罚标准）； 2. 理解田径赛事组织流程、竞赛通则及常见犯规情形的判定依据	1. 能准确识别田径项目的规则要点（如起跑规范、跳跃丈量、投掷有效区）； 2. 能在模拟或实际赛事中运用规则完成判罚分析与赛事组织协助工作	1. 培养遵守规则的体育精神与公平竞赛意识； 2. 在规则认知中提升逻辑分析能力与细节把控能力

基层单位举办的田径运动会属于群众体育比赛性质，因此执行竞赛规则应从实际出发，参照中国田径协会审定的《田径竞赛规则》。对于有变动或另行制定的竞赛规则，应在竞赛规程中或教练会议上说明。

任务一　学习田径比赛通则

一、比赛须知

（1）参加比赛的运动员必须佩戴号码布，否则不得参加比赛。

（2）在径赛分道跑和部分分道跑项目的比赛中，运动员应自始至终在自己的分道内跑进。

（3）径赛运动员挤撞或阻挡别人从而妨碍别人走或跑进时，应取消其比赛资格。在比赛中如发生此类情况，有关裁判长有权命令除被取消资格以外的运动员重新进行比赛。如发生在预赛，允许任何由于受推或阻挡而受到严重影响的运动员参加下一赛次的比赛。对于在田赛的某一次试跳、试掷中因故受阻的运动员，有关裁判长有权给予其重新试跳、试掷的机会。

（4）如果运动员因兼项时轮到他试跳（掷）未到，一旦该试跳（掷）时限已过，则应将该次试跳（掷）按免跳（掷）处理。

（5）在所有的田径比赛项目中，测量成绩时应以 1 厘米为最小测量单位，不足 1 厘米不计。

二、各项竞赛名次判定与成绩相等时的处理办法

1. 径赛项目名次的判定与成绩相等的处理方法

径赛项目中，判定运动员到达终点的名次，是以运动员躯干（不包括头、颈和四肢）的任何部分抵达终点线后沿垂直面的先后顺序为准。以决赛成绩判定该项目最后名次，而不是以预、次、复赛的成绩判定最后名次。如遇两人或两人以上成绩相等，应在任一赛次中按成绩录取进入下一赛次。如遇运动员成绩相等（手计时），应根据判读的 1/100 秒的时间处理。如果成绩依然相等，则有关运动员均应进入下一赛次，如实际条件不允许，应抽签决定进入下一赛次的人选。决赛中出现第 1 名成绩相等，有关裁判长有权根据实际情况决定这些成绩相等的运动员重新比赛，如该裁判长认定无法安排重赛，则成绩相等的运动员名次并列。

2. 田赛（高度）项目的名次判定与成绩相等的处理方法

在田赛（高度）项目比赛中，每名运动员应以其最好的一次试跳成绩，包括因第一名成绩相等而进行的决名次比赛的试跳成绩作为其最后的决定成绩，然后以运动员个人最高成绩排列名次。如出现成绩相等，则在出现成绩相等的高度中，试跳次数较少者名次列前。如成绩仍相等，在包括最后高度在内的全赛中，试跳失败次数较少者名次列前。如成绩仍然相等，不涉及第一名，则成绩相等的运动员名次并列；涉及第一名时，在造成其成绩相等失去了继续试跳权利的最低失败高度上，每人再试跳一次。如有关运动员都跳过或都未跳过而仍不能判定名次，则横杆应提升或降低，提高或降低的高度，跳高为 2 厘米，撑竿跳高为 5 厘米。运动员应在每个高度上只试跳一次，直到分出名次为止。决定名次的试跳，有关运动员必须参加。

3. 田赛（远度）项目的名次判定与成绩相等的处理方法

田赛（远度）项目的名次以该项目全部试跳、试掷中，每名运动员最好的一次试跳、试掷成绩来判定。田赛（远度）项目判定名次时，如成绩相等，应以其次优成绩判定名次。如次优成绩仍相等，则以第三优成绩判定，以此类推。如仍相等，并涉及第一名，则令成绩相等的运动员按原比赛顺序，进行新的一次试跳（掷），直到决出名次为止。

4. 全能项目的名次判定与成绩相等的处理方法

全能项目以各运动员全部单项得分的总和排列名次，总积分多者列前。如总积分相等，应以单项得分多的项目较多者名次列前。如仍不能判定，则以任何一个项目单项得分高者名次列前。

5. 团体总分名次的判定与总分相等的处理方法

各单项决赛一般录取 6~8 人，除大会另有规定外，可分别按 7、5、4、3、2、1（或 9、7、6、5、4、3、2、1）计分，总积分较多者列前。如总积分相等，应以破纪录项或次数多者名次列前。若再相等，则以第一名多者列前；若仍相等，则以第二名多者列前，以此类推。

任务二　学习径赛主要规则

（1）在跑道上举行的径赛项目，手计时应判读到较差的 1/10 秒。停表时如果指针停在两线之间，应按较差的时间计算。当百分位秒不是零时，应进位至较差的 1/10 秒，如 10.11 秒应进位到 10.2 秒。在 3 只正式秒表中，两只秒表所计的时间相同而第 3 只秒表不同时，应以这两只秒表所计时间为准；如 3 只秒表所计时间各不相同，应以中间时间为准；如只使用两只秒表，而所计时间不相同，应以较差的时间作为正式成绩。计时应从发令枪发出的闪光或烟开始，直至运动员躯干（不包括头、颈和四肢）的任何部位抵达终点线后沿垂直面的瞬间为止。

（2）400 米及 400 米以下（包括 4 × 100 米、4 × 200 米和 4 × 400 米接力的第 1 棒）各个项目，运动员应采用蹲踞式起跑（正式比赛必须使用起跑器）。在“各就位”口令后，双手和一个膝盖必须触地，双脚必须接触

起跑器。发出“预备”口令时,运动员应立即抬高身体重心,做好最后的起跑姿势。此时运动员的双手必须与地面接触,两只脚不得离开起跑器。运动员已就位时,其双手或双脚不得触及起跑线或起跑线前地面。运动员做好预备姿势后到鸣枪之前开始做起跑动作,应判起跑犯规。

(3)运动员在过栏瞬间其脚或腿低于栏顶水平面,或者跨越他人栏架,或者裁判员认为该运动员有意用手推或用脚踢倒栏架,应该取消其比赛资格。

(4)接力跑时,运动员必须持接力棒跑完全程。如发生掉棒,必须由掉棒人捡起。允许掉棒运动员离开自己的分道捡棒,但不得因此缩短比赛的距离,如果捡棒时缩短比赛距离或侵犯其他运动员,则取消其比赛资格。在所有接力赛跑中,必须在接力区内传递接力棒。仅以接力棒的位置决定是否在接力区内完成接力,而不取决于运动员的身体或四肢的位置。4×400 米接力的三、四棒运动员应在指定裁判员指挥下,按照同队传棒运动员跑完 4×200 米时的先后顺序(由内向外)排列各自的接棒位置。

任务三　学习田赛主要规则

一、跳高比赛

运动员必须用单脚起跳。试跳后,若运动员的试跳动作使横杆未能留在横杆托上,则判为试跳失败。在越过横杆前,身体的任何部分触及立柱前沿(离落地区较近的边沿)垂直面以外的地面或落地区,也判为试跳失败。如果运动员在试跳中一只脚触及落地区,而裁判员认为其并未从中获得利益,则不应判为试跳失败。在任何高度上,只要运动员连续 3 次试跳失败,即失去继续比赛的资格。因第一名成绩相等而进行的决名次的试跳除外。比赛时,运动员可以在横杆升高计划中的任何一个高度开始试跳,也可在以后任何一个高度根据自己的愿望决定是否试跳或请求免跳。但在某一高度上请求免跳后,不准在该高度上恢复试跳。丈量高度时,须使木尺与地面垂直,从地面量至横杆上沿的最低处。

二、跳远比赛

在未做起跳的助跑中或在起跳中,运动员以身体任何部位触及起跳线前面的地面;从起跳板两端之外的起跳线的延长线前面或后面起跳;在落地过程中触及沙坑以外地面,而沙坑外触地点较沙坑内最近触地点更靠近起跳线;完成试跳后,向后走出沙坑。以上情况均属于试跳失败。

三、三级跳远比赛

第一跳(单足跳)是用起跳腿落地,第二跳(跨步跳)是用另一腿(摆动腿)落地,第三跳(跳跃)是用双脚落入沙坑,才算完成试跳。运动员在试跳中摆动腿触地不应视为试跳失败。其余同跳远比赛规则。跳跃远度项目测量成绩的方法应从运动员身体任何部位触地的最近点量至起跳线或起跳线延长线,测量线应与起跳线或其延长线垂直。

四、铅球比赛

运动员在投掷圈内应从静止姿势开始试掷。推铅球时,应将铅球抵住或靠近颈部下颌,用单手从肩部将球推出,在推球过程中持球手不得降到此部位以下。不得将铅球置于肩轴线后方。运动员进入圈内开始投掷后,如果身体任何部位触及圈外地面、铁圈或抵趾板上面,或以不符合规定的方式将铅球推出,均判为一次试掷失败。运动员在器械落地后方可离开投掷圈;离圈时,必须从后半圈走出;铅球完全落在落地区角度线以内,试掷方为有效。每次有效试掷后,应立即测量成绩。从铅球落地痕迹的最近点取直线,量至投掷圈内沿,测量线应通过投掷圈圆心。其他投掷项目比赛,除场地、器械和投掷方法与推铅球有差异外,比赛规则与推铅球基本相同。

模块五 大球类运动

项目一 篮球运动

知识导图

高素质技能型人才培养目标

知识目标	能力目标	素养目标
1. 深入了解篮球比赛的基本规则、场地设施、比赛流程以及裁判的职责和判罚标准； 2. 学习篮球比赛中的进攻战术、防守战术、转换进攻和防守的策略，以及团队配合和球员角色的定位； 3. 掌握篮球运动训练的基本原则、方法和手段，学习如何制定个性化的训练计划，合理安排训练内容和进度，提高训练效果	1. 提高身体协调能力、灵活性和反应速度，适应未来工作中可能遇到的身体挑战； 2. 培养团队合作精神和协作能力，让学生学会在团队中扮演不同的角色，与队友有效沟通； 3. 提升自身篮球技能水平，培养实际操作能力； 4. 提高战术意识和决策能力，能够在比赛中快速做出正确的判断和决策	1. 培养竞争意识和进取精神，在职场中具备积极向上的态度和追求卓越的动力； 2. 增强自信心和自我管理能力，提高心理素质和抗压能力； 3. 培养坚持不懈、勇于挑战的品质，在面对困难时能够保持积极的心态； 4. 提高纪律性和责任感，在工作中养成良好的工作习惯和职业操守

篮球运动是由美国马萨诸塞州斯普林菲尔德市基督教青年会训练学校体育教师詹姆士·奈史密斯博士于 1891 年发明的。这年冬天美国东部地区入冬较早，为了使学生不受寒冷天气的影响，能够在室内开展有益的运动，他受小孩向装桃子的竹筐里扔桃子游戏的启发，琢磨出将竹篮钉在墙上，用向篮筐里投球的方法进行游戏，篮球运动由此兴起，很快传向世界各地。

视频

篮球运动的起源和发展

思政园地

最小的个头抢下最多的篮板

任务一　了解篮球运动的特点

随着篮球运动的广泛开展，人们对篮球运动有了深刻的认识。其运动特点归纳起来有以下五个方面。

1. 浓郁的集体性

为了夺取比赛的胜利，同队队员始终表现得团结一心，通过集体协同配合完成各自的攻守任务。队员的传球、接球、运球、投篮、移动、防守等动作都有目的性，都是在战术指导思想的要求下，通过两人以上的协同配合来发挥作用。队员的个人战术行动与集体战术配合是局部与全局、个体与集体的关系，前者是后者的组成部分，后者是前者合理组织的综合体现。队员在场上的一切行动从全局出发，与同伴通力合作，努力为本队创造严密防守和进攻的机会。队员把个人技术融汇在集体协同配合中，努力实现战术意图。

2. 激烈的对抗性

篮球运动的对抗性体现在多个方面，既有地面的对抗（运动员力量、速度、身体接触的对抗），又有空中的对抗（运动员滞空能力、弹跳高度的对抗）；既有意志品质的对抗（坚韧不拔、顽强毅力的对抗），又有心理素质的对抗（对手压力、外界干扰、关键时刻的罚球、关键场次的比赛、运动员对裁判的误判和错判的心理承受能力的对抗）；既有运动员运用基本技术应变能力的对抗（攻守技术瞬间突变与应变的对抗），又有运用战术应变能力的对抗（攻守战术瞬间突变与应变的对抗）。除此之外，还有双方教练运用兵力、运用战术、指挥能力的对抗。

3. 以投篮得分定胜负

竞赛规则规定，篮球比赛是按有效投篮得分多少定胜负，双方的一切攻守技术和战术的目的，都是为了自己投篮和制约对方投篮。进攻时，队员总是力争创造极佳的投篮时机，增加进攻次数，提高投篮命中率；防守时，时刻阻止对方投篮，千方百计地加强防守，实现封盖、堵卡、抢断的效果。

4. 表层技术多项，内层内容多元

从表层看，用手控制和支配篮球是篮球运动最直面的特点，手的灵巧，使得篮球基本技术多种多样，迄今为止，传、运、投以及各种防守技术有 100 余种，这是其他任何球类项目不可比拟的。从篮球内层的内容看，现代篮球运动内容呈多元化发展趋势，具有独特的理论体系和技术、战术体系，已成为一门综合性体育学科，内容涉及哲学、军事学、政治学、经济学、决策学、管理学和科学的专项理论基础。其中，科学的专项理论基础包括体育学、教育学、心理学、训练学、伦理学、逻辑学和相关的生理学科，选材学、创伤学、营养学、保健学等。此外，还有对教练员和队员的智能潜力、特殊的运动意识、气质、身体条件、生理机能、心理修养、意志品质、道德作风、专项技术水平、战术配合意识及实战能力等的研究。

5. 瞬间不断转换

竞赛规则对持球进攻队和队员有 3 秒、5 秒、8 秒和 24 秒等不同性质的时间限制，特别强调时间概念，这使得场上队员主动捕捉战机为队员攻守的关键。无论是队员个体在比赛中攻守技术的运用，还是全队整体攻守战术配合的运用都是在瞬间不断转换中进行的。

任务二　学习篮球运动的基本技术及动作要领

一、移动

移动是队员为了改变位置、方向、速度和争取高度、空间所采用的各种脚步、动作和方法的总称。下面为几种移动的基本技术。

移动

（一）站立姿势

基本站立姿势是指两脚前后或左右开立，两脚与肩同宽（或稍宽），两膝微屈，重心保持在两脚之间，上体略向前倾，两臂自然屈肘下垂，置于体侧，抬头、收腹、含胸，两眼注视场上情况，如图 5-1-1。

图 5-1-1　基本站立姿势

（二）起动

起动是队员在球场上由静止状态变为运动状态的一种动作，是摆脱对手的有效手段，是抢占有利位置的重要环节。动作要领：从基本站立姿势起动时，后脚（或异侧脚）的前脚掌短促有力蹬地，上体迅速前倾或侧转，向跑动方向移动重心，后脚（或异侧脚）向跑动方向追击，碎步加速，如图 5-1-2。

图 5-1-2　起动

（三）变向跑

变向跑是队员在跑动过程中突然改变方向的一种脚步动作。动作要领：以右向左变向跑为例，队员跑动中最后一步用右脚前脚掌制动，同时脚向内侧蹬地，屈膝，脚尖稍向内扣，腰部随之左转，重心左移，上体稍前倾，左脚向左前方跨出一小步，右脚再迅速向左腿的侧前方跨出一大步，如图 5-1-3。

图 5-1-3　变向跑

（四）侧身跑

侧身跑是跑动时为了观察场上情况随时准备接侧耳后方传来的球而经常采用的跑动方法。动作要领：脚尖和膝盖对着跑动方向，头和腰部向球的方向扭转，侧肩，上体和两臂放松，随时观察场上情况，如图 5-1-4。

图 5-1-4　侧身跑

（五）急停

急停和转身

急停是队员在跑动中突然制动速度的一种动作，是衔接其他技术动作和摆脱对手的有效方法。急停包括跨步急停和跳步急停。

1. 跨步急停（两步急停）

急停时的第一步跨出稍大，脚跟先着地，脚尖由向前方转为向侧前方，重心下降，先落在后脚上，身体稍向后坐，以减缓向前的冲力。第二步着地时，前脚脚掌内侧用力蹬地，脚尖稍向内转，两膝弯曲并内收，上体稍前倾，重心落在两脚之间。两臂屈肘张开，帮助控制身体平衡，如图 5-1-5。

图 5-1-5　跨步急停

2. 跳步急停(一步急停)

队员在跑动时用单脚起跳,两脚同时落地(略比肩宽),前脚掌用力蹬地,两膝迅速弯曲,重心下降。两臂屈肘张开,保持身体平衡,如图 5-1-6。

图 5-1-6　跳步急停

(六)转身

转身是利用一只脚作中枢脚,另一只脚蹬地向不同方向跨移,改变原来身体方向的一种方法。转身包括前转身和后转身。

1. 前转身

转身时移动脚向自己身前(中枢脚前的方向)跨出的同时,中枢脚碾地旋转使身体改变方向。动作要领:屈膝提踵,重心平稳,如图 5-1-7。

图 5-1-7　前转身

2. 后转身

移动脚蹬地向自己身后(中枢脚后的方向)跨出的同时,中枢脚碾地旋转使身体改变方向。动作要领:两脚用力蹬碾地,重心平稳不起伏,如图 5-1-8。

图 5-1-8　后转身

（七）滑步

滑步

滑步是队员防守时移动的主要步法。滑步一般分为侧滑步和前、后滑步。

1. 侧滑步

两脚左右开立，两臂张开，向左侧滑步时，右脚前脚掌内侧用力蹬地，左脚向左跨出一步，右脚在左脚落地的同时紧随滑动，重心保持在两脚之间。向右侧滑步时，动作相反。如图 5-1-9。

图 5-1-9　侧滑步

2. 前、后滑步

前、后滑步的动作和要点与侧滑步相仿，只是方向不同，如图 5-1-10。

图 5-1-10　前、后滑步

二、运球

运球

持球队员在原地或移动中用手连续按拍，借助地面使球反弹起来称为运球。运球是篮球比赛中个人控制球、支配球、突破防守的重要手段，是组织全队进攻配合的桥梁。合理地运球，可以创造有利的进攻机会。若滥用运球，则会影响全队进攻和贻误战机。

（一）高运球

抬头，目视前方，上体稍前倾，手按拍球的后上方，球的落点在身体的侧前方，球反弹高度在腰与胸之间，如图 5-1-11。高运球的技术多用于快速直线推进，从后场向前场推进、快攻接应后的快速推进、摆脱防守接球后加速运球上篮等。

图 5-1-11　高运球

（二）低运球

抬头，目视前方，两膝深屈身体半蹲，手按拍球的后上部，球的落点在身体侧面，球的反弹高度在膝腰之间，如图 5-1-12。防守密集、接近防守队员或防守队员抢球时，可用低运球。

图 5-1-12　低运球

（三）运球急停急起

快速运球中运用两步急停，按拍球的前上方，目视前方，急起时后脚（或异侧脚）用力蹬地，上体迅速前倾，手按拍球的后上方，快速起动，如图 5-1-13。运球队员被防守得很紧时，可利用运球急停急起的变化，摆脱和超越对手。

图 5-1-13　运球急停急起

（四）运球体前变方向

运球队员从防守队员右侧变方向时，用右手按拍球的右侧后上方，使球反弹至左手外侧，右脚迅速向左前跨步，向左侧转体探肩，及时换手继续向前运球，如图 5-1-14。防守队员堵截运球队员进攻路线时或运球队员接近防守队员时，为了摆脱和突破对手，可运球体前变方向。

图 5-1-14　运球体前变向

（五）运球背后变向

背后、转身运球

运球队员从防守队员右侧变方向时，变向前一次运球，要把球控制在身体右侧后方，左脚前跨，右手按拍球侧后方，球经身后拍到左前方，右脚迅速前跨，换用左手运球继续前进，如图 5-1-15。防守队员堵截运球队员与运球队员距离较近时，运球队员为了突破对方而主动靠近对手后，可以运用运球背后变方向。

图 5-1-15　运球背后变向

（六）运球后转身

右手运球后转身时，把球运到身体后侧，按拍球的右侧前上方，左脚向前跨一步，以左脚的前脚掌为轴，右脚用力蹬地后撤做后转身动作，右手向后拉球，然后换左手运球，如图 5-1-16。运球队员向防守队员一侧突破被堵截，与对手距离较近，无法改变方向运球时，可用运球后转身从另一侧突破。运球队员从防守队员右侧突破时，可先主动靠近防守队员左侧，然后用运球后转身突破。

图 5-1-16　运球后转身

易犯错误与纠正方法

①手部僵硬，运球不稳。

纠正方法：运球时，放松手部，用手指和手腕的力量控制球的弹跳，可以通过反复练习基础运球动作，如单手运球、双手交替运球，提高手指的灵活性和对球的掌控能力。

②低头看球，忽视场上形势。

纠正方法：运球过程中，应抬头观察场上形势，了解队友和对手的位置，可以通过设置障碍物进行运球练习，培养运动员在运球时保持视野开阔的习惯。

③运球速度过慢，缺乏变化。

纠正方法：运球时，根据比赛需要调整运球速度，快慢结合，增加变化，可以通过设置计时器和目标点进行运球练习，提高运动员在有限时间内完成运球任务的能力。

三、传、接球

传、接球是篮球运动的重要技术之一。全面、熟练地掌握传、接球技术，能充分发挥集体力量，是实现战术配合的具体手段。传、接球包括双手胸前传接球、单手肩上传球和单手体侧传球。

传球　接球

(一)双手胸前传接球

身体成基本站立姿势，两手五指自然分开，拇指相对成八字形，用指根以上部位传球，手心空出。两肘自然弯曲，将球置于胸前，如图 5-1-17。

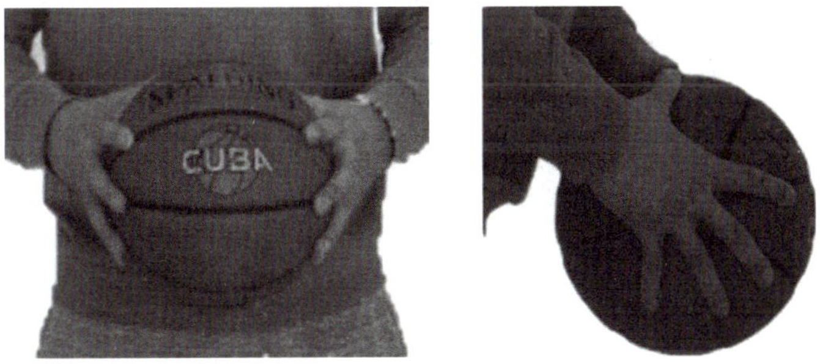

图 5-1-17　持球

传球时后脚蹬地，身体重心前移，小臂迅速向传球方向前伸，拇指用力，手腕外翻，用拇指、食指、中指力量将球传出。接球时，两眼注视来球，两臂伸出迎球，手指自然分开，两拇指成八字形，手指向前上方，两手成一个半圆形。手指触球后，两臂随球后引缓冲来球的力量，两手握球于胸腹之间。保持身体的平衡，做好传球、投篮或突破的准备，如图 5-1-18。

图 5-1-18　双手胸前传接球

(二)单手肩上传球

以右手传球为例，双手持球于胸前，两脚前后站立，左脚在前，左肩对着传球方向，将球引至右肩，右手执球，肘关节外展，右手腕后仰，右手托球，重心落在右脚上。传球时，右脚蹬地，转体，前臂迅速向前挥摆，手腕前屈，通过食指、中指拨球将球传出。球出手后身体重心随之移到左脚上，如图 5-1-19。

图 5-1-19　单手肩上传球

（三）单手体侧传球

以右手传球为例，两脚开立，两腿微屈，双手持球于胸前，传球时，右手持球后引，经体侧向前作弧线摆动，手腕前屈，用食指、中指的力量拨球，将球传出，如图 5-1-20。

图 5-1-20　单手体侧传球

易犯错误与纠正方法

①传球时机不当，导致失误。

纠正方法：传球前，观察场上形势，判断最佳传球时机，可以通过观看比赛录像或实际比赛经验来培养运动员的传球意识，提高传球准确性。

②传球路线不准确，导致队友接球困难。

纠正方法：传球时，要根据队友的位置和移动方向选择合适的传球路线，可以通过与队友进行传球练习，培养运动员的默契配合和传球技巧。

③传球力量不足或过大，导致球速过慢或失控。

纠正方法：传球时，要控制手臂和手指的用力，确保球的力度适中，可以通过调整传球距离和角度，以及使用不同重量的篮球进行练习，提高运动员对传球力度的把握能力。

四、投篮

投篮是篮球运动中最主要的进攻技术，主要包括原地双手胸前投篮、原地单手肩上投篮、行进间单手肩上投篮。

投篮

（一）原地双手胸前投篮

两脚前后或左右开立，两膝微屈，双手持球于胸前，肘关节自然下垂。投篮时，眼睛瞄准篮筐，下肢蹬地发力，腰腹伸展，两臂向前上方伸出，前臂内旋，拇指下压，手腕前屈，食指、中指用力拨球通过指端将球投出，如图 5-1-21。

图 5-1-21　原地双手胸前投篮

（二）原地单手肩上投篮

以右手投篮为例，投篮时右脚在前，脚尖正对球篮，屈膝，身体重心在两腿之间，上体保持正直，右手指自然分开托球于肩上，手腕后翻，掌心空出，左手扶球的侧下部。投篮时，两脚蹬地发力，伸展腰腹向前上方，抬肘伸臂，手腕前屈，食指最后用力，使球向后旋转把球投向篮筐，如图 5-1-22。

图 5-1-22　原地单手肩上投篮

（三）行进间单手肩上投篮

以右手投篮为例，当球在空中运行时，右脚向来球方向或投篮方向跨出一大步接球，左脚向前跨出一小步，脚跟先着地，上体稍后仰，然后迅速过渡到前脚掌着地，用力蹬地起跳，右腿屈膝上抬，左脚蹬离地面。双手向前上方举球，腾空后，右臂向前上方伸展。投篮出手后，两脚同时落地，两腿弯曲，以缓冲落地的力量，如图 5-1-23。

图 5-1-23　行进间单手肩上投篮

易犯错误与纠正方法

①姿势不正确,影响投篮命中率。

纠正方法:确保投篮时身体姿势稳定,尤其是下肢和腰部要用力支撑,可以通过练习正确的投篮姿势,调整站立姿势、手臂动作和手指力量等,提高投篮的准确性和稳定性。

②瞄准点不准确,导致投篮偏出。

纠正方法:投篮时,根据距离和角度选择合适的瞄准点,确保球能够准确进入篮筐,可以通过在篮筐上设置标记物进行瞄准练习,帮助运动员形成正确的瞄准习惯。

③用力不均,导致投篮力度过大或过小。

纠正方法:投篮时,控制手臂和手指的用力,确保球的力度适中,可以通过调整投篮距离和角度,以及使用不同重量的篮球进行练习,提高运动员对投篮力度的把握能力。

五、持球突破

持球突破是持球队员运用脚步动作与运球技术相结合,超越对手的一种进攻技术。持球突破包括交叉步和顺步两种。

持球突破

(一)交叉步持球突破

以右脚做中枢脚为例,两脚左右开立,两膝弯曲,两手持球于胸腹间。突破时,左脚前脚掌内侧用力蹬地,上体向右转移,左肩向前下压,左脚向右侧前方跨出,在右脚离地前,运球在左脚的右侧前方,右脚迅速蹬地跨步超越对手,如图 5-1-24。

图 5-1-24 交叉步持球突破

(二)顺步持球突破(同侧步持球突破)

顺步持球突破也称同侧步持球突破,以左脚做中枢脚为例,两脚左右开立,两膝弯曲,两手持球于胸腹间。突破时,右脚向右前方跨出一步,同时向右转体侧肩,重心前移,右手运球,左脚前脚掌用力蹬地,向右前方跨出,如图 5-1-25。

动作要点:转体、侧肩、加速。

图 5-1-25 顺步持球突破

易犯错误与纠正方法

①突破路线单一，容易被对手防守。

纠正方法：突破时，灵活运用变速变向，创造突破空间，可以通过设置障碍物或模拟对手防守进行突破练习，提高运动员的突破技巧和变化能力。

②突破时身体失衡，容易受伤。

纠正方法：突破过程中，注意保持身体平衡，避免受伤，可以通过加强核心力量训练和平衡练习，提高运动员在突破时的身体稳定性。

③忽视与队友的配合，导致突破效果不佳。

纠正方法：突破时，要与队友保持默契配合，共同创造进攻机会，可以通过团队练习和战术演练，培养运动员的团队合作意识和配合能力。

六、防守

防守的基本技术包括防守无球队员和防守持球队员两种。基本防守姿势是两脚平行或前后开立，略宽于肩。两膝弯曲，身体重心投影置于两脚之间。上体稍前倾，两眼平视，两臂左右或前后张开以扩大防守面积，随时准备移动抢位。

1. 防守无球队员

防守离球近的对手时，防守者应采用面向对手、侧向球的斜前站立姿势。靠近对手的一侧脚在前，堵截对手摆脱移动的接球路线，伸前脚一侧手臂封锁接球路线。防距离远的对手时，可采用两脚平行站立、侧向对手面向球的姿势，以便协防或断球反击。

2. 防守持球队员

首先占据球篮与进攻队员之间的有利位置，根据对手特点和意图调整位置。平步防守面积大，便于横向滑动，两臂侧举对防运球和突破有利；斜步防守，一臂前上举，可以干扰对方投篮，另一臂斜下伸阻挠运球突破。

(一)抢球

抢球时，手部动作有拉抢和转抢两种。抢球时，用双手抓住球向后突然猛拉，或者采用前臂、手腕及上体扭动的力量将球夺走。

(二)打球

当对手接到球的瞬间，可突然上步打球，若对手持球较高，可采用由下而上的方法打球，用手指和指根击球的下部。若持球部位较低，可采用由上而下的方法打球，用手指和手指外侧击球的上部。此外，还有跳起投篮时的封盖球。

(三)断球

断球前，身体重心下降，做好起动的准备。持球者传球给同伴离手的瞬间，突然起动，用快速短促助跑，单脚或双脚蹬地起跳，侧身跃出，充分伸展两臂和身体，用单手或双手将球截获。断球有横断球、纵断球和封断球三种。

易犯错误与纠正方法

①防守站位不合理，容易被对手突破。

纠正方法：防守时，要根据对手的特点和场上形势选择合适的站位，可以通过观看比赛录像或实际比赛经验来培养运动员的防守意识和站位技巧。

②盯人不够紧密，导致对手轻易得分。

纠正方法：防守时，要紧密盯防对手，注意对手的动作和意图，可以通过与队友进行盯人练习，提高运动员的盯人能力和反应速度。

③防守动作过大，容易犯规。

纠正方法：防守时，注意控制动作幅度，避免犯规，可以通过学习防守规则和动作要领，以及进行防守动作的训练，提高运动员的防守规范性和合理性。

七、抢篮板球

抢篮板球由抢位、起跳、空中抢球和抢到球后的动作组成。

1. 抢进攻篮板球

同伴或自己投篮时，处在靠近球篮位置的进攻队员应及时判断球的反弹方向，快速起动摆脱防守，抢占有利位置起跳，跳至最高点补篮或抢篮板球。落地时屈膝，重心落于两脚之间，将球持于胸腹之间，肘外展。

2. 抢防守篮板球

防守队员屈膝上体前倾，重心在两脚之间。进攻方投篮时，注意对手的动向，运用上步、撤步和转身占据有利位置，把进攻队员挡在身后，判断球的落点。起跳至最高点时，用双手抢球或将球点拨给同伴。如果在空中未传球，落地时保护好球并迅速完成第一传。

易犯错误与纠正方法

①判断球落点不准确，导致抢篮板球失败。

纠正方法：争抢篮板球时，要准确判断球的落点，提前移动到合适的位置，可以通过观看比赛录像或实际比赛经验来培养运动员的判断能力和反应速度。

②起跳时机不当，导致错过篮板球。

纠正方法：争抢篮板球时，要选择合适的起跳时机，确保在最高点控制球，可以通过设置计时器和模拟对手防守进行起跳练习，提高运动员的起跳时机把握能力。

任务三　学习篮球运动的基本战术

篮球战术是篮球比赛中队员针对性地合理综合运用技术，相互协同配合，借以最大限度发挥个人和全队整体攻、防实力的多种特殊组织形式（阵势）与方法的总称。战术的目的是更好地发挥本方队员的技术与特长，制约对方，力争掌握比赛的主动权，争取比赛的胜利。

一、进攻战术基础配合

（一）传切配合

传切配合是队员之间利用传球和切入技术所组成的简单配合，包括一传一切和空切两种。传切配合是一种最基本的、简单易行的战术配合，在竞赛中经常采用，如图 5-1-26 所示。一传一切配合是指持球队员传球后摆脱防守，向球篮方向切入接回传球投篮的配合。空切配合是指无球队员掌握时机，摆脱对手，切入篮下接球投篮或做其他战术。

（二）突分配合

突分配合是指持球队员突破对手后，遇到对方补防时，及时将球传给进攻时机最好的同伴进行攻击的一种配合方法，如图 5-1-27 所示。

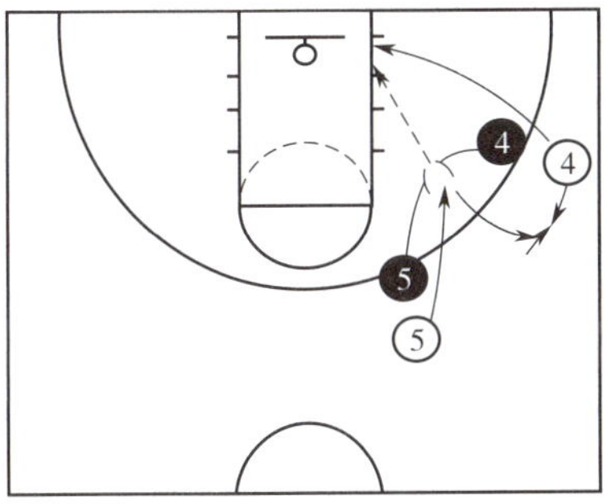

图 5-1-26　传切配合

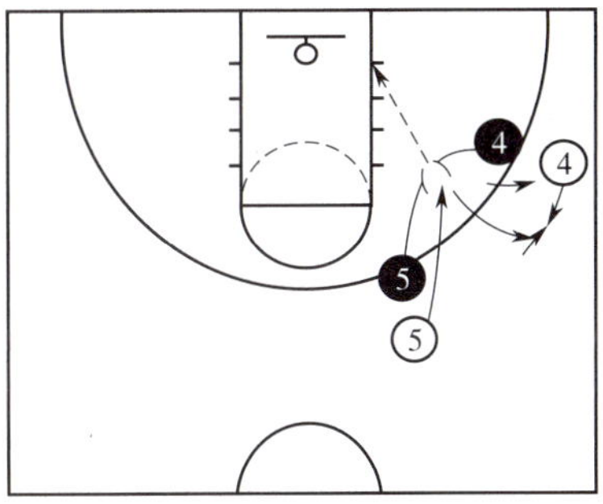

图 5-1-27　突分配合

（三）掩护配合

掩护配合（如图 5-1-28 所示）分为前掩护、侧掩护和后掩护。前掩护是指掩护队员站在同伴防守者前面，用身体挡住防守者向前移动的路线，使同伴借机摆脱防守的一种配合方法。侧掩护是指掩护队员站在同伴防守者侧面，用身体挡住防守者的移动路线，使同伴借机摆脱防守的一种配合方法。后掩护是指掩护队员站在同伴防守者身后，挡住他的移动路线，使同伴借机摆脱防守的配合方法。

（四）策应配合

策应配合是进攻队员背对或侧对篮球接球后，以他作为枢纽，配合同伴的切入或掩护，形成的一种里应外合的配合方法，如图 5-1-29 所示。

图 5-1-28　掩护配合

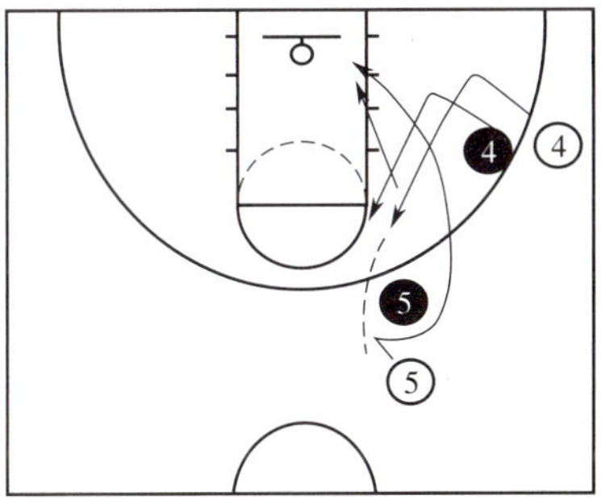

图 5-1-29　策应配合

二、防守战术基础配合

（一）关门配合

关门配合是两个防守队员协同防守突破的配合方法，如图 5-1-30 所示。进攻队员运球突破时，防守突破的队员向侧后方移动挡住其移动路线，临近突破一侧的防守队员及时快速向突破队员的前进方向移动，与突破的队员靠拢，像两扇门一样关起来，堵住进攻者的前进路线。

（二）夹击配合

夹击配合是两个防守队员积极防守一个进攻队员的配合，是一种积极主动、具有强烈攻击性的防守配合，如图 5-1-31 所示。夹击配合的方法分为底角夹击、对中锋队员的夹击和中场夹击三种。

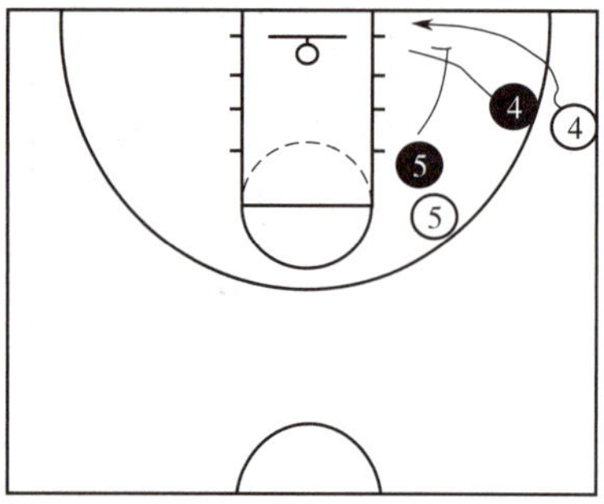

图 5-1-30　关门配合

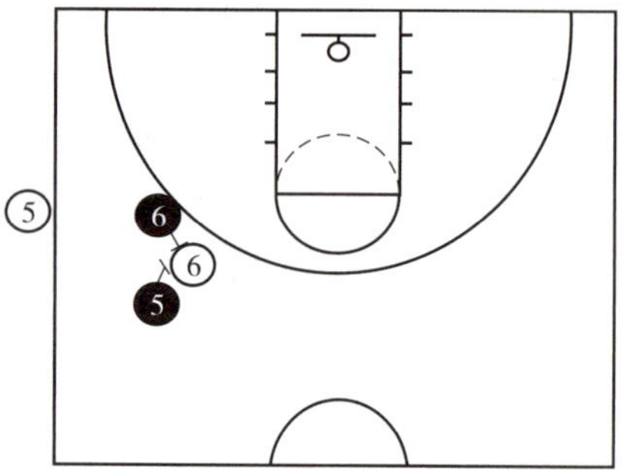

图 5-1-31　夹击配合

（三）补防配合

补防配合是防守队员在同伴出现漏防时立即放弃自己的对手，去补防那个威胁最大的进攻队员，漏防的防守队员及时换防的一种协同防守方法。补防时，动作要迅速、果断，其他队员也要注意观察突破队员的分球意图，以便及时抢占有利位置，争取断球。易犯错误：防守队员没有随时观察场上进攻队员的行动；补防队员的行动不果断、不及时；漏防的防守队员没能及时换防。

（四）挤过配合

挤过配合是破坏掩护配合的方法之一。防守队员在对方掩护队员接近自己时，迅速向前跨出一步，靠近对手，从两个进攻队员之间侧身挤过，继续防守自己的对手。防守掩护的队员应及早提醒同伴并后撤一步，以备补防，如图 5-1-32 所示。挤过配合的要求：挤过时贴近进攻队员，上前抢步要快，防守掩护者的队员要提醒同伴，并选择协防的有利位置，密切注意两个进攻队员的行动，及时做好补防准备。

（五）穿过配合

篮球战术中，穿过配合战术是破坏掩护配合战术积极有效的方法之一。穿过配合战术是防守队员从自己的同伴与进攻队员之间穿过去，继续防守自己的防守对手的配合方法，如图 5-1-33 所示。

（六）绕过配合

绕过配合是破坏掩护的一种方法。当进攻队员掩护时，防守掩护者的队员贴近对手，让同伴从自己的身后绕过，继续防守自己的对手，如图 5-1-34 所示。

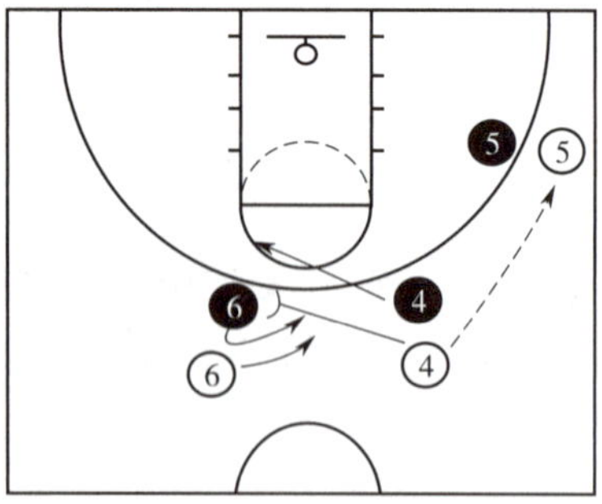

图 5-1-32　挤过配合

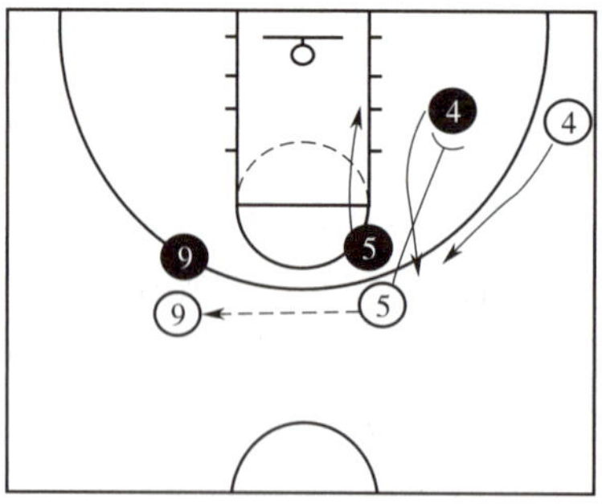

图 5-1-33　穿过配合

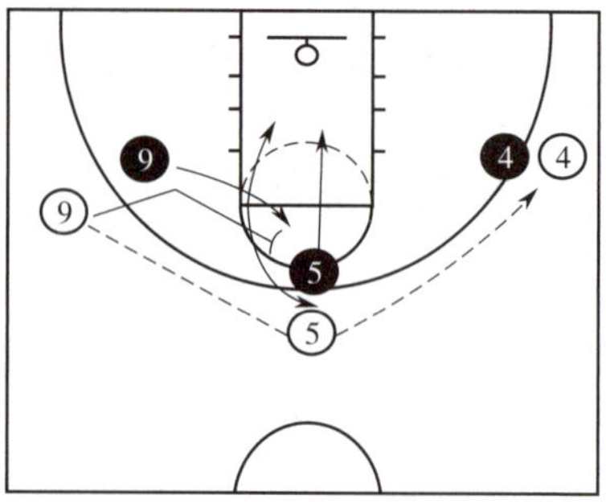

图 5-1-34　绕过配合

（七）交换配合

交换配合是破坏掩护配合的一种方法。进攻队员利用掩护已经摆脱防守时，防守掩护的队员及时发出换防的信号，与同伴互换各自的对手，在适当的时候换防原来的对手。

三、防守快攻战术

防守快攻可以提高进攻的成功率，积极拼抢前场篮板球，封堵快攻第一传与截断接应，逐步退守，堵中间卡两边，提高以少防多的能力。防守快攻的练习以三对三为例，抢得篮板球一方迅速发动快攻，另一方马上组织封一传，堵接应；半场一守二攻，二守三攻，练习以少防多能力；全场三守三攻，守方一人抢篮板球，一人接应，一人快下，三人成三角（中间稍后）向前推进；全场五攻五守，守方利用抢篮板球、断球等手段，积极发动快攻，要求场上队员全部参加快攻，失去控制球的一方要全力防守，破坏对方的快攻。

四、半场人盯人防守战术

半场人盯人防守的方法分为半场松动人盯人防守和半场紧逼人盯人防守。进攻队以一种阵型落位后，采取只传球不移动、只移动不传球、既移动又传球三种行动，练习防守者在不同情况下的选位能力；半场五攻五守，攻方只传球，防守方盯人抢断，抢到球后守方转为攻方。

进攻半场人盯人防守战术配合方法：选用合理的落位阵型，扬己之长，攻彼之短；移动进攻，进攻队员遵循有目的、有配合的连续移动和球的不断转移的原则，灵活运用各种基础配合进攻；综合进攻，由传切、突分、掩护、策应等配合组成整体进攻战术配合；过中锋进攻，以中锋为枢纽，与四名外围队员相互密切配合，共同创造有利的进攻机会。进攻半场人盯人防守战术的练习方法是结合进攻战术阵型，练习传切、掩护、策应配合；半场五攻五守。

易犯错误与纠正方法

①进攻战术单一，过于依赖个人单打独斗，忽视团队配合；进攻战术缺乏变化，容易被对手识破。

纠正方法：加强团队配合训练，提高球员之间的默契程度；学习多种进攻战术，根据比赛情况灵活运用；培养球员的战术意识，提高他们在比赛中的应变能力。

②防守漏洞多，防守时站位不合理，容易被对手突破；防守动作不规范，容易犯规。

纠正方法：加强防守站位训练，增强球员的防守意识和预判能力；规范防守动作，避免不必要的犯规；加强团队协作训练，提高防守的整体效果。

任务五　了解篮球运动的主要规则

篮球运动的基本竞赛规则包括比赛时间、暂停、替换、违例和犯规。

一、比赛时间

篮球比赛的标准时间为 48 分钟，分为四节，每节时间 12 分钟。美国职业篮球联赛，每场比赛的实际时间可能会因各种原因而有所调整，但标准时间仍为 48 分钟。比赛时间由计时器控制，计时器会记录比赛的净时间，包括比赛的进行时间和中断时间。

二、暂停

篮球比赛中的暂停分为教练暂停和官方暂停两种。教练暂停是指比赛进行中，教练请求的暂停，每场比赛每队最多可以请求两次教练暂停。官方暂停是指由比赛官员在比赛开始前或比赛过程中安排的暂停，主要用于电视转播、更换球员或处理场上突发事件。

三、替换

篮球比赛中，替换是比赛中常见的一种现象。球员因伤或其他原因无法继续比赛时，教练可以请求替换球员。替换球员需要在比赛暂停时进行，新上场的球员需要从球队席位上跑到场上，并在裁判员的示意下进行热身活动。替换过程中，球队的队员必须按照裁判员的指示进行操作，如果操作不当可能会被判违例或犯规。

四、违例

篮球比赛中的违例分为带球走步、两次运球、脚踢球违例、球回后场违例、干扰球等。带球走步是指球员持球移动时有走步，这会被判为走步违例。两次运球是指球员在持球后没有投篮或传球的情况下再次运球，这将被判为违例。脚踢球违例是指球员用脚踢球或用脚踢球后再次触球。球回后场违例是指球员将球传回后场。干扰球是指球员对篮筐或篮板的投篮动作进行干扰。

五、犯规

篮球比赛中的犯规分为侵人犯规和技术犯规两种。侵人犯规是指在比赛中球员对对方球员实施非法的身体接触行为，打手、推挤、拉人等。技术犯规是指球员或教练因违反比赛规则或裁判员的判罚而被判罚出场的行为，如故意犯规、对裁判员的不尊重。在比赛中，如果球员犯规次数达到 5 次必须退出当场比赛。每队半场犯规总数不可超过 7 次，否则就采取一加一罚球。

任务实施

步骤一　确定任务背景与目标

篮球运动作为大学校园中普及程度最高、最受欢迎的运动项目之一，其激烈的对抗性、多变的战术安排和团队协作能力的要求深受广大学子喜爱。本项目旨在通过精心组织篮球比赛，提高大学生的篮球运动水平，培养团队合作精神和竞技精神，丰富校园文化生活，促进校园体育的健康发展。

步骤二　明确具体动作技术规则

1. 基本规则

（1）球员不得持球走步，违者将判为走步违例。

（2）球员运球时，双手不得同时触球，违者将判为非法运球。

（3）球员投篮时，必须在进攻时间结束前将球投入篮筐，否则将失去进攻机会。

2. 进攻规则

（1）球员在进攻时，应遵守进攻时间限制，通常为 24 秒。

（2）球员在三分线外投篮得分记为 3 分，三分线内投篮得分记为 2 分。

（3）球员在对方犯规时，可获得罚球机会，罚球得分为 1 分。

3. 防守规则

（1）防守球员不得对持球进攻球员进行非法身体接触，如推搡、拉扯等，违者将判为犯规。

（2）防守球员在防守时，应注意保持合理距离，避免过度侵犯对方球员的空间。

步骤三　制定比赛规程

1. 参赛队伍与球员

（1）每支参赛队伍由 5 名球员组成，包括前锋、中锋和后卫等位置。

（2）球员需穿着统一队服，佩戴号码牌，以便识别和记录数据。

2. 比赛时间与节次

（1）比赛分为四节，每节 12 分钟，节间休息时间为 2 分钟。

（2）比赛期间，如有球员受伤或需进行必要调整，可短暂暂停。

3. 犯规与罚球

（1）球员在比赛中犯规，将根据犯规程度给予相应处罚，包括警告、罚球或驱逐出场等。

（2）当一方球员犯规时，对方将获得罚球机会，罚球地点为罚球线。

4. 胜负判定

（1）比赛结束时，得分高的一方为胜方。

（2）如比分相同，则进入加时赛，加时赛时间为 5 分钟，先得分者获胜。

步骤四　组织比赛进行

篮球比赛流程如表 5-1-1 所示。

表 5-1-1　篮球比赛流程

比赛流程	具体内容
赛前准备	确定比赛时间、地点和参赛队伍
	安排比赛场地、器材和裁判人员
	进行赛前热身和战术布置
比赛开始	双方队长进行挑边，确定进攻方向
	裁判鸣哨，比赛正式开始
比赛过程	双方球队按照比赛规则进行进攻和防守
	裁判根据比赛规则对球员行为进行判罚
	记录员记录比赛过程中的得分、犯规等数据
比赛结束	当比赛时间结束或一方得分达到获胜条件时，裁判鸣哨示意比赛结束
	记录员统计比赛数据，确定胜负方
	进行颁奖仪式，表彰优秀球员和队伍

步骤五　注意事项

（1）比赛过程中，球员应遵守比赛规则，尊重裁判和对方球员。

（2）裁判应公正执法，确保比赛公平、公正。

（3）组织者应提前做好比赛场地、器材和人员安排，确保比赛顺利进行。

任务考核

序号	技能点	佐证	评分标准	自评（40%）	师评（60%）
1	基本技术及动作要领	移动	5		
2		运球	5		
3		传接球	5		
4		投篮	5		
5		持球突破	5		
6		防守	5		
7		抢篮板球	5		
8	基本战术	进攻战术	5		
9		防守战术	5		
10		防守快攻战术	5		
11		半场人盯人防守战术	10		
12	主要规则	比赛时间	5		
13		暂停	5		
14		替换	5		
15		违例	5		
16		犯规	5		
17	理解错误纠正	易犯错误及纠正方法	15		

思考与讨论

1. 简述篮球的基本技术与战术。
2. 简述篮球的主要规则。
3. 你最喜欢的篮球明星是谁？
4. 你认为校园里的篮球运动应如何安排为妥？

知识拓展

篮球运动

项目二　足球运动

知识导图

高素质技能型人才培养目标

知识目标	能力目标	素养目标
1. 了解并熟记足球比赛的基本规则，包括比赛场地、球员人数、比赛时间、进攻防守等基本要素；掌握常用的足球术语，以便更好地理解和参与足球运动； 2. 了解足球的基本技术，传球、接球、射门、控球等，在比赛中能够合理地运用； 3. 学习并掌握足球运动的基本战术，包括进攻战术、防守战术、定位球战术等，以及如何在比赛中灵活运用这些战术来取得优势	1. 发展身体协调性、灵活性和平衡能力，通过足球运动提高身体素质，为职业之路奠定良好的身体基础； 2. 培养团队合作能力，学会与队友配合，共同实现比赛目标，有助于在未来的职业生涯中更好地与他人合作，取得优异成果； 3. 提高沟通和表达能力，在团队中有效地传达和理解战术意图	1. 通过训练和比赛，培养坚韧不拔的意志品质和抗压能力，学会在困境中坚持不懈、迎难而上； 2. 树立正确的体育道德观念，遵守比赛规则，尊重对手和裁判，展现良好的体育风尚；培养公平竞争意识，以诚实、公正的态度参与比赛，维护比赛的公平性和公正性； 3. 提升自我管理和自律能力，保持良好的训练和比赛纪律

足球运动是一项深受全球喜爱的体育运动，其起源和演变历史丰富多彩。最早可以追溯到中国古代的球类游戏—蹴鞠。在两千多年前的文字记载中，蹴鞠就已经存在，“蹴”代表踢的动作，“鞠”则是球的意思。当时的球是由皮子制成，内部填充毛发等物品，用于进行踢球游戏。蹴鞠活动在中国历经了汉、唐、宋、元、明、清等多个朝代，显示出其在中国古代的广泛流行和深远影响。

拓展阅读

足球运动的起源和发展

思政园地

冲出大山的足球梦（来源：学习强国）

任务一　了解足球运动的特点

随着足球运动的广泛开展，人们对足球运动有了深刻的认识。其运动特点归纳起来有以下四个方面。

1. 显著的集体性

足球比赛是以每队 11 人上场参赛的集体球类项目。场上 11 个人虽位置、职责、分工不同，但必须按照既定的战术策略和要求协同一致，形成一个严密的整体。每个球员都是这个整体的一部分，他们的行动需要紧密配合，以达成共同的目标。无论是进攻还是防守，都需要全体队员的协同作战，只有团队配合默契，才能发挥出最大的战斗力。

2. 激烈的对抗性

在足球场上，双方球员会频繁地进行身体接触和冲撞，尤其是在两个罚球区附近，时间和空间的争夺更是异常激烈和扣人心弦。球员们需要运用各种技术和战术手段来摆脱对方的防守，同时也要努力阻止对方的进攻。这种高强度的对抗使得比赛充满悬念和激情，让观众能享受到紧张刺激的观赛体验，这种竞争不仅仅是技术和战术的比拼，更是体力和意志力的较量。

3. 技术和战术的多变性

从技术和战术层面来讲，球员们可以运用各种技术动作，传球、射门、盘带、停球等，以及多变的战术策略，边路突破、中路渗透、长传冲吊等，使得比赛场面丰富多彩，充满变化。这些技术和战术的运用不仅取决于球员的个人能力，还需要根据比赛形势和对手特点进行灵活调整，因此每一场比赛都可能出现不同的技术和战术组合。

4. 易于开展性

足球运动易于开展，设备简单，规则简明，只要有一块场地和一个足球，就可以进行。这种易行性使得足球运动成为全民健身中一项十分易于开展的、群众性的体育运动项目。

任务二　学习足球运动的基本技术及动作要领

一、踢球技术

踢球技术是足球运动中最基础也最关键的技术之一。它涵盖了多种踢球方式和技巧，以适应不同的比赛场景和战术需求。以下是一些主要的踢球技术及要点。

（一）脚背正面踢球

脚背正面踢球是最常用的踢球方式之一。踢球时，踢球腿的膝部由后向前上方摆动，同时脚踝用力绷紧，以脚背正面击球的后中部。踢球后，腿部随球继续前摆。这种踢球方式力量大、方向准确，适用于中远距离传球和射门，如图 5-2-1。

脚背正面踢球

图 5-2-1　脚背正面踢球

（二）脚背内侧踢球

脚背内侧踢球

踢球时，踢球腿以髋关节为轴由后向前摆动，当大腿摆至与支撑腿接近同一平面时，小腿做爆发式前摆，脚尖稍外传并绷紧，以脚背内侧部位击球的后下部。踢球后，踢球腿随球继续前摆。这种方式适用于踢弧线球和传空中球，如图 5-2-2。

图 5-2-2　脚背内侧踢球

（三）脚内侧踢球

助跑支撑脚落地时，足尖应与出球方向保持一致，距球约 15 厘米。膝关节微屈，两臂自然摆动，维持身体平衡，踢球腿以髋关节为轴由后向前摆动，膝踝关节外展，脚尖稍翘起，脚掌与地面平行，当膝关节摆至接近球体上方时，小腿加速前摆，击球刹那，脚跟前顶，脚型固定，用脚内侧击球的后中部，同时整个身体略微直立，不要左倾右斜，如图 5-2-3。

脚内侧踢球

图 5-2-3　脚内侧踢球

易犯错误与纠正方法

①支撑脚落地不准，影响踢球的准确性和力量。

纠正方法：明确支撑脚的正确位置；在踢球时，支撑脚应准确地放在球的后方，也可进行有针对性的练习，通过设置标志物或画线来帮助球员找到支撑脚的正确位置。

②踢球动作不规范，导致踢出的球没有力量。

纠正方法：采用视频分析和反馈的方法；通过录制球员的踢球动作，可以清晰地看到踢球动作是否正确，从而进行有针对性的纠正。

③脚触球部位不正确，影响球的飞行轨迹和速度。

纠正方法：注意触球时的姿势和动作；踢球时，确保支撑脚稳定和踢球脚触球部位的准确性，反复练习并注意观察球的飞行轨迹。

二、接球技术

接球是足球运动中的一项基本技术，同时也是非常重要的一项技能。它能帮助球员更好地控制足球，从而更好地组织进攻或防守。接球的方式和部位有很多种，不同的接球方式需要不同的技术和动作要领，如判断好球的落点及旋转等要素，控制好身体和脚步，使用正确的接球部位等。总之，接球需要球员具备良好的球感和脚法，以及灵活的身体和协调能力。

（一）脚内侧接球

脚内侧接球

脚内侧接球主要用于接地滚球、空中球和反弹球，下面是技术动作分析要领。

（1）判断来球：准备接球时，首先要判断来球的速度、方向和距离，以便做出正确的反应。

（2）站位准备：支撑脚脚尖正对来球方向，膝关节微屈，同侧肩正对来球，保持身体平衡。

（3）提膝外展：接球腿提膝大腿外展，脚尖微翘，脚底基本与地面平行，脚内侧正对来球并前迎。

（4）接触球：当脚内侧与球接触的刹那，迅速后撤缓冲，把球接在脚下。注意接触球时，脚内侧应保持与地面平行或稍微向上，以控制球的反弹力，如图 5-2-4。

图 5-2-4　脚内侧接球

（二）脚背外侧接球

脚背外侧接球

脚背外侧接球主要用于接地滚球和反弹球，下面是技术动作分析要领。

（1）判断来球：接地滚球时，需要先做好准备，双臂自然张开，保持身体平衡。

（2）站位准备：支撑腿微屈，脚尖指向身体前方。接球腿要保证可以自由摆动，脚尖向支撑腿的内侧旋转，使脚背外侧正对来球。

（3）接球腿控制：当球进入摆动腿的控制范围时，摆动腿稍微向前，踝关节保持适度紧绷以控制脚背外侧的方向。

（4）接触球：用脚背外侧接触来球的内侧中部，接触后，踝关节向接球方向自由轻微摆动，增加球与脚背外侧的接触时间，从而控制球的方向和稳定性，如图 5-2-5。

图 5-2-5　脚背外侧接球

（三）脚背正面接球

脚背正面接球

脚背正面接球主要用于控制高空球或远距离传球，下面是技术动作分析要领。

（1）站位与准备：根据来球的方向和高度，调整好自己的站位。保持身体平衡，双臂自然张开，以维持身体稳定。

（2）判断与预判：准确判断来球的落点、速度和方向，需要对比赛有深入的理解和丰富的经验，以便在合适的时机和位置准备接球。

（3）接触球的部位：当球飞来时，用脚背正面去接触球。这个位置可以最大化地利用脚背的面积，提供更好的控制力。

（4）缓冲与稳定：接触球的瞬间，要给予球适当的缓冲，确保球能够稳定地落在脚背上，而不是弹开。这需要掌握合适的力度和技巧，通过实践和经验积累来逐渐提高。

（5）后续动作：接球后，要准备好后续的动作，传球、射门或控球等。需要根据比赛的实际情况和战术需要做出决策，如图 5-2-6。

图 5-2-6　脚背正面接球

（四）脚底接球

脚底接球

脚底接球主要用于控制地滚球或低空球，下面是技术动作分析要领。

（1）准备姿势：身体正对来球方向，移动前迎，支撑脚站在球的侧面（或前或后均可），脚尖正对来球方向，膝关节微屈。

（2）接球动作：接球腿提起，膝关节微屈，脚略背屈，使脚底与地面约小于 45° 且脚跟离开地面。一般以前脚掌接触球的上部为宜。

（3）控制球：在触球瞬间，接球脚前脚掌下点将球停住，也可以根据需要在接球的同时将球推向前方或拉向身后，如图 5-2-7。

图 5-2-7　脚底接球

（五）胸部接球

胸部接球

胸部接球主要用于控制胸部高度的空中球，下面是技术动作分析要领。

（1）判断球的落点：准备停球前，首先要准确判断来球的落点、速度和方向。这是成功停球的关键，只有对球的飞行轨迹有清晰的认识，才能做出正确反应。

（2）调整身体姿势：面对来球，双脚前后开立，保持身体平衡，两臂自然张开，这有助于更好地观察和判断来球。

（3）主动迎球：胸部停球时，不要原地等待球砸到胸口上，而是要主动上前迎球，可以通过调整步伐和身体前倾来实现。

（4）接触球：当球运行到与胸部接触前的瞬间，迅速调整身体姿势，挺胸迎球，此时胸部要略微向前突出，以便更好地接触球。

（5）缓冲球的力量：接触球时，胸部要有一个缓冲动作，以减小球的力量，可以通过收胸、收腹来实现，使球能够平稳地停在身前，如图 5-2-8。

图 5-2-8　胸部接球

（六）大腿接球

大腿接球

大腿接球主要适用于接抛物线较大的高空下落球，下面是技术动作分析要领。

（1）判断球的落点：准确判断来球的落点、速度和方向，以便迅速移动到位。

（2）调整身体姿势：根据来球的高度和方向，调整身体姿势，可以抬腿接球，使大腿中部对准下落的球。

（3）接触球：球与大腿接触时，注意肌肉的放松和触球瞬间的动作，大腿与球接触前的刹那，大腿应迅速撤引触球，将球接在需要的位置上，如图 5-2-9。

图 5-2-9　大腿接球

易犯错误与纠正方法

①判断落点不准确，导致接球失败或接到球后无法顺利地进行下一步动作。

纠正方法：加强判断落点的练习，可以通过抛球练习来提高对落点的判断能力，要注意观察对手的动作和球的飞行轨迹，以便更好地预测落点。

②接球部位不正确，导致球的控制不稳。

纠正方法：明确接球部位，对于不同的来球，应选择合适的接球部位。例如，地滚球可以使用脚内侧或脚底来接；高空球可以使用大腿或胸部来接。要反复练习正确的部位接球。

③缓冲动作不足，可能导致使球失控。

纠正方法：学会缓冲动作，接球时利用合理部位进行缓冲，以减小球的冲击力，同时注意接球时的姿势和动作，保持身体的平衡和稳定。

三、运球技术

运球技术是指足球运动员在比赛中为了控制球、超越对手或摆脱防守，而采取的一系列连续的脚部动作。这需要足球运动员具备良好的协调性、灵活性和控制力。

（一）脚内侧运球

运球前进时，支撑脚的跑动要始终领先于球，应位于球的侧方或侧前方；肩部指向运球方向；支撑腿的膝关节微屈，重心放在支撑腿上，另一条腿提起屈膝，用脚内侧推球前进，然后运球脚着地，如图 5-2-10。

脚内侧运球

图 5-2-10　脚内侧运球

（二）脚背正面运球

运球时身体呈正常跑动姿势，上体稍前倾，步幅不宜过大，运球脚提起，膝关节稍屈，髋关节前送，提踵，脚尖下指。着地前用脚背正面部位触球的后中部将球推送前进，如图 5-2-11。

脚背正面运球

图 5-2-11　脚背正面运球

（三）脚背外侧运球

运球时身体呈正常跑动姿势，上体稍前倾，步幅不宜过大，运球脚提起，膝关节稍屈，髋关节前送，提踵，脚尖向内旋转，使脚背外侧正对运球方向，运球脚落地前用脚背外侧推拨球的后中部，如图 5-2-12。

脚背外侧运球

易犯错误与纠正方法

①只是低头看球，不能随时观察场上情况。

纠正方法：运球时抬头观察周围同伴情况或运球时找准一名同学观察他的运球路线。

②运球时支撑脚的落点位置不准确。

纠正方法：从踢固定球练习开始，注意人与球之间的距离，强调支撑脚落点位置的重要性。

③运球时动作紧张，不是推拨而是踢球。

纠正方法：由走到慢跑运球，体会推拨球的动作。

图 5-2-12　脚背外侧运球

四、头顶球

头顶球是指运动员用头的某一部位顶击球，用于进攻中的传球、射门和防守中的抢断。这一技术可以帮助运动员占据空间，争取时间，特别是在处理高空球时，头顶球技术尤为重要。

前额侧面头顶球

（一）前额侧面头顶球

根据来球的运行速度、运行轨迹，及时移动到位，眼睛注视来球，前膝微屈，两臂自然张开，当球运行至体前上方时，用力蹬地起跳，上体随之向出球方向扭摆，同时用力向击球方向甩头，以前额侧面击球的后中部，如图 5-2-13。

图 5-2-13　前额侧面头顶球

（二）前额正面头顶球

以原地头顶球为例，身体正对来球方向，眼睛注视运动中的球，两脚左右开立（或前后开立），膝关节微屈，重心置于两脚间的支撑面上（或后脚上），两臂自然张开，当球运行到将垂直于地面下落时，两腿用力蹬地，迅速向前摆体，微收下颌，触球瞬间颈部做爆发式前摆，用前额正面击球中部，上体随球前摆，如图 5-2-14。

前额正面头顶球

图 5-2-14　前额正面头顶球

易犯错误与纠正方法

①闭眼顶球或球与头接触部位不对。

纠正方法：这通常是由于恐惧心理或条件反射造成的，可以让一个队友用球轻轻地触击自己的前额部位，然后尝试自抛自顶，感受正确的触球部位。

②球顶不远、无力，只用颈力。

纠正方法：这是因为球员没有充分利用身体的力量，要纠正这个问题，需要多练习腰腹肌的力量，特别注意在顶球时蹬地、收腹、甩头的同时用力，可以在地上练习顶球，以更好地感受动作的结合。

③跳起顶球或跑动顶球时，时间掌握不好。

纠正方法：这可能是因为球员对球的下落时间和自己的起跳时间判断不准确。为了改善这个问题，可以练习顶挂在高空中的吊球，以更好地掌握起跳时间。

五、守门员技术

足球守门员在比赛中扮演着至关重要的角色，他们是球队防守的最后一道防线，也是保护球门的关键人物，守门员的稳定发挥可以提升全队的士气和战斗力，守门员及时而合理地发动进攻，可以大大增加进攻的威胁性和有效性。

（一）守门员接地面球

首先守门员要准确判断球的轨迹，当球接近时，需要迅速调整身体位置，用合适的方式接球。对于地面球，可以使用直腿式或单腿跪撑式接球，用双手将球稳稳地抱住，如图5-2-15。

守门员接地面球

图 5-2-15　守门员接地面球

（二）守门员接半高球

半高球主要指接胸部高度以下的平直半高球。守门员面对来球接球时，两手掌心向上，手指张开，两手小指接近，上体前屈，手触球时后撤缓冲，将球抱于胸前，如图 5-2-16。

守门员接半高球

图 5-2-16　守门员接半高球

（三）守门员接高空球

高空球主要指胸部以上高度的球，有单脚和双脚跳起接球两种形式。接球时两臂向上高举，两手大拇指相近，准确判断球的落点，手触球时手指和手腕适当用力并转腕，将球收抱胸前，如图 5-2-17。

守门员接高空球

图 5-2-17 守门员接高空球

易犯错误与纠正方法

①对球飞行轨迹、速度或落点判断不准确。

纠正方法：通过大量练习，提高守门员对球飞行轨迹的判断能力，使其能够准确预测球的落点。

②站位不当，站位过于靠前或靠后，或左右偏移，使得自己处于不利位置，难以有效接球。

纠正方法：合理调整站位，确保自己处于最佳接球位置。

③技术动作不规范。

纠正方法：重点训练守门员的手部动作，使其能够熟练掌握正确的接球姿势和技巧。接球时，十指都要用上力量并和整个手掌同时接触球，手心与球保持一定空隙。手臂和手腕要用力将球握住，确保球稳稳接住。

任务三 学习足球运动的基本战术

足球运动战术是球队在比赛中为了战胜对手，根据主、客观实际采取的个人和集体配合的手段的综合。足球运动战术的目的是更好地发挥本方队员的技术与特长，制约对方，力争掌握比赛的主动权。足球运动战术包括进攻和防守两大部分。

一、进攻战术

进攻战术主要包括个人进攻战术、局部配合进攻战术和全队进攻战术。个人进攻战术涉及传球、射门、运球、过人、接应和跑位等基本技能。局部配合进攻战术强调队员间的协同作战，“二过一”和“三过二”等战术配合，通过精准的传球和跑位来突破对方的防线。全队进攻战术则更注重整体配合，包括边路进攻、中路进攻、转移进攻和快速反击等，旨在通过全队的协同努力创造射门机会。

（一）个人进攻战术

个人进攻战术包括以下几部分。

1. 传球

传球是组织进攻、变化战术、深度突破、创造射门机会的重要手段，是比赛中运用较多的一项战术。

2. 运球和过人

运球和过人不仅是维持控球权的重要手段，而且是破坏密集防守、创造得分机会的锐利武器。

3. 射门

射门是比赛胜负的关键因素，常见的射门方式有直接射、运球射门、接球射门、运球过人射门和直接任意球射门 5 种。

4. 接应

接应主要是利用现有空间，为持球队员传球给自己所做的跑动。在接应跑时，应把握好距离、角度、呼应等。

5. 跑位

跑位是创造空间的有效手段，可以调动对方的防守位置，扩大传球角度、创造和利用空间的过程，需要高度的整体配合意识。同时，跑位需要宽广的视野和起动，在跑位时必须做好随时接球的准备。

（二）局部配合进攻战术

1. 二人传切配合

二人传切配合是指两名进攻队员通过一传、一切配合越过一名或几名防守队员的配合方法，分为斜传直插、直传斜插两种。在进行配合时，两名进攻队员要保持适当的距离。控球队员可采取运球或其他动作，守者上前阻截，插入的队员必须突然、快速起动，注意避免越位，如图 5-2-18 所示。

2. 二人踢墙式配合

二人踢墙式配合是指两名进攻队员通过两次传球越过一名或几名防守队员的配合方法。持球队员带球逼近防守队员，把防守队员吸引过来，传出地滚球，力量适度准确，传球后立即快速插入，准备接球。做墙队员要突然摆脱防守者，侧对进攻方向，一次触球，力量适当，把球传至同伴跑动路线上，如图 5-2-19 所示。

3. 二人交叉掩护配合

二人交叉掩护配合是指两名进攻队员通过运球与身体的掩护越过一名或几名防守队员的配合方法。持球队员用远离防守者的脚带球，将身体置于球与对方之间来保护球。当与同伴交接球时可做运球假动作而不触球，完成配合后继续跑位进攻。接球队员靠近运球同伴以接应之势迷惑对方，选择有利时机突然起动，接带球越过对方，如图 5-2-20 所示。

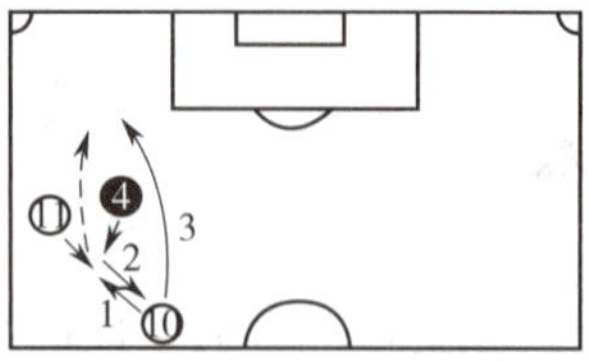

回传反切二过一

图 5-2-18　二人传切配合

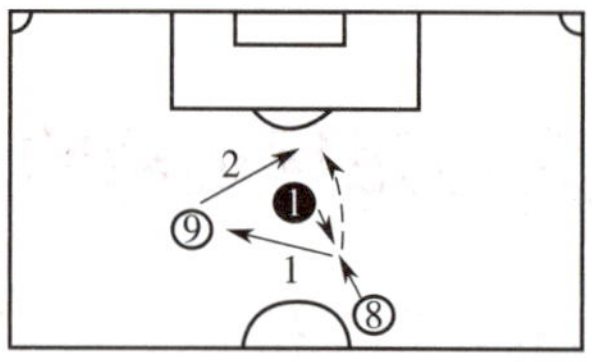

踢墙式二过一

图 5-2-19　二人踢墙式配合

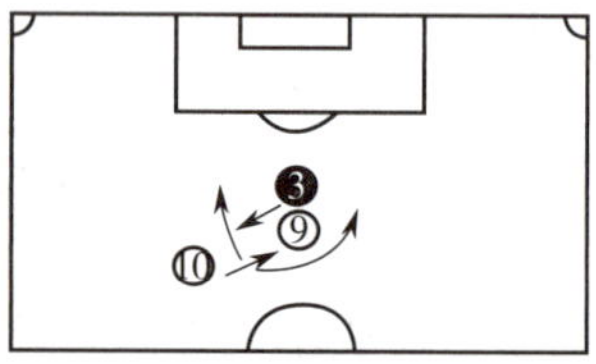

交叉掩护二过一

图 5-2-20　二人交叉掩护配合

（三）全队进攻战术

全队进攻战术包括以下几部分。

1. 快速反击

球队在防守成功后，利用对方防守立足未稳的机会，迅速发动进攻，力求在对方重新组织防守之前进球。

2. 边路进攻

利用球场两侧地区发起进攻，一般通过边路传中或内切射门等方式创造机会。

3. 中路进攻

通过球场中路组织的进攻更直接，需要球员具备出色的传切配合能力。

4. 定位球战术

利用任意球、角球等定位球机会发动进攻，需要球员具备精准的传球和射门技术。

二、防守战术

防守战术的目标是阻止对方的进攻并夺回控球权。防守战术主要包括个人防守战术、局部配合防守战术和全队防守战术。个人防守战术涉及断球、抢球、紧逼、封堵、保护和补位等。局部配合防守战术包括夹击配合、围抢配合、协防配合和封堵退守。全队防守战术包括人盯人防守、区域防守、混合防守等。

(一)个人防守战术

个人防守战术包括以下几部分。

1. 选位

根据比赛情况和对手特点,选择合适的防守位置。这涉及对场上形势的预判和快速决策。

2. 盯人

在选位的基础上,紧密盯防特定的对手,限制其活动范围,干扰其传球和射门。

3. 身体对抗

利用身体力量与对手进行对抗,争夺控球权或阻止对方突破。

4. 阻挡

通过合理的身体姿势和动作,阻挡对手的传球或射门路线。

5. 抢断

在对手控球不稳或传球时,果断出脚,尝试将球抢断下来。

6. 拦截

在对手传球过程中,预判传球路线,提前到达传球点,将球截下或破坏。

(二)局部配合防守战术

1. 夹击配合

夹击配合是两名防守者以持球者为目标,围绕持球者进行的抢截球战术。夹击配合时,防守者应具有主动控制对方活动的能力,迫使持球者按照防守人的意图行动;防守者之间应配合默契,选择合适的区域,边路最佳。

2. 围抢配合

围抢配合是两名以上的防守队员在边线或球门线附近对一名持球进攻队员实施抢截球的战术。围抢时应注意必须是在局部地区防守人数占优的情况下进行围抢,围抢局面一旦形成,围抢队员的行动要协调一致,抢截要凶猛。在围抢的同时,外围防守队员必须紧盯前去接应的进攻者。

3. 协防配合

协防配合是第一防守者对持球者实施抢截球或紧逼,第二防守者在其身后进行保护的战术。协防配合中第一防守者不能贸然出击,防止被突破;第一防守者被击败后,应进行追防或补位;第二防守者根据情况可直接跟进,形成两人围抢。

4. 封堵退守

封堵退守指通过在进攻队员的进攻途中设置障碍延缓其进攻,使同伴有时间回防到位,以巩固局部或整体防线。在封堵时,可以向对方施加语言及行动上的压力,迫使其犯错误。在实施战术行动时,防守者一般是孤军作战,延缓对方的进攻是核心任务。

(三)全队防守战术

全队防守战术包括以下几部分。

1. 人盯人防守

人盯人防守要求每个防守队员负责盯防一个对方进攻队员,限制其活动范围和传球路线。

2. 区域防守

区域防守是根据球场上的区域来分配防守任务,每个队员负责防守一个特定的区域。

3. 混合防守

混合防守结合人盯人和区域防守的特点，根据比赛形势灵活调整防守策略。

易犯错误与纠正方法

①进攻战术单一，过于依赖个人单打独斗，忽视团队配合；进攻战术缺乏变化，容易被对手识破。

纠正方法：加强团队配合训练，提高球员之间的默契程度；学习多种进攻战术，根据比赛情况灵活运用；培养球员的战术意识，提高他们在比赛中的应变能力。

②防守漏洞多，防守时站位不合理，容易被对手突破；防守动作不规范，容易犯规。

纠正方法：加强防守站位训练，增强球员的防守意识和预判能力；规范防守动作，避免不必要的犯规；加强团队协作训练，提高防守的整体效果。

任务四　了解足球竞赛的主要规则

足球运动的竞赛规则包括比赛时间、场地、器材、掷界外球、角球、球门球、任意球、越位、裁判员配备与职责等。

一、比赛时间

标准的十一人制足球比赛时间分为两个 45 分钟的半场，中间有一个 15 分钟的休息时间。如果在比赛时间结束时比分相同且又必须分出胜负的比赛，通常会进行额外时间延长。额外时间延长通常为两个 15 分钟的半场，如果加时赛后仍未分出胜负则进行点球大战。

二、场地

足球比赛场地为长方形，边线的长度长于球门线的宽度，长度为 90~120 米，宽度为 45~90 米。在国际比赛中，场地长度为 100~110 米，宽度为 64~75 米；世界杯比赛场地长度为 105 米，宽度为 68 米，比赛场地是用线来标明的，这些线作为场内各个区域的边界线包含在各个区域之内，所有线宽度不超过 12 厘米。比赛场地被中线划分为两个半场。两条较长的边界线为边线，两条较短的线为球门线。在场地中需要标明中圈、中点、球门区、罚球区、罚球弧、角球区、罚球点等标记。在场地每个角上各竖一根不低于 1.5 米的平顶旗杆，上系小旗一面，球门必须是白色的并放置在每个球门线的中央，长 7.32 米，高 2.44 米。

三、器材

比赛用球为圆形，球的外壳用皮革或其他许可的材料制成，不得使用可能伤害运动员的材料。球的圆周不得多于 71 厘米或少于 68 厘米。在比赛开始时，球的重量不得多于 453 克或少于 396 克。

四、掷界外球

当球越过边线时，由最后触球方的对方队员在球出界处（边线外）一米范围内，将球掷向场内任何方向。掷界外球时，球员必须面向比赛场地站立，且任何一只脚的一部分必须位于边线上或边线外的地面上。掷球时，球员应双手持球置于头的后方，面向场内，两手平均用力，从头后经头上用一个完整的连贯动作将球掷入场内。

五、角球

角球是足球比赛中死球后重新开始比赛的一种方法，属于定位球的一种。当球的整体不论在地面或空中越过球门线，而最后触球者为守方队员，且计胜规则不是进球得分时，判罚角球。角球可以直接射入对方球门而得分。

六、球门球

当球的整体从地面或空中越过球门线，最后由攻方队员触及，且并未出现进球时，判为球门球。球门球可以直接射入对方球门而得分。

七、任意球

足球比赛的任意球分两种，一种是直接任意球，主要是针对恶意踢人、打人、绊倒对方的行为，用手拉扯、推搡对方和手触球也属于这一类，辱骂裁判员、辱骂对方球员也要判罚直接任意球，这种任意球可直接射门得分，如果这些行为发生在罚球区，就要判罚点球。另一种是间接任意球，危险动作、阻挡、定位球的连踢就属于这一类，这种任意球不能直接射门得分，只有当球进门前，触及另外一名队员才可得分，罚球区内这种犯规不能判罚点球。无论是直接任意球还是间接任意球，防守方都要退至 9.15 米外，如果不按要求退至 9.15 米外，裁判员可出示黄牌。

八、越位

1. 越位位置

在对方半场内，队员比球和最后第二名对方队员更接近对方球门线则处于越位位置。在本方半场内，齐平于最后第二名或最后两名对方队员，都不属于越位。

2. 越位犯规

处于越位位置的队员，在同队队员踢或触及球的一瞬间，裁判员认为其就下列情况而言“卷入”了现实比赛中时才被判为越位犯规：干扰比赛；干扰对方队员；利用越位位置获得利益。

九、裁判员配备与职责

一场正式的足球比赛由一名主裁判员、两名助理裁判员、一名第四官员担任裁判工作。主裁判员的职责：场上最终判决权；决定比赛时间是否延长；决定比赛是否推迟和中止。助理裁判员的职责：示意越位及球出界，协助主裁判员的场上判罚，没有最终判决权。第四官员的职责：换人与补时；场边协调；替补席管理；应急替补主裁。在 2018 年世界杯中，国际足联使用了视频助理裁判。当出现“清楚和明显错误”或“严重漏判”时，主裁判员可以暂时中断比赛，通过视频助理裁判提供判罚的参考意见，最终由裁判员做出最终判罚。

任务实施

步骤一　确定任务背景与目标

足球运动作为大学校园内备受瞩目和热衷的体育项目，以其独特的魅力吸引着无数大学生参与其中。其高强度的对抗、多样化的战术布置以及对团队协作能力的要求，使得足球成为大学校园内的一道亮丽风景线。本项目旨在通过对足球基本技术和战术的分析，进一步提升大学生的足球技能水平，培养他们的团队协作能力和竞技精神，使同学们能够更深入地了解足球文化，体验足球运动的乐趣，并在比赛中锻炼意志、增强身体素质。

步骤二　明确具体动作技术规则

1. 基本规则

（1）球员不得用手或手臂触球（除守门员在己方禁区内），违者将判为手球犯规。

（2）球员在比赛中不得有任何违背体育道德的行为出现，违者将判为犯规，情节严重者可出示黄牌。

（3）球员在裁判鸣哨后完成射门，如果球进门，这时进球将被取消，被判进球无效。

2. 进攻规则

(1)球员在开球时就直接射门得分,进球有效。

(2)球员在发球门球、角球、掷界外球进攻时没有越位限制。

(3)球员在对方犯规时,可获得任意球或角球机会,利用这些机会尝试制造进攻威胁或得分机会。

3. 防守规则

(1)防守球员不得在罚球区内犯规,如手球、绊人等,违者将判为犯规并判罚点球。

(2)防守球员在防守时,不得在背后对持球人进行推、撞等行为,违者将被判犯规并进行直接任意球。

步骤三 制定比赛规程

1. 参赛队伍与球员

(1)以 11 人制为例,每支参赛队伍由 11 名球员组成,包括前锋(边锋)、中场、后卫和守门员等。

(2)球员需穿着统一队服且印有号码(守门员佩戴手套且服装颜色与其他队员不同),以便识别和记录数据。

2. 比赛时间

(1)比赛分为上、下半场,上、下半场各 45 分钟,中场休息时间约 10 分钟。

(2)比赛期间,如有球员受伤或需进行必要调整,可适当进行补时。

3. 犯规与判罚

(1)球员在比赛中犯规,将根据犯规程度给予相应处罚,包括警告、出示黄牌或者红牌等。

(2)当一方球员犯规时,视犯规程度不同,对方将获得间接任意球、直接任意球、点球等判罚。

4. 胜负判定

(1)比赛结束时,得分高的一方为胜方。

(2)如比分相同且必须分出胜负则进入加时赛,加时赛时间为 30 分钟,上、下半场各 15 分钟中间不休息,如果仍不能分出胜负则进行点球。

步骤四 组织比赛进行

1. 赛前准备

(1)确定比赛时间、地点和参赛队伍。

(2)安排比赛场地、器材和裁判人员。

(3)进行赛前热身和战术布置。

2. 比赛开始

(1)双方队长进行挑边,选中的一方可以先选场地或开球。

(2)裁判鸣哨,比赛正式开始。

3. 比赛过程

(1)双方球队按照比赛规则进行进攻和防守。

(2)裁判根据比赛规则对球员行为进行判罚。

(3)记录员记录比赛过程中的得分、红黄牌等数据。

4. 比赛结束

(1)当比赛时间全部结束时,裁判鸣哨示意比赛结束。

(2)记录员统计比赛数据,确定胜负方。

(3)进行颁奖仪式,表彰优秀球员和队伍。

步骤五 注意事项

(1)在比赛过程中,球员应遵守比赛规则,尊重裁判和对方球员。

(2)裁判应公正执法,确保比赛公平、公正进行。

(3)组织者应提前做好比赛场地、器材和人员安排,确保比赛顺利进行。

任务考核

序号	技能点	佐证	评分标准	自评（40%）	师评（60%）
1	基本技术及动作要领	踢球	5		
2		接球	5		
3		运球	5		
4		头顶球	5		
5		守门员技术	10		
6	基本战术	全队进攻战术	5		
7		全队防守战术	5		
8		个人进攻战术	5		
9		个人防守战术	5		
10		局部配合进攻战术	5		
11		局部配合防守战术	5		
12	主要规则	比赛时间	5		
13		场地器材	5		
14		球门球、角球	5		
15		任意球	5		
16		越位	5		
17	理解错误纠正	易犯错误及纠正方法	15		

思考与讨论

1. 简述足球的基本技术与战术。
2. 简述足球的主要规则。
3. 分享个人在足球课程中的成长和收获，哪些方面还有待提高？

知识拓展

足球运动

项目三　排球运动

知识导图

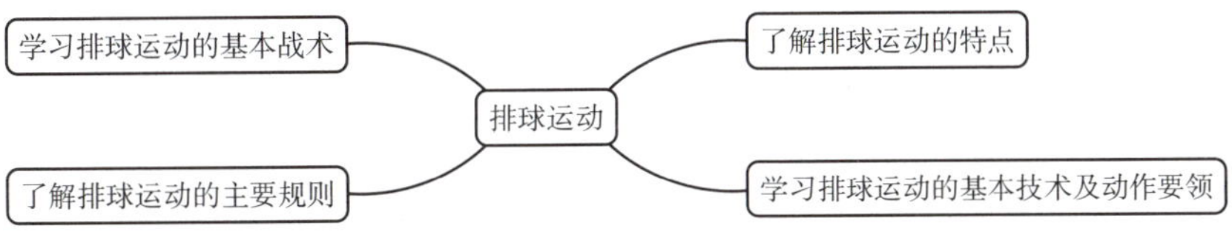

高素质技能型人才培养目标

知识目标	能力目标	素养目标
1. 了解排球比赛的基本规则，包括比赛形式、得分机制、场地划分、球员位置轮换等，排球器材的规格和使用方法； 2. 学习排球比赛中的进攻策略、防守体系，了解各种进攻方式（强攻、快攻、吊球等）和防守技巧（垫球、传球、拦网等），能够分析其在实际比赛中的应用； 3. 掌握排球训练的基本原则和方法，包括体能训练、技术训练、战术训练和心理训练，了解如何制定个性化的训练计划，提高训练效果	1. 提高自身身体协调性、爆发力和反应速度，以适应排球运动对身体的特殊要求； 2. 培养团队的协作能力和角色定位，学会与队友有效沟通，共同完成比赛任务； 3. 提升自身排球技术水平，包括发球、接发球、扣球、拦网等，增强自身实际操作能力； 4. 增强战术意识和比赛阅读能力，能够在比赛中快速判断形势，作出正确的战术选择	1. 培养竞争意识、团队精神和集体荣誉感，在排球运动中体验团队合作的力量； 2. 增强自信心和意志力，提高面对挑战和困难时的抗压能力； 3. 通过排球运动，培养坚持不懈、永不放弃的品质，以及勇于挑战自我的精神； 4. 提高纪律性和自我管理能力，培养良好的职业道德和职业操守，为未来的职业生涯奠定坚实基础

排球运动起源于 19 世纪末的美国。1895 年，美国马萨诸塞州霍利约克市的体育教师威廉·摩根首创了排球运动，最初名为“米内特球”（Mintonette）。摩根在网球和篮球的基础上，设计出了这项新的运动，规则相对简单。由于球员在比赛中常常需要排队等候击球，所以这项运动便被命名为“排球”。

拓展阅读

排球运动的起源与发展

思政园地

男排的奋斗之路（来源：学习强国）

任务一　了解排球运动的特点

排球运动的特点主要体现在以下几个方面。

1. 广泛的群众性

排球场地设备简单，比赛规则容易掌握。既可在球场上比赛和训练，亦可以在一般空地上活动，运动量可大可小，适合不同年龄、不同性别、不同体质、不同训练程度的人。

2. 技术的全面性

规则规定，每个队员都要进行位置轮转，既要到前排扣球与拦网，又要轮到后排防守与接应。因此，要求每个队员都必须全面地掌握各项技术，能在各个位置上比赛。

3. 高度的技巧性

规则规定，比赛中球不能落地，不得持球、连击。击球时间的短暂，击球空间的多变，决定了排球的高度技巧性。

4. 激烈的对抗性

排球比赛中，双方的攻防转换始终是在激烈的对抗中进行。高水平比赛中，对抗的焦点在网上的扣拦上。在一场比赛中，夺取一分往往需要经过六七个回合的交锋。高水平的比赛，对抗争夺也越激烈。

5. 攻防技术的两重性

排球是多种技术都可以得分，也能失分的项目，这种情况在决胜局比赛中更加突出。因此，要求技术既要有攻击性，又要有准确性。

6. 严密的集体性

排球比赛是集体比赛项目，除发球外，都是在集体配合中进行的。水平越高的队，集体配合就越严密。

任务二　学习排球运动的基本技术及动作要领

排球运动的基本技术主要包括准备姿势和脚步移动、发球、垫球、传球、扣球、拦网等技术动作。

一、准备姿势和脚步移动

（一）准备姿势

准备姿势是指准备迎接各种来球的身体姿势，比赛中常用的准备姿势主要有半蹲准备姿势、稍蹲准备姿势和低蹲准备姿势。

准备姿势

（1）半蹲准备姿势：两脚左右开立稍比肩宽，一脚在前，两脚尖稍内收，两膝弯曲成半蹲。脚跟稍提起，身体重心稍前倾，两臂放松，自然弯曲，双手置于腹前。身体适当放松，两眼注视来球，两脚始终保持微动。

（2）稍蹲准备姿势：与半蹲准备姿势基本相同，只是身体重心比半蹲准备姿势向前移，两膝弯曲程度小于半蹲准备姿势。

（3）低蹲准备姿势：两脚左右、前后开立的距离比半蹲准备姿势更宽一些，两膝弯曲的程度更大一些，身体重心更低、更靠前，膝部的垂直线超过脚尖，两手臂置于胸腹之间。

这些准备姿势不仅有助于运动员更好地观察和判断来球的方向和速度，而且能够迅速调整身体位置，为接下来的击球或防守动作做好准备。保持适当的身体重心和稳定性也是非常重要的，以便在比赛中更好地应对各种情况，如图 5-3-1。

半蹲　　稍蹲　　低蹲

图 5-3-1　准备姿势

（二）脚步移动

脚步移动是指从起动到制动的过程，目的是及时接近球，调整人与球的位置关系，以便完成击球动作。移动是排球运动中非常关键的一环，要求运动员具备快速、准确和灵活的反应能力。在排球比赛中，常用的移动步法有并步与滑步、交叉步、跨步。这些步法可以帮助运动员在场上快速移动，找到最佳的击球位置。

脚步移动

（1）并步与滑步：并步主要用于在接发球、接扣球、防守和组织进攻时快速移动到合适的位置。这种步法要求运动员先向目标方向迈出一步，然后另一只脚迅速跟上，与第一只脚并拢。并步的关键在于快速而稳定地移动，以便在需要时能够及时到位。连续的并步即为滑步，如图 5-3-2。

图 5-3-2　并步与滑步

（2）交叉步：交叉步是排球运动中的一种重要步法，主要用于向前、向后、向左或向右移动，适用于需要较大范围移动的情况，特别是在防守时。这种步法要求运动员一只脚向前或向侧面迈出一步，另一只脚则以相反的方向越过第一只脚，如此反复进行。交叉步的优势在于能够快速覆盖较大的场地，但由于步伐较大，需要注意保持身体平衡，如图 5-3-3。

图 5-3-3　交叉步

（3）跨步：跨步是排球运动中的一种重要步法，主要用于来球较低且距离身体较近时的击球动作。当面对这样的来球时，首先根据来球的方向和位置，运动员需要判断并确定跨步的方向和距离，然后向移动的方向跨出一大步，同时屈膝降低身体重心，上体前倾，以便更好地控制身体平衡和击球力度，如图 5-3-4。

图 5-3-4　跨步

二、发球

发球是排球比赛的开始环节，也是排球技术中唯一不受他人制约的技术。发球是排球比赛中一项重要的进攻技术，准确而有攻击性的发球不仅可以得分，而且还可以破坏对方的战术组成。

（一）侧面下手发球

左肩对网站立，两脚左右开立与肩同宽，两膝微屈，上体稍前倾，左手持球于腹前。左手持球由小腹前将球垂直上抛在身体的正前方，同时右臂摆到右侧后方，然后利用右脚蹬地和向左转体的动作，带动右臂迅速向前挥动，在体前腹部高度用全手掌击球后下方，如图 5-3-5。侧面下手发球借助腰腹肌的力量，相对省力，适用于女生。

侧面下手发球

图 5-3-5　侧面下手发球

（二）正面上手发球

正面上手发球方式面对球网，便于观察对方，发球的准确性大，易于控制落点，并能充分利用转体、收腹动作带动手臂加速挥动，加大击球的力量和速度。面对球网发球时，两脚自然开立，左脚在前，左手持球于体前，用抬臂和手掌的平托上送，将球平衡地垂直抛于右肩的前上方，高度适中，然后右臂屈肘抬起，肘部略高于肩部，击球时，利用蹬地、转体和收腹的协调力量，以全手掌击球的后中下部，如图 5-3-6。

正面上手发球

图 5-3-6　正面上手发球

（三）跳发球

球员站在发球线后约 4 米处，用单手或者双手将球向前上方抛起，随着抛球离手向前助跑起跳。起跳时两臂要协调摆动，摆幅要大，击球时利用收腹和转体动作带动手臂挥动，在身体升至最高点时以全手掌击球的中下部，击球时手腕要有推压的动作，如图 5-3-7。

跳发球

图 5-3-7　跳发球

易犯错误与纠正方法

①抛球不稳，抛球的高度和位置不稳定，影响发球质量。

纠正方法：加强抛球的练习，固定抛球的位置和高度，使抛球动作正确、熟练；在墙上设定一个目标点，练习将球准确地抛向该点，提高抛球的准确性。

②击球点不准确，击球点偏前、偏后或偏侧，导致发球效果不佳。

纠正方法：多进行固定球练习，培养正确的击球点感觉；在发球时，眼睛要始终盯住击球点，确保每次击球都在正确的位置。

③手臂动作不正确，手臂弯曲或发力不协调，影响发球效果。

纠正方法：进行徒手练习，体会手臂的伸展和发力过程；强调手臂在发球过程中伸直和协调发力，避免弯曲或发力不当。

三、垫球

垫球指的是在全身协调用力的基础上，通过手臂的迎击动作，使来球从垫击面上反弹出去的一项击球技术。垫球主要用于接发球、接扣球、接吊球、接拦回球和处理各种难球，是保证本方进攻的基础。

（一）正面双手垫球

球员半蹲准备姿势迎球，球下落时摆好垫球手型，球在胸口一臂时，手腕下压，插到球下，两臂外翻形成击球平面，用腕上 10 厘米左右桡骨内侧平面击球下方，全身协调发力，蹬地、提肩、抬臂，如图 5-3-8。

垫球手型为叠指法，两手手指上下相叠，两拇指对齐平行相靠压在上面一手的中指第二和第三指节上，掌根紧靠，两臂伸直相夹。注意手掌部分不能相叠。

正面双手垫球

图 5-3-8 正面双手垫球

（二）体侧垫球

以右侧垫球为例，半蹲准备姿势迎球，左脚前掌内侧蹬地，右脚向右跨出，左膝保持弯曲，身体重心移至右脚。两臂夹紧向右伸出，击球面儿，对准来球方向，利用转腰收腹的力量在体侧击球的后下方，如图 5-3-9。

体侧垫球

（三）背垫球

背对出球方向的垫球称为背垫球。背垫球大多用于接应同伴垫飞的球或将球处理过网，其特点是垫击点较高。背垫球时，首先判断来球的轨迹、方向和离网的距离，迅速移到球的下落处，背对出球方向，两臂夹紧伸直，插到球下，如图 5-3-10。

背垫球

图 5-3-9　体侧垫球

图 5-3-10　背垫球

（四）单手垫球

当来球速度快、弧度低、距离远时可用单手垫球。当球在体前或体侧时，一脚迅速向前或向侧跨出一大步。重心向前移动，以跨出脚的同侧臂向前伸出，插入球下，用虎口（或掌根、手背、前臂）击球的后下部或底部，如图 5-3-11。

单手垫球

图 5-3-11　单手垫球

（五）跨步垫球

跨步垫球是指判断来球的轨迹，及时向前或向侧方跨出一大步，屈膝制动，重心落在跨出腿上，上体前倾，臀部下降，两臂插入球下方，垫击球的中下部，如图 5-3-12。

跨步垫球

图 5-3-12 跨步垫球

易犯错误与纠正方法

①垫球时脚下移动慢,没有对准来球导致垫球失误。

纠正方法:加强脚步移动练习,提高反应速度和移动能力或在练习时,设置不同方向和速度的球,让球员练习迅速调整位置和角度垫球。

②垫球时屈肘,没有做好准备姿势导致垫球力量不足或方向偏移。

纠正方法:明确垫球时手臂应伸直的动作要领或通过徒手模仿和固定球练习,让球员掌握正确的垫球姿势和发力方式。

③垫球时用力不当,导致球的方向和力度控制不准确。

纠正方法:强调垫球时应根据来球的速度和力量调整自己的用力大小,通过多球练习让球员逐渐掌握垫球时的用力技巧。

三、传球

传球是排球比赛中非常重要的一环,对于球队的胜利至关重要。传球不仅需要传手的技术娴熟,还需要与队友的默契配合。传球技术的动作特点主要是利用全身协调力量通过手指手腕的弹力,将球传至一定目标的击球动作。

(一)正面双手传球

正面双手传球

在正面传球时,首先要注意准备姿势,看清来球,迅速移动至球的落点,对正来球,两脚左右开立约同肩宽,左脚稍前,右脚脚跟稍提起,两膝微屈,上体稍前倾,两手自然抬起,屈肘放松置于脸前成传球手形,眼睛注视来球方向。其次要掌握好击球点,通常在前额上方约一球距离处。当球接近时,蹬地、伸膝通过手指的弹力、手臂和身体协调的力量将球传出,如图 5-3-13。传球时手腕稍后仰,两手自然张开,手指微屈成半球状,两拇指相对成"一"字形,两拇指间的距离不能过大,以防漏球。

图 5-3-13 正面传球

（二）背向传球

向后上方的传球动作称为背向传球（简称背传）。在比赛中采用背传可以变化传球方向和路线，迷惑对方，组成多变的进攻配合。背传的准备姿势比正面传球稍直立，身体重心在两脚之间。判断来球，移动到球下，双手抬起。手触球，手腕适当后仰，掌心向上，在额上方击球下部。传球时，蹬地、上体后仰、挺胸、展腹、抬臂，用手指的弹力将球向后上方送出，如图 5-3-14。

背向传球

图 5-3-14　背向传球

（三）侧传球

身体侧对目标向体侧传出球的传球动作叫侧传球。以向右传球为例，采用稍蹲准备姿势，迎球时蹬地抬臂，重心稍右移。击球点在额右前上方，传球手型同正面传球，全身协调用力，上体和手臂向右侧伸展，左侧手臂动作速度和幅度以及用力的距离大于右侧手臂，如图 5-3-15。

侧传球

图 5-3-15　侧传球

易犯错误与纠正方法

①击球点过高、过低、太前、太后或偏左、偏右。

纠正方法：清楚技术动作的概念，加强训练移动步法和判断力，找好击球点，可以通过两人一组的练习，强调保持正确的击球点传球，帮助球员养成正确的习惯。

②传球时伸手过早或过晚。

纠正方法：要加强判断力，清楚理解传球的迎击和伸送动作，可以通过两人对传练习，体会出手时间。

③身体动作不协调，先蹬腿后传球或先传球后蹬腿。

纠正方法：需要多做传球和反复进行对墙传球练习，体会蹬地、展体、伸臂的协调用力动作。

④手型不正确，大拇指朝前，两手分得太开或一高一低。

纠正方法：需要多做徒手传球模仿动作和传球、对墙传球等练习，以形成正确的肌肉记忆。

四、扣球

扣球是排球运动中的一项重要技术，也是排球基本技术中最难掌握的技术。扣球是队员跳起在空中将高于球网上沿的球有力地击入对方区域内的一种击球方法。它不仅是得分、得权的重要手段，也是最积极、最有效的进攻武器，还是一个队实力强弱的具体体现。

（一）正面扣球

以两步助跑，右手扣球为例。采用稍蹲准备姿势，站在离球网 3 米左右处，观察判断来球的方向和弧度。助跑时，左脚先向前迈一小步，接着右脚迅速跨出一大步，左脚及时并上，踏在右脚之前，两脚尖稍向内转，准备起跳。起跳时，两膝弯曲稍内扣，上体前倾，在两脚迅速用力蹬地的同时，两臂由体侧做弧线向上的摆臂运动。上体稍向右转，右臂向后上方抬起，身体呈反弓形，挥臂时以迅速转体收腹动作发力，依次带动肩、肘、腕部呈鞭打动作向前上方挥动。击球时，以掌心为击球中心，击球的后中部，主动用力屈腕向前推压，如图 5-3-16。

正面扣球

图 5-3-16　正面扣球

（二）调整扣球

扣由后场调整至网前的球为调整扣球。调整扣球难度较大，要求扣球队员能适应来自后场不同方向、弧度、速度的球，以灵活的步法和空中动作，及时调整好人、球、网的关系，运用不同的手法，控制扣球力量、方向、路线和落点。

调整扣球

（三）扣近体快球

在二传队员体前或体侧 50 厘米左右扣出的快球统称为近体快球。扣近体快球时，应随一传队员助跑至网前。当二传队员传球时，扣球队员在其体前或体侧近网处迅速起跳，起跳后要快速挥臂，将刚刚传出网带的球扣入对方场区。击球时利用收胸动作带动前臂和手腕迅速鞭打甩动，以全手掌击球的后上部。

扣近体快球

易犯错误与纠正方法

①助跑起跳前冲，击球点保持不好，导致击球位置不准确，影响扣球效果。

纠正方法：可以多做徒手助跑起跳练习，采用限制性练习，如在地上标明起跳点和落地点，防止前冲，同时可以进行扣固定球或助跑起跳接球练习，以加强击球点的稳定性。

②击球手法不正确，手未包满球不旋转，导致球速变慢，球路不稳定，降低扣球的攻击性。

纠正方法：可以进行低网自抛自扣练习，以体会手腕推压、鞭甩击球动作，同时通过击固定球练习，可以逐渐掌握手包满球的技术要领。

③挥臂没有鞭甩动作，导致力量传递不畅，影响扣球的力量和速度。

纠正方法：需要反复进行徒手挥臂练习，强调发力顺序和手臂放松，可以使用羽毛球、网袋等物品进行挥臂鞭甩练习，以提高鞭甩动作的熟练度和准确性。

五、拦网

拦网是排球运动中的一项重要技术，指防守方队员靠近球网，将手伸向高于球网处，阻挡对方扣球或攻击性传球，使其出界或被拦回，以达到防守反击的目的。拦网是防守反击的第一道防线，也是主要得分的手段，具有积极主动和攻击性的特点。

（一）单人拦网

单人拦网

单人拦网是排球运动中的一项技术，指的是只有一名队员在网前进行拦网防守。这种拦网方式主要用于对付对方强力扣球，或者是对方进攻较弱的情况。在单人拦网时，要求队员有较高的弹跳和身高，能够在网前有效地阻止对方的进攻。

面对球网，两脚平行开立与肩同宽，距中线 30~40 厘米处，两膝稍屈，两手弯曲，置于胸前，密切注视对方扣球员的动向，随时准备起跳和移动。为了选择有效的拦网起跳点，队员需要运用适当的移动步法，如并步或交叉步。移动的目的是对准对方的扣球点，确保能够准确地拦下对方的球。起跳时，降低重心，两膝弯曲，用力蹬地使身体垂直起跳。起跳的高度和时机是单人拦网成功的关键。在空中，准确判断球的飞行路线，两手从额前平行球网向网上沿前上方伸出，两臂平行，两肩尽量上提，两臂尽力过网伸向对方上空，两手接近球时自然张开，手触球时两手要突然紧张，用力屈腕，主动盖帽捂住球。拦网后，需要保持身体平衡，双脚落地缓冲。

（二）双人拦网

双人拦网

双人拦网是排球运动中集体拦网的主要形式，由两名队员配合进行，主要用于在对方扣球进攻力强、路线变化多或采用轻扣和轻吊时进行有效防守。双人拦网有一名主拦队员和一名配合队员。主拦队员需抢先移动到对正扣球点的位置，做好起跳的准备。配合队员则迅速移动靠近主拦队员，准备同时起跳。两队员之间的距离必须适中，太远会出现“空门”，太近则可能互相干扰导致跳不高。起跳时，两人的手臂应在体前划小弧度向上摆伸，尽量垂直向上起跳，以避免互相碰撞或干扰。拦网动作与单人拦网类似。当扣球靠近边线时，靠边线近的拦网队员的外侧手应适当内转，以防打手出界。

易犯错误与纠正方法

①起跳时间掌握不当，导致拦网失败。

纠正方法：通过反复练习起跳动作，掌握正确的起跳时间和起跳高度，可以设置不同高度的障碍物，让队员在不同高度下进行起跳练习，以提高起跳的准确性和稳定性。

②手臂动作不正确，影响拦网效果，甚至导致触网犯规。

纠正方法：强调手臂伸直、手指并拢等动作要领，通过示范和练习让队员逐渐掌握正确的手臂动作，可以利用墙壁或拦网架进行手臂动作的练习，让队员逐渐适应并习惯正确的拦网姿势。

③配合不默契，导致拦网效果不佳。

纠正方法：在双人或多人拦网时，强调队员之间的配合和默契，可以通过模拟比赛场景进行配合练习，让队员逐渐适应并熟悉彼此的动作和节奏。

任务三　学习排球运动的基本战术

排球的基本战术是指在排球比赛中，为了战胜对手或取得预期的比赛效果，根据排球比赛规则和双方的具体情况，预先制定和运用的比赛方法和手段。排球战术是一个复杂且多样的体系，包括了个人战术和集体战术。

一、个人战术

个人战术方面，主要涉及运动员在比赛中的技术运用和动作选择。例如，扣球手可能会选择使用不同的扣球技术，根据对方的防守情况和场上形势来调整自己的进攻方式。同样，防守队员也会根据对方的进攻特点来选择最合适的防守方式。发球时，运动员可以根据对方的接发球能力，选择发出具有不同速度、力量和旋转的发球，以破坏对方的接发球节奏。

个人战术并不是孤立的，它与集体战术紧密相连、相互依存。只有在集体战术配合的基础上，个人战术的积极作用才能得到充分发挥；也只有充分发挥个人战术的积极作用，集体战术才能丰富多彩、提高效能。运动员在训练中不仅要注重个人技术的提高，还要加强集体战术的配合训练，使个人战术与集体战术相得益彰，共同为球队的胜利贡献力量。

二、集体战术

（一）集体进攻战术

集体进攻战术是排球比赛中至关重要的战术体系，通过全队或几个队员之间的有组织、有目的的配合，突破对方的防守或克制对方的进攻。

1.“中一二”进攻战术

3 号位队员作二传，将球传给 4 号位或 2 号位队员进行进攻。优点在于一传向网中 3 号位垫球相对容易，且战术变化多，能充分利用网的全长以及进攻队员的身高和弹跳优势，如图 5-3-17 所示。

2.“边一二”进攻战术

前排 2 号位或 4 号位队员充当二传手，其他两名队员作为攻手。二传手在 2 号位组织进攻。这种战术的特点在于进攻队员的位置调整较为灵活，能有效利用场地宽度，分散对方的拦网力量，如图 5-3-18 所示。

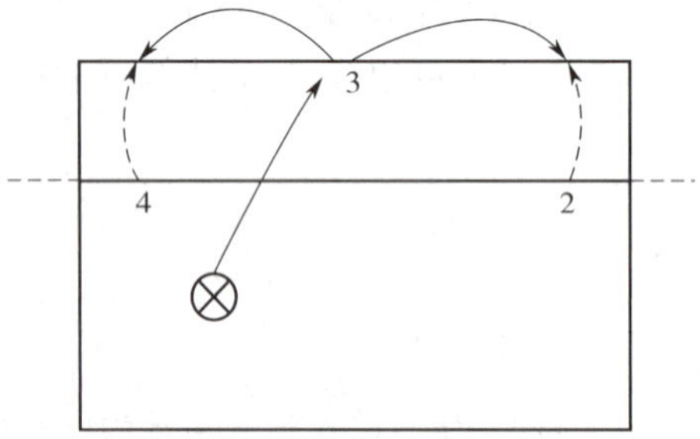

图 5-3-17　“中一二”进攻战术

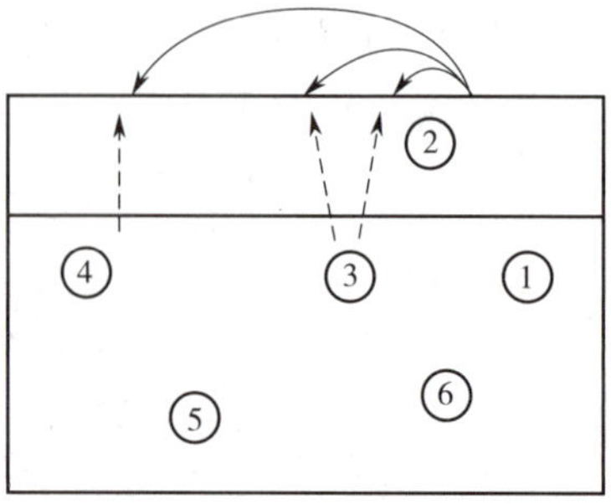

图 5-3-18　“边一二”进攻战术

排球比赛中还有许多其他战术变化，如“两次球”及其转移进攻、后排进攻等。这些战术的灵活运用，能够丰富球队的进攻手段，提高进攻效果。

（二）集体防守战术

集体防守战术是排球比赛中不可或缺的一环，要求队员们通过协同配合，有效阻挡对方的进攻，为本队创造反击机会。

1. 盯人防守

盯人防守是一种常见的防守策略，每个队员都有明确的盯防对象，即负责防守对方的一名进攻球员。队员需要紧盯对方的动作，随时准备应对其进攻。队员之间需要保持密切的沟通和配合，确保没有防守空当。

2. 区域防守

区域防守中，队员们按照球场上的区域进行分工，各自负责守护特定的区域。这种战术适用于对方进攻点较为分散的情况。队员们需要密切关注球场上的动态，及时做出防守动作。队员之间的配合和联动至关重要，确保球一旦进入本队的防守区域，能够迅速做出反应。

3. 后排防守

后排防守主要是针对对方的吊球、轻扣等低弧度进攻。后排队员需要具备较高的反应速度和预判能力，准确判断球的落点，并及时移动到正确的防守位置。后排队员还需要与前排队员保持默契的配合，确保防守的连贯性和有效性。

除了上述防守战术外，还有一些其他战术变化，如三人拦网、多人协同防守等。这些战术可以根据比赛形势和对手特点进行灵活运用，以提高防守效果。

任务四　了解排球运动的主要规则

排球运动的基本竞赛规则，包括比赛场地与器材、比赛形式与球员配置、犯规、暂停和换人、后排防守自由人队员的相关规定等。

一、比赛场地与器材

（一）比赛场地

排球比赛场地是一个长方形的区域，其长度为 18 米，宽度为 9 米，四周设有至少 3 米宽的无障碍区。

（二）器材

（1）球网：球网是垂直置于场地中央上空的设施，用于分隔比赛双方。其标准长度为 9.5~10 米，宽度为 1 米，网孔为 10 厘米 ×10 厘米。球网的高度根据性别和比赛类别的不同而有所差异，成年男子组比赛网高为 2.43 米，成年女子组为 2.24 米。

（2）网柱：网柱是支撑球网的设施，一般为两根高 2.55 米的圆柱，可以调节高度，最好固定在边线外 0.5~1 米的中线延长线上。网柱应光滑、无拉链，并排除一切危险设施或障碍物，防止运动员受伤。网柱外部通常包裹海绵类物品，增加安全性。

（3）比赛用球：国际比赛专用的排球是 5 号球，其周长为 65~67 厘米，重量为 260~280 克，气压为 0.30~0.325 千克/平方厘米。这样的规格设计既保证了球在空中的飞行稳定性，又使得球员能够轻松地掌控球的方向和力度。

二、比赛形式与球员配置

（一）比赛形式

排球比赛通常采用五局三胜制，每局先得 25 分并领先对方至少 2 分的队伍获胜，决胜局（第五局）先得 15 分并领先对方至少 2 分的队伍获胜。

（二）球员配置

每队由六名球员组成。比赛开始时，每队各有六名球员在场内，包括前排三名球员和后排三名球员。

三、犯规

(一)发球犯规

(1)发球次序错误:每个球由哪个位置的球员发球都有规则,不能打乱次序。

(2)发球队员未按时将球发出:裁判员哨响后的 8 秒内,发球队员必须完成发球动作。

(3)发球位置不当:发球队员发球时必须站在发球区域内。

(4)发球动作违规:双手击球、单手将球抛出或推出,或者球未被抛起就击球等。

(二)位置错误犯规

发球击球瞬间,双方任何一方队员不在规则规定的位置上,则构成位置错误犯规。

(三)击球时的犯规

(1)四次击球犯规:一个球队连续击球 4 次(拦网一次除外),为 4 次击球犯规。

(2)持球犯规:球必须击出,不得接住或抛出,击出的球可以向任何方向弹出。

(3)连击犯规:一名队员连续击球两次或球连续触及身体的不同部位为连击犯规(拦网一次和第一次击球时除外)。

(4)借助击球犯规:球员在比赛场地以内借助同伴或任何物体的支持进行击球,为借助击球犯规。

(四)队员在球网附近的犯规

(1)过网犯规:对方进行进攻性击球前或击球时,在对方空间触及球或对方队员,构成过网犯规。

(2)过中线犯规:比赛进行中,在不影响比赛的情况下,队员脚以上身体任何部位越过中线触及对方场区,都不算犯规,整只脚越过中线并触及对方场区,则为犯规。

(3)网下穿越进入对方场区并妨碍对方比赛:网下穿越进入对方场区的队员,若妨碍了对方比赛,则犯规,反之则没有犯规。

(4)触网犯规:队员的击球行为触及标志杆以内的球网部分为触网犯规。

(五)拦网犯规

(1)过网拦网:对方进攻性击球前或击球时,在对方空间拦网触球为过网拦网犯规。

(2)后排队员拦网:后排队员靠近球网,将手伸向高于球网处阻拦对方来球,并触及球,为后排队员拦网犯规。

(3)拦发球:拦对方发过来的球为拦发球犯规,只要队员在球网附近,手高于球网上沿阻拦对方发过来的球,不论拦起、拦死,只要触球即为犯规。

(六)进攻性击球犯规

后排队员在前场区内或踏及进攻线(或其延长线),击整体高于球网上沿的球并使球的整体由过网区通过球网垂直面或触及对方拦网队员,为后排队员进攻性击球犯规;对处于前场区内对方发过来的并且整体高于球网的球,完成进攻性击球为犯规。

四、暂停和换人

(一)暂停

排球比赛赛制为五局三胜制,前四局中当一方先达到 8 分或 16 分时进入技术暂停,技术暂停时间为 1 分钟,每队在一局中还有两次暂停机会,每次暂停 30 秒。因此,前四局中每局最多可有 6 次暂停,总时长最多为 4 分钟。

（二）换人

排球比赛的每一局中，每队可以请求 6 人次换人，每次换人时不限制换人人数，但每人只能被换上或换下 1 次。

五、后排自由防守队员的相关规定

（1）后排自由防守队员不能担任队长和场上队长。世界大赛中每队队员可增至 14 名，但超出 12 名的队员必须是后排自由防守队员。

（2）后排自由防守队员必须穿与其他队员不同颜色（或不同款式）的上衣。

（3）后排自由防守队员可以在比赛中断或裁判员鸣哨发球前，从进攻线和端线之间的边线处自由进出，换下任一后排队员，不需要经过换人过程，也不计在正常换人次数内，其换上换下次数不限，但在其换上换下两次之间必须经过一次发球比赛过程。

（4）后排自由防守队员不得发球、拦网和试图拦网。

（5）后排自由防守队员在任何地区（包括比赛场区和无障碍区）都不得将高过球网上沿的球直接击入对方场区。

（6）后排自由防守队员在前场区及前场区外无障碍区进行上手传球，当传出的球的整体高于球网上沿时，其他队员不得进行进攻性击球。当在后场区及后场区外无障碍区上手传出的球高于球网上沿时，其他队员可以进行进攻性击球。

任务实施

步骤一　确定任务背景与目标

排球运动在大学校园中拥有广泛的群众基础和深厚的文化底蕴，可以丰富校园文化生活、促进校园体育的健康发展。其独特的魅力在于高度的团队协作性、精确的技巧要求和激烈的竞技氛围。排球比赛考验运动员的身体素质和技术水平，强调团队之间的默契配合和战术运用。通过本章节的学习可以提高大学生的排球运动水平、培养团队合作精神和竞技精神。通过本项目的实施，推动校园体育活动的多样化发展，提升校园体育的整体水平，为培养德智体美劳全面发展的人才做出贡献。

步骤二　明确具体动作技术规则

1. 基本规则

（1）排球比赛采用五局三胜制，每球得分制。

（2）排球比赛场上位置分为 1~6 号位，按照顺时针顺序轮换发球。

（3）排球场地包括比赛场区和无障碍区，为长 18 米、宽 9 米的长方形。

2. 犯规

（1）排球比赛中，球员必须在裁判鸣哨后 8 秒内将球发出。

（2）排球比赛中，每名球员不得连续击球 2 次，若发生则犯规，对方球队得 1 分。

（3）排球比赛中，完成一次进攻或防守，每队全队击球次数不得超过 3 次，若超过则犯规，对方球队得 1 分。

（4）身体的任何部分皆可触球，但不能有明显的停顿，超过 0.3 秒即可判为持球。

（5）比赛时身体任何部分（不含头发）触及球网都属违例，最常见的触网犯规是拦网或扣球落地前身体或手臂触碰到球网。

（6）后排队员不能参与拦网，只能在 3 米进攻线后起跳，踩到 3 米线即判后攻违例。

步骤三　制定比赛规程

1. 参赛队伍与球员

（1）每支参赛队伍上场队员为 6 人，包括前排和后排，分为主攻、副攻和二传以及后排自由人等。

（2）球员需穿着统一队服（后排自由人与其他队员不同）并印有号码，以便识别和记录数据。

2. 暂停和换人

（1）排球比赛赛制为五局三胜制，前四局中当一方先达到 8 分或 16 分时进入技术暂停，技术暂停时间为 1 分钟，每队在一局中还有两次暂停机会，每次暂停 30 秒。因此，前四局中每局最多可有 6 次暂停，总时长最多为 4 分钟。排球比赛的每一局中，每队可以请求 6 人次换人，每次换人时不限制换人人数，但每人只能被换上或换下 1 次。

3. 胜负判定

两支队伍，哪支队伍先取得三局的胜利，比赛结束，为本场比赛的获胜方。

步骤四　组织比赛进行

1. 赛前准备

（1）确定比赛时间、地点和参赛队伍。

（2）安排比赛场地、器材和裁判人员。

（3）进行赛前热身和战术布置。

2. 比赛开始

（1）双方队长进行挑边，确定场地和发球方。

（2）裁判鸣哨，比赛正式开始。

3. 比赛过程

（1）双方球队按照比赛规则进行进攻和防守。

（2）裁判根据比赛规则对球员行为进行判罚。

（3）记录员记录比赛过程中的得分等数据。

4. 比赛结束

（1）当比赛中有一方获得三局的胜利时即本场比赛结束。

（2）记录员统计比赛数据，确定胜负方。

（3）进行颁奖仪式，表彰优秀球员和队伍。

步骤五　注意事项

（1）比赛过程中，球员应遵守比赛规则，尊重裁判和对方球员。

（2）裁判应公正执法，确保比赛公平、公正进行。

（3）组织者应提前做好比赛场地、器材和人员安排，确保比赛顺利进行。

任务考核

序号	技能点	佐证	评分标准	自评（40%）	师评（60%）
1	基本技术及动作要领	准备姿势	5		
2		移动	5		
3		发球	5		
4		垫球	5		
5		传球	5		
6		扣球	5		
7		拦网	5		
8	基本战术	个人进攻战术	5		
9		个人防守战术	5		
10		集体进攻战术	10		
11		集体防守战术	5		

续表

序号	技能点	佐证	评分标准	自评(40%)	师评(60%)
12	主要规则	比赛场地与器材	5		
13		比赛形式与球员配置	5		
14		暂停和换人	5		
15		犯规	5		
16		后排防守自由人队员的相关规定	5		
17	理解错误纠正	易犯错误与纠正方法	15		

思考与讨论

1. 简述排球的基本技术与战术。
2. 简述排球的主要规则。
3. 讨论排球运动员需要具备哪些身体素质和技能。
4. 请结合本章节的学习以及自身的经验或观察到的实例，分享提升排球运动水平和技能的途径和方法？

知识拓展

排球运动

模块六 小球类运动

项目一 羽毛球运动

知识导图

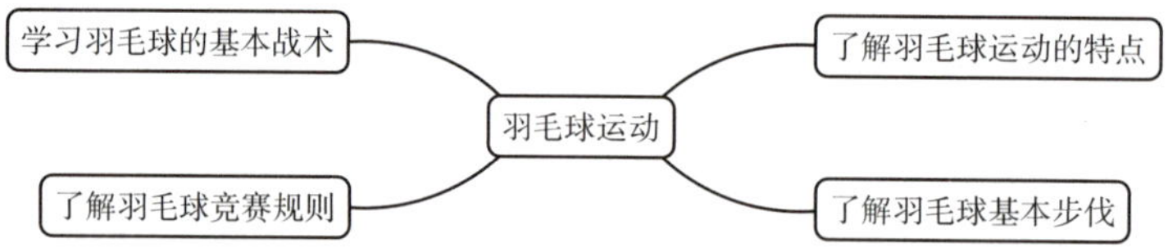

高素质技能型人才培养目标

知识目标	能力目标	素养目标
1. 学习羽毛球比赛的基本规则；了解羽毛球运动的常用术语，以便在未来的工作中能够准确执行裁判任务或参与组织羽毛球赛事； 2. 了解羽毛球运动的发展历史，增强对羽毛球运动的兴趣和认同感； 3. 掌握羽毛球运动的基本战术与策略，提高比赛中的应变能力和竞技水平，为未来的教学和训练工作提供理论支持	1. 提高羽毛球运动的基本技能：掌握正确的握拍方法、步伐移动技巧、击球动作等； 2. 培养羽毛球运动的竞技能力：通过参与比赛和对抗训练，提高快速反应能力、判断能力和协调能力； 3. 提升身体素质和体能水平：通过羽毛球运动的训练和比赛，提高身体的柔韧性、力量、速度和耐力；培养良好的运动习惯和锻炼意识，促进身心健康	1. 培养良好的职业道德和敬业精神：遵守职业道德规范，尊重对手、裁判和观众，诚信参赛，公平竞争，展现良好的职业风范； 2. 培养强烈的团队协作意识和良好的沟通能力：培养团队协作能力，提高沟通表达能力； 3. 培养坚定的体育精神和良好的心态：面对挑战和困难时保持积极向上的心态，勇于挑战自我、超越自我，注重培养坚韧不拔的体育精神

羽毛球运动起源于14~15世纪时的日本，最初的羽毛球拍是用木头制作而成，樱桃核插上羽毛做成羽毛球，这便是当今羽毛球运动的雏形。由于这种球的球托是樱桃核太重，球飞行速度太快，使得球的羽毛极易损坏，加上球的造价太高，不久后便逐渐消失在人们的视野中。约18世纪，印度开始出现了一种与日本最初的羽毛球运动相似的游戏。他们的球用直径为6厘米的硬纸板做成，中间设有小孔，在羽毛的衬托下，变成了羽毛球，与我国的毽子类似。当时，印度称这项运动为“普那”。现代羽毛球运动起源于印度，形成于英国。约在1870年，英国出现了用羽毛、软木做成的球和穿弦的球拍。1873年，英国公爵鲍弗特在格拉斯哥郡的伯明顿庄园里进行了一次羽毛球游戏，当时的场地是在一个葫芦形的绿地中，中间狭窄处挂网。从此，羽毛球运动便逐渐开展起来。“伯明顿”成为羽毛球的名字，英文写法是“Badminton”。直至1901年，才改

为长方形的场地。

视频

羽毛球运动的起源与发展

思政园地

羽毛球运动中的思政之光

任务一　了解羽毛球运动的特点

1. 娱乐性强

羽毛球运动是一项充满娱乐性的体育运动，参与者在球的对击过程中，通过技术和战术的运用，不停地调动对方，成功击球、劈杀对方。球在飞行中有速度的快慢、力量的大小、路线的高低远近等变化，使得这项运动本身充满了乐趣。

2. 观赏性高

由于羽毛球运动技术千变万化，使羽毛球运动有很高的可观赏性。高水平的比赛，上网技术如猛虎下山，跳起击球似蛟龙出水；身如满弓的扣杀动作，犀牛望月似的抢扑救球；进攻时似高屋建瓴、势如破竹；防守时的绵绵细雨、固若金汤。一切都展示着羽毛球运动的力与美，使观赏者像吟读一首动人的诗，如浏览一幅悦目的画，令人心旷神怡，流连忘返。

3. 健身性强

羽毛球是一种有氧供能和无氧供能相结合的全身运动。无论是进行有规则的羽毛球比赛，还是作为一般性的健身活动，都要在场地上不停地进行脚步移动、跳跃、转体、挥拍，合理地运用各种击球技术和步法将球在场上往返对击，从而增大上肢、下肢和腰部肌肉的力量，加快锻炼者全身血液循环，增强心血管系统和呼吸系统的功能。高强度运动时运动员的心率可达到每分钟 160~180 次，低强度运动时运动员的心率也可达到每分钟 100~130 次。经常从事羽毛球运动的人，可以提高上下肢及躯干的活动能力，改善呼吸系统和心血管系统的功能，提高灵活性、协调性，调节神经系统提高其抗乳酸能力，起到增进健康、抗病防衰、调节身心的作用。

4. 调节心理、磨炼意志

羽毛球运动因竞争性、对抗性、高强度等诸多因素的要求，使得运动员的意志品质在该项运动中占有非常重要的地位。打羽毛球既要揣摩对方的战术意图，又要对自己的战术进行选择，还要把握好进攻时机，因此经常从事羽毛球运动的人思维敏捷。由于比赛的紧张，竞争的激烈，可使心理素质和意志品质得到很好的锻炼，在竞争中强化进取精神，使人的智、勇、技在竞争与对抗中得到升华，在羽毛球活动中应付自如，做到临危不乱，泰然处之，既增长了智慧，又调节了心理，磨炼了意志。

任务二　学习羽毛球的基本技术

一、握拍方法

羽毛球的握拍根据个人习惯，分为左手握拍和右手握拍。下面以右手握拍为例介绍握拍方法，握拍的准确与否对羽毛球技术的应用有着极大的影响。

握拍

1. 正手握拍法

如图 6-1-1，右手拿住拍柄，使拍面与地面垂直；虎口对准球拍宽面和窄面中间的内侧棱线，拇指第一关节处和食指的第二关节分别贴在拍柄的两侧宽面上，中指、无名指和小指自然并拢紧贴拍柄，虎口空、掌心空、食指和中指要有一定的距离，拍柄底部和手掌小鱼际平齐相吻合。

2. 反手握拍法

如图 6-1-2，在正手握拍的基础上，将拍柄稍向外转，拇指第一关节紧贴在拍柄的内侧宽面上，食指、中指、无名指以及小指自然握住球拍，食指和中指略微分开，手心和拍柄之间留有空隙。也可以根据回球角度的需要，将拇指贴在拍柄的内侧棱线上，这种握拍方式能增加回球线路的变化。

图 6-1-1　正手握拍法

图 6-1-2　反手握拍法

二、步法

根据步法的动作结构，羽毛球通常有以下一些基本步法。

1. 垫步

右（左）脚向前（后）迈出一步后，紧接着另一脚向同一方向再迈一步为垫步。垫步一般用作调整步距。

2. 交叉步

左右脚交替向前、向侧或向后移动为交叉步。经另一脚前面超越的为前交叉步，经另一脚跟后超越的为后交叉步。

3. 小碎步

以小的交叉步移动称为小碎步。小碎步步幅小，步频快，一般在起动或回动起始时用。

4. 并步

右脚向前（或向后）移动一步时，左脚即刻向右脚并一步，紧接着右脚再向前（向后）移一步，称为并步。

5. 蹬转步

以一脚为轴，另一脚向后或向前蹬转迈步为蹬转步。

6. 蹬跨步

在移动的最后一步，左脚用力向后蹬的同时，右脚向球的方向跨出一大步，称为蹬跨步。蹬跨步多用于上网击球，向后场底线两角移动抽球时也常被采用。

7. 腾跳步

起跳腾空击球的步法为腾跳步。它可分为两种：一种是在上网扑球或向两侧移动突击杀球时，以领先的脚（或双脚）起跳，作扑球或突击杀球；另一种是对方击来高远球时，用右脚（或双脚）起跳到最高点时杀球。

三、发球

羽毛球发球技术分为正手发球和反手发球两种方式，根据比赛战术的需要，运动员可采用不同的发球技术，通过对球的速度、弧度、落点等要求可以发高远球、发平快球、发平高球和发网前球。下面以右手握拍为例，介绍发球技术。

发球

（一）正手发球

1. 正手发高远球

如图 6-1-3 选做准备姿势，身体靠中线距离前发球线约 1 米，两脚呈丁字步站立，左脚前脚尖指向球网，右脚后脚尖指向右斜前方。左肩正对球网，身体重心在右脚上。右手正手握拍自然屈肘立腕举于身体右侧，左手拇指、食指和中指持球于胸前，右臂向右上方引拍，右脚蹬地转髋面向球网，身体重心移至左脚，右前臂向侧下方挥拍，手腕后伸拍面正对球，击球后右前臂继续内旋随挥至左肩上。

图 6-1-3　正手发高远球

2. 正手发平高球

平高球是一种比高远球低，速度比高远球快，更具有攻击性的发球技术，整个动作过程和发高远球大致相同，但是在击球瞬间，拍面角度与地面大约成 45° 的夹角，通过小臂带动手腕快速抖动发力将球击出，平高球的飞行弧度以对方起跳无法拦截为最佳。

3. 正手发网前球

身体侧对球网，左脚在前，右脚在后，右手持拍向右后方举起，肘部放松微屈，左手拇指、食指和中指夹球托，拍面从右向左斜切球托，往前推送击球，使球刚好擦网而过，落在对方前发球线以内。

（二）反手发球

1. 反手发平快球

先做准备姿势，采用反手握拍方式，右脚在前，左脚脚跟抬起，重心放在右脚上。左手食指和拇指捏球的边缘，中指、无名指和小指自然展开，将球置于身体左前方，球不过腰，球托斜向下，朝向球拍。身体略前倾，前臂带动手腕，迅速向前上方推送球拍。球拍摆动幅度小，但要具有爆发力。

2. 反手发网前球

如图 6-1-4 先做准备姿势，靠近前发球线，两脚前后开立，右脚在前，左脚在后并提起脚跟，身体前倾重心落在右脚的前脚掌上。右手反手握拍置于腹前，左手持球放置拍前，不要超过腰部高度。持拍手稍后引，小臂带动手腕通过大拇指发力向前推送击球，使球落在对方前发球线以内。

图 6-1-4　反手发网前球

易犯错误与纠正方法

①发球高度不够或过高。发球时，球的高度不够，容易被对方直接扑杀；或者发球过高，给对方提供了充分的反应时间。

纠正方法：掌握正确的发球姿势，确保球拍面与地面垂直，发力时要用手腕、手指的力量，而不是仅仅依靠手臂；练习发球时，注意控制球的高度和弧度，使球能够越过网带并恰好落在对方场地的后场区域。

②发球路线单一。发球时总是选择相同的路线和落点，容易被对方预判并直接得分。

纠正方法：学习并掌握多种发球技巧，平高球、高远球、网前球等，丰富发球路线和落点；在比赛中根据实际情况灵活选择发球方式，使对方难以捉摸。

四、接发球

（一）接发球的站位和姿势

1. 单打站位和姿势

单打应站立于离前发球线 1.5 米处，在右发球区要站在靠近中线的位置，在左发球区则站在中间位置，以防备对方直接进攻反手部位。姿势一般为左脚在前，右脚在后，屈膝微蹲，后脚脚跟稍抬起；身体半侧向球网，球拍举在身前，两眼注视来球。

2. 双打站位和姿势

由于双打发球规则与单打不同，所以接发球时要站在靠近前发球线的地方。双打接发球准备姿势和单打的接发球姿势基本相同，但身体前倾较大，身体重心可以放在左脚上，球拍举得高些，便于在最高点击球。

（二）接发各种来球

接高远球或平高球时，可用高远球、平高球、吊球或杀球还击；接网前球时，可用放网前球、平推球、挑球等技术还击，如对方发球质量不好，也可用扑球还击；接平快球时，可用杀球技术还击，以快制快，如发球方发球质量不高，可通过直接下压夺取主动。

易犯错误与纠正方法

①接发球站位不当。接发球时站位过于靠后或过于靠前，导致无法及时回击或回球质量不高。

纠正方法：了解并掌握接发球的基本站位原则，根据对方的发球方式和自己的技术水平选择合适的站位；在比赛中根据对方的发球变化及时调整自己的站位，保持最佳的接发球状态。

②接发球反应慢。接发球时反应迟钝，无法及时回击对方的发球。

纠正方法：加强反应速度训练，进行多球训练、反应球训练等，提高身体对球的反应速度；注意保持专注力，眼睛始终盯住对方的球拍和球，提前预判对方的发球路线和落点。

五、击球

击球技术是羽毛球运动的基础，按照羽毛球场地的区域划分为前场击球、中场击球和后场击球。通常会根据来球的位置、方向等采用正手击球和反手击球两种。下面以右手持拍手为例，介绍击球技术。

（一）前场击球

1. 放网前球

放网前球指的是运动员将对方击到本方中、前场的球，用拍面轻击球托的底部，使球直线越过球网落在对方近网区域的一种击球技术方法；通常有接杀球，接吊球放网，接对方发网前球时的放网，和将对方运用搓球、勾对角线球击到网前的来球等；可分为正手放网前球和反手放网前球两种。

（1）正手放网前球（如图 6-1-5）：用正手握拍，以正拍面将网前低手位置的球击至对方网前区域，称为正手放网前球。击球前的准备姿势和击球后的回收动作均与正手搓网前球相同。击球时握拍手完全放松，拍面几乎呈仰平面（相对球托而言）置于球托下，用手指力量轻轻地向上“抬击”球托的底部，使其跃网而过，贴网下落。

（2）反手放网前球（如图 6-1-6）：击球前的准备姿势和击球后的回收动作均与反手搓网前球相同，击球时主要靠拇指、食指的力量，轻轻向前上方抖动手腕发力切击球托底部。

图 6-1-5　正手放网前球

图 6-1-6　反手放网前球

2. 搓球

搓球是网前基本技术之一，高质量的搓球不仅能控制前场的主动，还能迫使对方只能挑球，为自己创造更多的进攻机会，时常会直接得分。搓球分为正手搓球和反手搓球两种。

（1）正手搓球技术（如图 6-1-7）：根据来球方向，身体向右侧的来球方向移动，站位移到合适位置时，右脚向前蹬地，同时持拍手于胸前向来球方向伸出。在伸拍的同时，左手自然后置，与右手反方向平行以保持身体平衡。右前臂外旋，手腕外展，在身体的右前方做引拍动作。将击球点选在位于球网顶端 10~30 厘米的位置。前臂稍外旋，手腕稍内收闪动，用食指、拇指夹住球拍，利用手腕和手指的力量搓切来球的右下底部，使球旋转翻滚过网。

图 6-1-7　正手搓球

（2）反手搓球（如图 6-1-8）：击球时，主要利用前臂前伸、手腕内收和手指的力量，向前切击球托，反手挑搓时，主要利用肘关节带动手腕稍作外展，利用手指捻动球拍，使拍面由上而下、再向上挑搓球托的底部。

图 6-1-8　反手搓球

3. 扑球

扑球是指当来球在网顶的上方时,以最快的速度上网扑压的技术动作,扑球技术分为正手扑球和反手扑球,在实战中出手快抢在网顶最高点击球,是一种网前威胁较大的进攻技术。

(1)正手扑球(如图 6-1-9):根据战术的需要,网前正手扑球还分为点扑、抹扑等。先做准备动作,右脚蹬步上网,身体右侧前倾,手举球拍于右肩上方,肩肘固定利用手腕由后伸到前屈的收腕力量,带动球拍向下扑球。点扑时,用球拍顶部的位置击球,手腕向后展腕,自上而下击球,动作要快,幅度要小,要能收住快速击球动作的惯性,这样是为了防止击球触网。抹扑时,扇形挥拍方式正手抹扑,拍面略立起来,稍高于网,抢到高点之后,纯靠手腕发力,挥拍时拍面由右而左或由左向右扇形抹,放松、快速地平抹即可。

图 6-1-9 正手扑球

(2)反手扑球(如图 6-1-10):首先转换反手握拍,持于左侧前;当身体跃起或蹬跨上网时,球拍随前臂前伸而举起,手腕微屈,拇指顶压在拍柄侧面上,其他四指自然并拢,拍面正对来球;击球时,手臂由屈至伸,手腕由微展至后伸并用力闪动,拇指顶压,加速挥拍扑击,击球后,球拍随手臂回收至体前。

图 6-1-10 反手扑球

4. 挑球

挑球是指在被动的情况下,利用挑球技术回击对方的吊球、网前球等。通过挑球的弧线争取回位的时间,以做好防守准备。挑球分为正手挑球和反手挑球两种。

(1)正手挑球(如图 6-1-11):先做准备姿势,正手握拍持拍于身前,左脚蹬地右脚向来球方向跨步,同时伸拍到球下;左脚在后,侧身对准来球方向,重心在右脚上;同时,右臂向后摆,自然伸腕,使球拍后引,然后以肘关节为轴,屈臂内旋,握紧球拍用食指及手腕的力量将球向前上方击出。

图 6-1-11　正手挑球

（2）反手挑球（如图 6-1-12）：先做准备姿势，迅速将球拍由正手握拍转换反手握拍，左脚蹬地，同时右脚向左前方跨出脚尖指向来球方向，重心放在右脚上；同时，右肩向网屈肘引拍至左肩，然后以肘关节为轴，握拍经体前由下往上，用拇指第一指节压住拍柄的宽面，用力将球击出。

图 6-1-12　反手挑球

5. 推球

推球技术在网前具有一定的进攻性，通过步伐的配合，利用推击的方式向对方场区底线附近击出弧线较平的击球。推球技术分为正手推球和反手推球两种。

（1）正手推球（如图 6-1-13）：判断来球路线与落点，快速移动到合适的击球位置。侧身对网，最后一步右脚向来球方向跨出成弓箭步，重心在右脚；击球瞬间，小臂前伸内旋，用腕部、手指控制拍面角度；向前快速地将球击出，使其沿边线飞向对方后场底角。

图 6-1-13　正手推球

（2）反手推球（如图 6-1-14）：判断来球路线与落点，快速移动到合适的击球位置；反手握拍将球拍放向球后，侧身对网，最后一步右脚向来球方向跨出成弓箭步，重心在右脚；击球瞬间由前臂外旋，用腕部、手指（主要是拇指用力）的力量控制拍面角度；向前快速地将球击出，使其沿边线飞向对方后场底角。

图 6-1-14　反手推球

6. 勾球

勾球技术是指将网前的对方来球，还击到与自己成对角线对方网前区域的位置；是一项技巧性难度较高的网前球技术，动作细腻，球拍的拍面和触球的力量的把握有较高要求。网前勾球技术分为正手勾球和反手勾球两种。

（1）正手勾球（如图 6-1-15）：先做准备姿势：右脚在前，左脚在后，两脚间距略比肩宽，右手握拍，自然将球拍举在胸前，身体向前微微倾斜，收腹，前臂随步法移动过程伸向前上方，并有外旋、稍向后伸手腕动作，以肘部一定的回拉动作带动上臂内旋，手腕由伸腕到收腕发力切击球托的右后侧部位，击球力量不宜过大，根据不同的来球位置，调整好击球的拍面角度。

图 6-1-15　正手勾球

（2）反手勾球（如图 6-1-16）：先做准备姿势，判断来球位置移动到来球方向；击球前的动作与正手勾球相同，前臂随步法移动过程调整为反手握拍，前臂上举，手腕前屈，手背约与球网同高，拍面低于网顶，用反手拍面迎球；上臂外旋带动手腕伸腕发力，向网前对角的斜前方切击球托的左后侧部位，击球力量的大小、击球位置的高低和击球角度的调整均与正手网前勾对角线相同。

图 6-1-16　反手勾球

（二）中场击球

1. 挡网

挡网是一种高难度的过渡球之一，一般通常不是正对球托击球，而是带有切削推送让球以稳定的弧线落入对方场区，挡网后要迅速举拍有封网意识，迫使对方起球，达到进攻目的。

（1）正手挡网（如图 6-1-17）：正手挡网前球技术多用于接对方杀球，接球前用接杀球的步法移至右场边线附近，身体右倾，手臂右伸，前臂外旋，手腕外展。击球时，前臂内旋稍翻腕带动球拍由右下向上方推送击球，把球挡向直线网前。可以在击球时前臂由外旋到内收，带动球拍由右向前切送挡直线网前。击球后，身体左转成正面对网，然后右脚上前一步，球拍随身体向左转收至体前。

（2）反手挡网（如图 6-1-18）：反手挡网前球技术同正手挡网，多用于接杀球。首先用接杀球的步法移至左场区边线，身体左转前倾，右肩对网，右肘弯曲，手腕外展，引拍至左肩前上方。击球时，借对方来球的冲力，以前臂带动球拍由左上方向左前方，用拇指的力量挥拍轻击球托，把球挡回直线网前。击球后，身体右转成正面对网，球拍随身体的移动收至体前。

图 6-1-17　正手挡网

图 6-1-18　反手挡网

2. 抽球

抽球技术具有一定的进攻性，要求击球贴网而过，并具有一定的速度，可分为正手抽球和反手抽球两种。

（1）正手抽球（如图 6-1-19）：右脚向右侧迈出一小步，上体稍向右侧倾，正手握拍，手臂向右侧上摆，屈肘，左脚跟提起。准备击球时，小臂稍后摆带有外旋，手腕由稍外展到后伸，使球拍引至后下方。击球时，小臂急速向右侧前方挥拍，并由外旋转为内旋，手腕由后伸至伸直、闪腕，手指握紧拍柄快速挥击，由后向右侧稍平地抽压过去。击球后，持拍手顺势向左侧挥摆，左脚向右前方迈步，准备迎接击球。

图 6-1-19　正手抽球

（2）反手抽球（如图 6-1-20）：右脚前交叉在左侧前，重心在左脚上，右手反手握拍在左侧前。击球前肘部稍上抬，前臂内旋，手腕外展，引拍至左侧。击球时，前臂外旋，手腕由外展到伸直，挥拍击球托的底部。击球后，球拍随身体的回动收回到右侧前。

图 6-1-20　反手抽球

（三）后场击球

高远球技术

1. 高远球

高远球是以高弧线还击到对方场区底线附近的球。高远球是羽毛球后场上手击球的基础，通常分为正手高远球和反手高远球两种，同时保持击球前动作的隐蔽性和一致性。

（1）正手高远球（如图 6-1-21）：首先侧身架拍，两脚左右开立，右脚略前于左脚，右腿膝关节微屈，重心放在右脚上；右手自然弯曲，大臂与小臂的夹角小于 90°，将球拍举在右肩上方，拍面朝前。左手自然高举略高于右手，左手肘关节略高于右手肘关节，双眼目视来球方向。击球时，右脚蹬地转身，双脚脚尖朝前，同时球拍向左下方引拍，肘关节朝右前上方。球拍倒于身后与地面垂直，身体重心顺势过渡到左脚上，小臂内旋带动手指手腕向前上挥出，身体正对正前方向，手臂伸直至身体能够承受的最高点，击球后，右手随惯性向身体左下方放松挥动，与此同时，右脚向前被动迈出，身体重心由左脚再次移动到右脚，准备下一次击球。

图 6-1-21　正手高远球

（2）反手高远球（如图 6-1-22）：击球前，将正手握拍姿势迅速转换成反手大拇指顶在内侧棱上，持拍于身体前面，利用合理的后场步伐，移动到最佳的击球位置；击球瞬间，利用小臂带动手腕、手指瞬间发力，控制击球拍面，由下至上鞭打发力将球击出。

图 6-1-22　反手高远球

2. 平高球

击球前的准备姿势与正手高远球动作相同，只是在击球瞬间的击球高度相对于高远球偏前一些，发力角度变小。以对方起跳无法拦截，落点在对方场区底线附近区域为最佳。

3. 杀球

杀球是具有进攻性的技术之一，利用对方回球不到位，主动进攻的一种手段，在击球瞬间尽量抢到最高的击球点，向斜前下方击出，使球快速落到对方场区内，进而有效地得分或主动连贯下一拍回球。杀球技术分为正手杀球、反手杀球和头顶杀球三种。

杀球技术

（1）正手杀球（如图 6-1-23）：正手杀球技术是羽毛球比赛中最为常见的下压球技术之一，通过控制杀球的力量、速度、落点等，起到不同的实战效果，为执行战术做相应的铺垫，动作方法与高远球的准备姿势和击球动作基本相同，蹬地转体侧身架拍，判断来球的方向、弧度和落点准确地移动到球的后方，引拍，右手向左下方引拍，同时身体转正，肘关节抬高，拍面在体后垂直于身体，通过小臂内旋和手腕、手指将球拍转正，并在身体的右肩前上方击球托的上沿。击球瞬间，要握紧球拍，通过改变球拍的拍面、击球的发力方向以及击球瞬间的速度等，打出多种杀球形式。如重杀一般为全力发力击球，目的是直接下压得分。轻杀带有过渡或争取主动的下压球为下一拍的主动连贯做准备，以寻求较好的得分机会。点杀目的是要求落点准确，大范围调动对手的防守范围，迫使对手回球失误。所以在实战中要根据战术的需要灵活运用。

图 6-1-23　正手杀球

（2）反手杀球（如图 6-1-24）：准备姿势同反手高远球动作相同，利用合理的后场步伐移动，快速转身到位，做好反手架拍的准备，手肘带动小臂和手腕向后形成一条直线的鞭打发力，肩膀根据出拍的惯性回带，随后做好下一拍的准备。

图 6-1-24　反手杀球

（3）头顶杀球（如图 6-1-25）：头顶杀球的准备姿势与头顶高远球技术基本相同，只是在击球时要充分利用腰腹力量，以小臂带动手腕、手指快速挥拍下压。由于击球点相对靠后，落点相对难以控制，不能及时回位，要求运动员有很强的身体素质。

图 6-1-25　头顶杀球

4. 吊球

吊球是指当对方回击我方后场区时，利用吊球技术在头上方将球以向下方的飞行弧线，还击到对方的网前区域的技术方法。通常以调动对手位置为目的，进而创造主动进攻的机会。

（1）正手吊球（如图 6-1-26）：来球的方向在右场区的正手位，判断其球速、弧线和落点等，合理地运用后场移动步伐，调整击球点在右肩上方，击球前的准备动作和高远球动作相同，侧身架拍，具有一定的隐蔽性和动作一致性。击球瞬间，球拍拍面向内倾斜，手腕带动手指包切球的右上方，并向对方左下方发力，如想吊直线网前，要向前下方发力。初学者可以先保证球过网的成功率，再追求贴网和进网，根据战术的需要，可以结合长吊等练习，达到实战效果。

（2）反手吊球（如图 6-1-27）：击球准备和前期动作同反手高球，不同点在于击球时拍面的掌握和力量的运用。吊直线球时，用球拍反面切削球托的后中部，向对方的右半场网前发力；吊斜线球时，用球拍反面切削球托的左侧，朝对方左半场网前发力。

图 6-1-26　正手吊球

图 6-1-27　反手吊球

（3）头顶吊球：击球准备和前期动作同头顶高远球。头顶吊斜线球时，中指、无名指和小指屈指外拉拍柄，使拍子内旋，拍面前倾，以斜拍面击球托左侧部位；头顶吊直线球时，球拍击球托的正中部位。

易犯错误与纠正方法

①击球力量不足或过大。击球时力量不足，球速慢，容易被对方拦截；力量过大，易导致球出界或失去控制。

纠正方法：掌握正确的击球姿势和发力方式，利用手腕和手臂的协调发力，使球速适中；在练习中逐渐掌握击球的力度和角度，使球能够准确地落在对方的场地内。

②击球路线单一。击球时总是选择相同的路线和落点，容易被对方预判并防守成功。

纠正方法：学习并掌握多种击球技巧，直线球、斜线球、吊球、杀球等，丰富击球路线和落点；在比赛中根据实际情况灵活选择击球方式，使对方难以捉摸。

任务三　了解羽毛球基本步伐

羽毛球的灵魂是步伐，“三分手法七分步伐”，正确、合理的步伐，可以提高球场的移动速度，能很大程度减少能量的损耗，以及预防运动损伤。

羽毛球基本步伐

一、上网步伐

上网步伐是指从场地中心准备姿势，根据来球的方向、速度等，移动到网前击球的步伐移动，一般包括跨步上网、交叉步上网和并步上网。

（1）跨步上网：（正、反）手先做准备姿势，左脚向来球方向跨出一小步，同时左脚蹬地右脚跨出一大步成弓步。击球后，右脚向后蹬地回位。

（2）交叉步上网（又称三步上网步伐）：（正、反）手先做准备姿势，右脚向来球方向迈一小步，左脚抬起做前交叉或后交叉落地后，右脚再向前跨步成弓步，身体重心放在右脚上，完成击球后，右脚向后蹬地，根据需要利用小步、并步或交叉步回位。

（3）并步上网：（正、反）手先做准备姿势，根据来球方向，启动右脚先向右或者向左移动一小步，改变身体方向，左脚向右脚跟方向并一步，随之右脚再向前移动一步，完成击球后，右脚向后蹬地，根据需要利用小步、并步或交叉步回位。

二、中场移动步伐

中场移动步伐是指运动员从场地中心位置移动到场地左右两侧进行击球的步伐，一般分为向右侧移动和向左侧移动两种。

（1）向右侧移动：远离边线的球又称身体附近的来球，首先判断来球位置，身体重心移动到右脚上，左脚掌内侧蹬地，同时身体向右转体，右脚向右侧跨出成右弓步，右脚脚尖朝前，完成击球后，右脚蹬地回位；靠近边线的球又称远离身体的来球，左脚向右脚方向并一小步，借助左脚落地向右蹬起，同时右脚向右跨一大步，成弓箭步，完成击球右脚蹬地回位。

（2）向左侧移动：远离边线的来球，右脚掌内侧向左侧蹬起，身体向左转体，左脚向左跨出一大步，重心放在左脚上，反手握拍击球后，左脚掌蹬地回位；靠近边线的来球，启动以左脚前脚掌为轴，身体向左转，右脚蹬地经左脚前向左侧跨出右弓步，重心放在右脚上。背对球网反手击球后，右脚蹬地转身回位。

三、后退步伐

后退步伐是指运动员从场地的重心位置，移动到后场端线附近完成击球的步伐。后退步伐有正手后退和反手后退两种。

1. 正手后退步伐

正手回退步伐分为交叉步后退、正手突击后退和头顶后退。

（1）交叉步后退：先做准备姿势，右脚快速向后撤一小步，同时身体向右转体架拍，左脚经右脚后交叉撤一步，右脚再向后移动到最佳击球位置。蹬地起跳增加击球高度空中两脚交换，左脚前脚掌先着地，然后右脚脚跟着地过渡到脚掌缓冲，顺势回位。

（2）正手突击：先做准备姿势，右脚向右后方撤一小步，同时两腿屈膝，两脚继续向右后方做垫步，落地后两脚掌同时发力向右上方跳起，空中完成击球动作，落地后屈膝缓冲并步回位。

（3）头顶后退：先做准备姿势，以左脚前脚掌为轴，右脚向右后方蹬转，上体稍向后仰，左脚并步向后，右脚在退至最佳击球位置，右脚起跳空中完成击球动作，左脚前脚掌先落地右脚脚跟落地缓冲，利用并步或交叉步回位准备下一次接球。

易犯错误与纠正方法

①步伐移动缓慢或不到位。在移动过程中步伐缓慢，无法及时到达击球位置；或者步伐不到位，导致击球姿势变形。

纠正方法：加强步伐训练，提高脚步的移动速度和灵活性；注意调整步伐的节奏和顺序，确保在击球前能稳定地站定并调整好姿势。

②步伐与击球配合不协调。步伐与击球动作配合不默契，导致击球质量下降或失误增多。

纠正方法：反复练习步伐与击球的配合，形成条件反射，使两者能自然协调地配合；在比赛中注意保持冷静和专注，根据球的飞行轨迹和落点及时调整步伐和击球动作。

任务四　学习羽毛球的基本战术

一、单打战术

1. 逼反手

使对方反手区露出空当，然后把球打到反手区，迫使对方使用反拍击球；重复攻击对方的反手区，使其身体位置远离中心，这样会使对方优势的正手区出现大片空当，成为被攻击的目标。

2. 平高球压底线

用快速、准确的平高球打到对方后场两角，在对方不能拦截的前提下尽量降低球的飞行弧线，把对方紧压在底线，当对方回击半场高球时，就可以扣杀进攻。使用平高球压底线时，如配合劈吊和劈杀可增加平高球的战术效果。一般情况下，平高球的落点和杀、吊的落点拉得越开，效果越好。

3. 拉、吊结合杀球

拉、吊结合杀球是把球准确地打到对方场区的四个角上，使对方每次击球都要在场上来回奔跑。使用这种战术时，对不同特点的对手要采用不同的拉、吊方法。对后退步法慢的对手可以多打前、后场；对盲目跑动满场飞的对手可使用重复球和假动作；对灵活性差的对手应多打对角线，尽量使对方多转身；对后场反手差的对手可以通过拉开后攻反手；对体力不好的对手可用多拍拉、吊来消耗其体力，然后战胜之。

4. 吊、杀上网

先在后场以轻杀、点杀、劈杀配合吊球把球下压，落点选在场地两边，使对方被动回球。对方还击网前球时，迅速上网以贴网的搓球，或钩对角，或快速平推创造半场扣杀机会；若对方在网前挑高球，可在其向后退的过程中把球直接杀向对方的身上。

二、双打战术

1. 攻人

攻人是双打中常用的一种战术，即以人为攻击目标。对付两名技术水平高低不一或实力相当的对手时，一般都可采用这种战术。这种战术集中几种攻势于对方一名队员，能起到“集中优势兵力打歼灭战”的作用；在另一队员过来协助时，又会暴露出空当，可在其仓促接应、立足不稳时偷袭对方。

2. 攻中路

守方左右站位时把球打在两人的中间，这种战术可以造成守方两人抢接一球或同时让球，彼此难以协调；可以限制对手在接杀球时挑大角度高球调动攻方；有利于攻方的封网，由于打对方中路，对方回球的角度也小，网前队员封网的难度就小了。守方前后站位时把球下压或轻推在边线半场处，这种战术多半是在接发网前球和守中反攻抢网时运用。这种球守方前场队员拦截不到，后场队员只能以下手击球放网或挑高球，后场两角便会露出很大空当，因而有隙可乘，可攻击对方的空当或身体位。

3. 攻后场

攻后场战术常用来对付后场扣杀能力较差的对手，把对方弱者调动到后场后也可以使用这种战术。此战术多采用平高球、平推球、挑底线把对方一人紧逼在底线，使其在底线两角移动击球，在其还击出半场高球或网前高球时即可大力扣杀，取得该球的胜利或主动。如在逼底线两角时，对方同伴要后退支援，则可攻击网前空当或打后退者的追身球。

4. 后攻前封

后场队员积极大力扣杀创造机会，在对方接杀放网、挑高球或企图反击抽球时，前场队员以扑、搓、钩、推控制网前，或拦截吊、点封住前半场，使整个进攻连贯而又有节奏变化，使对方防不胜防。

任务五　了解羽毛球竞赛规则

一、计分规则

每场比赛采取三局两胜制，比赛开始前，双方选手通过投掷硬币方式确定由哪一方来选择是先发球或后发球，率先得到 21 分的一方赢得当局比赛，如果双方比分打成 20 比 20，获胜一方需超过对手 2 分才算取胜，如果双方比分打成 29 比 29，则率先得到第 30 分的一方取胜。

二、单打比赛规则

发球员的分数为 0 或双数时，双方运动员均应在各自的右发球区发球或接发球；发球员的分数为单数时，双方运动员均应在各自的左发球区发球或接发球；球发出后，由发球员和接发球员交替对击直至“违例”或“死球”；接发球员违例或因球触及接发球员场区内的地面而成死球，发球员得 1 分；发球员违例或因球触及发球员场区内的地面而成死球，发球员失去发球权。

三、双打比赛规则

一局比赛开始和每次获得发球权的一方，都应从右发球区发球；只有接发球员才能接发球，如果他的同伴去接球或被球触及，发球方得 1 分；自发球被回击后，由发球方的任何一人击球，然后由接发球方的任何一人击球；自发球被回击后，运动员可以从网的各自一方任何位置击球；接发球方违例或因球触及接发球方场区内的地面而成死球，发球方得 1 分，原发球员继续发球；发球方违例或因球触及发球员场区内的地面而成死球，原发球员即失去该次发球权，双方均不得分；每局开始首先发球的运动员，在该局本方得分为 0 或双数时，都必须在右发球区接发球或发球，得分为单数时，则应在左发球区接发球或发球；发球必须从两个发球区交替发出。

任务实施

步骤一　基础技能训练

（1）准备活动：每次训练前进行充分的热身活动，包括拉伸、跑步等，以预防运动损伤。

（2）基础动作教学：从握拍、站姿等基础动作开始教学，确保每个学生都能掌握正确的动作要领。

（3）发球与接发球练习：通过多球练习和模拟比赛场景，提高学生的发球和接发球能力。

步骤二　技术动作提升

（1）高远球、平抽球、吊球等技术动作教学：逐步引入更高级的技术动作，并进行针对性的练习。

（2）步伐训练：加强步伐移动的训练，提高学生的反应速度和移动能力。

（3）战术意识培养：通过案例分析、战术讲解等方式，培养学生的战术意识和策略运用能力。

步骤三　实战模拟与比赛

（1）组织内部友谊赛：定期举办内部友谊赛，让学生在实战中检验自己的技术水平，积累比赛经验。

（2）参加校际比赛：鼓励学生参加校际羽毛球比赛，提高竞技水平，展现团队风采。

（3）赛后总结与反馈：每场比赛后进行总结与反馈，分析得失，找出不足，制定改进计划。

任务考核

序号	技能点	佐证	评分标准	自评（40%）	师评（60%）
1	基本技术	握拍方法	5		
2		步法	5		
3		发球	5		
4		接发球	5		
5		击球	5		
6	技术动作要领	上网步伐	5		
7		中场移动步伐	5		
8		后退步伐	5		
9	基本战术	单打战术	10		
10		双打战术	10		
11	主要规则	计分规则	10		
12		单打比赛规则	10		
13		双打比赛规则	10		
14	理解错误纠正	易犯错误与纠正方法	10		

思考与讨论

1. 简述羽毛球的基本技术与战术。
2. 简述羽毛球的主要规则。
3. 你喜欢的羽毛球运动员是谁？他都获得过哪些荣誉？

知识拓展

羽毛球运动

项目二　网球运动

知识导图

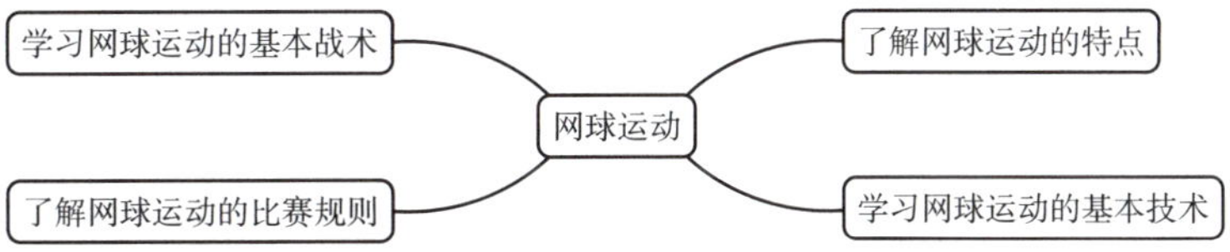

高素质技能型人才培养目标

知识目标	能力目标	素养目标
1. 学习网球比赛的基本规则，了解网球运动的常用术语，以便在未来的工作中能够准确执行裁判任务或参与组织网球赛事； 2. 了解网球运动的历史与发展，增强对网球运动的兴趣和认同感； 3. 掌握网球运动的基本战术与策略，提高比赛中的应变能力和竞技水平，为未来的教学和训练工作提供理论支持。	1. 提高网球运动的基本技能，掌握正确的握拍方法、步伐移动技巧、击球动作等； 2. 培养网球运动的竞技能力，通过参与比赛和对抗训练，提高快速反应能力、判断能力和协调能力； 3. 提升身体素质和体能水平，通过网球运动的训练和比赛，提高身体的柔韧性、力量、速度和耐力；培养良好的运动习惯和锻炼意识，促进身心健康	1. 培养良好的职业道德和敬业精神：遵守职业道德规范，尊重对手、裁判和观众，诚信参赛，公平竞争，展现良好的职业风范； 2. 培养强烈的团队协作意识和良好的沟通能力：培养团队协作能力，同时提高沟通表达能力； 3. 培养坚定的体育精神和良好的心态：面对挑战和困难时保持积极向上的心态，勇于挑战自我、超越自我，注重培养坚韧不拔的体育精神

网球运动的起源可以追溯到12~13世纪的法国，当时这项运动被称为“掌球戏”。这一古老的运动形式宛如一颗在历史长河中闪耀的明珠，承载着丰富的文化内涵和人们对竞技娱乐的热爱。

拓展阅读

网球运动起源和发展

思政园地

十年之约，榜样传承（来源：学习强国）

任务一　了解网球运动的特点

网球是一项绅士运动，集高雅、时尚、健身于一体，是一项男女老少皆宜的体育项目。在发达国家，网球还是一种维系人际关系的纽带。经常参加网球运动可以提高身体素质，促进体格均衡发展，增强呼吸系统功能，强化人的心理品质。网球运动是终身体育项目之一。

1. 广泛的群众基础

网球运动是一项非常受欢迎的运动项目，无论在国内还是国际上，都有着广泛的群众基础。许多人喜欢打网球，不仅因为它是一项有趣的运动，还因为它能够锻炼身体、提高反应能力和协调能力。

2. 高度的技巧性

网球运动需要掌握许多技巧，包括发球、接发球、底线击球、截击、高压球等。这些技巧需要反复练习和磨炼，才能熟练掌握。同时，个人还需要具备快速的反应能力和准确的判断能力，才能在比赛中取得优势。

3. 激烈的对抗性

网球比赛通常采取单打或双打的形式进行，双方选手需要在场上进行激烈的对抗，比赛中需要不断地调整战术和策略，以应对对手的变化和攻击。这种对抗性不仅考验选手的技术和体能，还考验他们的心理素质和意志力。

4. 多样化的比赛形式

网球比赛有多种形式，包括大满贯赛事、巡回赛、挑战赛等。这些比赛形式各有特点，有单打比赛、双打比赛、团体比赛。这些多样化的比赛形式为选手提供了更多展示自己才华的机会。

任务二　学习网球运动的基本技术

一、握拍方法

握拍是网球运动的基础，决定着拍面接触球的角度以及挥拍轨迹进而直接影响球员的打法，目前流行的握拍方法主要有东方式握拍法、大陆式握拍法、西方式握拍法、半西方式正手握拍法、双手反手握拍法。

1. 东方式握拍法

东方式握拍法是一种常用的网球拍握法，也称为“握手式”握拍，是指将球拍置于手掌和食指根部之间，手掌和拍面平行，虎口对准拍柄上平面的右侧（以右手握拍为例），拇指放在拍柄的左侧面上，食指的第三关节紧贴在拍柄右上侧面上，食指的第二关节位于拍柄的背面，其余三指自然并拢，中指和无名指的第一关节顶住拍柄底部，小指自然贴于无名指旁，如图 6-2-1。

图 6-2-1　东方式握拍法

2. 大陆式握拍法

大陆式握拍法，也称为“榔头式”握拍，是指将球拍平放在地面上，用非持拍手握住拍颈，使拍面与地面垂直，然后用持拍手从拍面上方穿过，与非持拍手相握，形成一个“V”字型。在这个“V”字型中，食指的根部和拇指的根部紧贴在拍柄的上平面上，而手掌的根部则紧贴在拍柄的右下方（对于右手持拍者）或左下方（对于左手持拍者），这种握拍方式使得球拍与地面平行，拍面垂直于地面，如图 6-2-2。

图 6-2-2　大陆式握拍法

3. 西方式握拍法

西方式握拍法是指将拍面与地面平行，从拍面下方由上向下穿过拍柄和拍头之间的 V 型区域，握住拍柄底部，手掌的虎口对准拍柄右上方的斜面，这样更好地控制球拍的方向和角度，如图 6-2-3。

图 6-2-3 西方式握拍法

4. 半西方式正手握拍法

半西方式正手握拍法是指将球拍平放在地面上，拍面朝上，用非持拍手握住拍颈，将拍面翻转朝上，使拍头指向自己，用持拍手从拍面下方穿过，握住拍柄，使手掌根部与拍面呈 45°，食指与其他三个手指分开，分别握住拍柄的两个侧面，食指位于拍面顶部的边缘，其余三个手指并拢握住拍柄，拇指位于拍柄的侧面，紧贴食指下方，与食指共同形成一个“V”字型。手腕放松，轻轻握住球拍，保持握拍稳定，如图 6-2-4。

图 6-2-4　半西方式正手握拍法

5. 双手反手握拍法

双手反手握拍法是指右手用东方式或半西方式正手握拍，左手（支持手）则用东方式或大陆式握拍，双手靠拢握紧球拍，左手在上，右手在下，但不重叠，如图 6-2-5。双手正手握拍与双手反手握拍刚好相反。

图 6-2-5　双手反手握拍法

二、基本站位与步伐

1. 基本站位

网球运动的基本站位有中间式和开放式两种。中间式站位是指前后脚连线垂直于球网，适用于需要上步击打浅球的情况；开放式站位是指击球时两脚平行站立，以前脚掌为轴，转胯转体形成击球步法，通常在有一定技术基础的前提下运用。

2. 基本步伐

（1）分腿垫步：两脚分开与肩同宽，然后将重心放在前脚掌上，当对方击球时，球员需要迅速将重心转移到后脚上，并以前脚为轴心，用后脚向前迈出一步，同时前脚跟着向前滑动一小段距离，这样可以让球员更稳定地移动，并且能够快速调整自己的位置。

（2）并步：首先将重心转移到前脚掌上，然后后脚向前迈出一小步，同时前脚向前迈出一步，保持身体平衡，这种步伐可以用于向前、向后、向左或向右移动，具体取决于场上球的位置和对手的动向。

（3）交叉步：先一只脚向前或向后迈出一步，另一只脚从支撑腿的后面或前面交叉迈过，然后原来的支撑腿向前或向后迈出一步，完成一个交叉步，运动中运动员需要根据比赛情况和对手的位置来调整交叉步的步伐和节奏。

（4）蹬跨步：移动的最后一步，左脚用力向后蹬的同时，右脚向球的方向跨出一大步，称为蹬跨步，多用于上网击球，向后场底线两角移动抽球时也常被采用。

三、平击球

1. 正手平击球

正手平击球如图 6-2-6，特点是力量大、速度快，能够打出足够的旋转，是比赛中较为实用的得分技术。

图 6-2-6　正手平击球

（1）准备：双脚站立与肩同宽，微微屈膝屈髋，两眼注视来球方向，做好击球前的准备。

（2）引拍：肘部弯曲、自然下垂，拍头低于膝盖，左手伸向前方，保持身体平衡，后摆引拍时身体重心移向右脚，左肩对着右侧的网柱，手腕固定，球拍引至头部同高。

（3）击球：球拍从后摆进而向前挥动时紧握球拍，手腕后伸、固定，用力蹬脚，转动身体和挥拍，正拍的击球点在身体的右侧前方不超过腰的高度，击球时的挥拍速度最快，球打在拍面的中心，挥拍击球的路线向上较平缓，击球时拍面几乎垂直地面。

（4）还原：球触拍后，使拍面平行于网的时间尽量长些，挥拍沿着球飞行的方向前送，重心前移落在左脚，身体也随着转向球网，挥拍动作在左肩上方结束，拍头指向上方高出头部。挥拍动作要比后摆动作大而充分，保证击球的稳定性，随挥跟进结束，立即恢复准备姿势，准备下一次击球。

2. 反手平击球

反手平击球如图 6-2-7，特点是球速快，球的飞行落线相对平直，球落地的前冲力量大。

图 6-2-7　反手平击球

（1）准备：双脚站立与肩同宽，微微屈膝屈髋，两眼注视来球方向，做好击球前的准备。

（2）引拍：以右手东方式反手握拍法为例，当来球飞向反手方向时，右手握拍者从准备姿势开始，移动到来球位置，最后一步应右脚在前，身体右侧朝向来球方向，用非握拍手帮助球拍向左后方挥摆。

（3）击球：在迎球过程中，挥拍手臂与向右转体动作相配合，使球拍由低向高挥动，击球点在身体左前方，高度在膝、腰之间；拍触球时手腕固定，握紧球拍，拍面与地面保持垂直，击球中部，球拍和球接触的时间越长越好，有"以手背击球"的感觉。不要把整个手臂抬起，不要有耸肩动作。

（4）还原：击球后球拍随势挥至身体右侧前上方，身体重心从左脚逐渐移到右脚，然后迅速还原成准备姿势。

2. 双手反手击球（双手握拍）

双手反手击球如图 6-2-8，特点是可以提供更大的控制力和稳定性，使运动员更容易掌握球的轨迹和力量，此外这种技术还可以减少手臂和手腕的负担，减少运动损伤的风险。

图 6-2-8　双手反手击球

（1）准备：双脚站立与肩同宽，微微屈膝屈髋，两眼注视来球方向，做好击球前的准备。

（2）引拍：后摆引拍靠肩部的转动使手臂后拉，在转肩和转胯的同时变化握拍的方式，身体重心转移至左脚，屈膝为身体重心的前移做准备；球拍拉向后方并低于来球的高度，球拍底托正对来球，拍头基本与手腕高度一致；手腕要固定，手臂要放松，平伸向后。

（3）击球：右脚向来球方向左前方跨出一步，开始向前挥拍，前挥动作要求平滑连贯，拍头稍微低于击球点，从腰部转动发力开始，手臂和手腕从低向高向前挥拍，身体重心前移，眼睛始终盯住球，保持低头姿势，击球点应稍前于右膝，在右胯前面，击球时双手紧握球拍，右臂伸直，拍面垂直于地面。

（4）还原：击球后，球拍应随着惯性挥至右肩上方，持拍手臂挥直。

四、发球和接发球

1. 发球

网球的发球技术非常重要，不受对方制约，在很大程度上能够发挥出个人的技巧，用以控制对方。

（1）平击发球（如图 6-2-9）：发平击球时的击球点应在身体的右眼前上方，以拍面中心平直对准球，击球的后中上部，手腕的向前拌甩和前臂的“旋内鞭打”非常重要，身体充分向上向前伸展，以获得最高击球点，提高发球命中率。特点是力量大、球速快、反弹低，更适合身材高大的运动员借助击球高点取得优势。

图 6-2-9　平击发球

（2）切削发球（如图 6-2-10）：切削发球是指一种以右侧旋转（稍带下旋）为主的发球法。球的飞行轨迹是由右上到左下的一条弧线，迫使对手大范围跑动接球，增加回球难度。这种发球优势是命中率高，简单易掌握。首先将球上抛至身体的右前方向，同时左手向后摆动举拍，右手肘关节与肩持平，拍头朝上。注意抛球与举拍动作协调同步，身体向右转动，下颚抬起，此时身体呈背弓形。当球下落到最佳击球点时，重心移至前脚，蹬地，身体向上伸展，球拍从球的右上角切削向左下方发力。击球结束后球拍随惯性经身体左侧向后卸力放松，避免出现运动损伤。特点是球速快、威力大、发球命中率高，被世界各国多数运动员所采纳。

（3）上旋发球（如图 6-2-11）：上旋发球时，把球抛到头后偏左的位置，击球时身体尽量后仰成弓形，利用杠杆力量对球加旋转，球拍快速从左向右上方挥动，从下向上擦击球的背面，并向右带出，使球产生右侧上旋。特点是强旋转、高反弹、高命中等，利于给对手造成压力，离位接球。

图 6-2-10　切削发球

图 6-2-11　上旋发球

易犯错误与纠正方法

①抛球不稳定。抛球的高度、位置不稳定，导致发球节奏被打乱。

纠正方法：练习抛球，确保每次抛球的高度和位置都相同，可以在墙上做一个标记，每次抛球都尝试让球碰到这个标记，也可以尝试用双手同时抛球和握拍，以更好地控制发球节奏。

②球拍挥动不正确。球拍挥动不流畅，或者球拍没有正确地击中球。

纠正方法：练习正确的挥拍动作，确保球拍在击中球时处于正确的位置，可以在没有球的情况下练习挥拍，以熟悉正确的挥拍动作，也可以在墙上或地上放置一个球，然后练习用球拍击中它。

③发球落点不准确。发球落点不稳定，常常出界或下网。

纠正方法：练习控制发球的落点，可以在一个小区域内反复练习发球，以熟悉正确的发球角度和力度，也可以尝试调整发球姿势和挥拍动作，以更好地控制发球的落点。

④缺乏力量传递。在发球过程中，没有有效地将力量从腿部传递到拍头，导致发球速度不足。

纠正方法：练习完整的发球动作，特别是腿部和躯干的动作，确保在击球时力量能够顺畅地从腿部传递到拍头。

2. 接发球

网球运动是一项优美而激烈的运动，网球运动的发球与接发球是针锋相对的两项技术，二者对于球员赢得竞赛具有同等重要的意义。准备接发球时，重心应比正常的击球准备动作低，在对方抛球后击球之前，一般采用左脚上步式垫步或直接垫步，垫步后快速对来球做出反应，直接侧身，采用小引拍甚至无须引拍，握住球拍将球击出。

易犯错误与纠正方法

①站位不当。有的球员站位过于靠后或过于靠前，导致反应不及时或无法覆盖全场。

纠正方法：站在底线后一步左右的位置，根据对手的发球速度和落点，适当调整站位，确保能够迅速移动到任何一侧。

②击球点不合适。击球点过于靠前或过于靠后，导致回球角度不佳或力量不足。

纠正方法：找到合适的击球点，确保球拍与球接触时身体已经完全转动，同时利用腿部和腰部的力量增加回球的威力。

③动作不流畅。动作僵硬或过于复杂，导致反应速度变慢。

纠正方法：简化动作，注重动作的流畅性和连贯性，可以通过观看高水平球员的接发球动作，学习并模仿他们的动作。

④缺乏信心。对于某些发球感到害怕或不安，导致表现不佳。

纠正方法：建立自信，通过大量练习和反复训练增强对接发球的信心，学会调整心态，将注意力集中在技术和策略上，而不是结果上。

五、截击球

1. 正手截击球

正手截击球如图 6-2-12，双脚分开与肩同宽，身体稍微向前倾斜，重心放在前脚掌上，双手握拍置于身体前方。判断出来球飞向正手时，以身体为轴向右侧转动，球拍略微向后打开于身体正前方约 45°。拍面与来球同一高度并对准球。击球时，左脚向身体正前方的右侧跨步，形成“半开放”式步伐。击球点保持在身体左侧前方约 45° 的位置。触球瞬间持拍手握紧拍柄，锁紧手腕，手与前臂保持一条直线。前臂与肘关节保持微屈状，眼睛盯球。拍面触击来球的后下部与球相撞。推送动作要小，并具有爆发性。左手随着击球逐渐前展与右手形成对等的动作，以确保身体平衡。身体保持直立，持拍手臂带动球拍向前迎击来球。随挥幅度要小，手臂不要完全伸直。触球后利用肩部的前推及身体重心的前移将球拍向击球的方向推送。击球后沿击球方向跟进，保持手腕固定，避免球拍晃动影响击球的稳定性。

图 6-2-12　正手截击球

2. 反手截击球

反手截击球如图 6-2-13，双脚分开与肩同宽，重心放在前脚掌上，膝盖微屈，身体保持平衡。将球拍放在身体前方，拍面略微朝上。在球到达身体前方之前，通过转体引拍的方式，将球拍从身体前方向后拉，注意转体的幅度不要过大，在球到达身体前方时，用球拍的反面击球。击球时要保持拍面略微朝下，以便更好地控制球的弹跳高度和角度。注意击球的力度和角度，击球后，随着球的飞行轨迹，将球拍向前挥出，以便更好地控制球的落点。

图 6-2-13　反手截击球

六、削球

1. 正手削球

正手削球如图 6-2-14，与正手击球相似，球员站在底线后面，双脚分开与肩同宽，身体重心稍微向前倾斜，膝盖微屈，拍头指向地面。在球弹起之前，保持拍头朝下，并且让拍面略微打开。当球弹起时，用拍子从上往下削球，让球产生下旋。手臂持拍向前推送，击球后，将拍子继续向前，直到自然停止。这有助于增加球的稳定性和控制回球的方向。

图 6-2-14　正手削球

2. 反手削球

后手削球如图 6-2-15，又称为反手下旋球，一般作用是防御性，削球时挥拍不要过于用力，击球后拍面向上做托盘状运动，击球后让球拍平稳向前运动一段距离，下旋球的好处是击出的球向下旋转，飘向对方场区后回弹高度较低，落地后还可向前滑行。

图 6-2-15　反手削球

七、上旋球

正手上旋球、反手上旋球是网球运动中较为基本的击球技术之一，属于进攻性击球，具有主动性，且容易发力。上旋球的击打方法是以球拍从网球的后侧下方向上挥拍产生摩擦，使球有一个向前转动的作用力，其飞行路线呈弧线，过网高度较高，过网后有下坠轨迹，落地后的反弹角度大，不易出界且让对手不易处理，是极具攻击性的打法。半西方方式握拍更容易打出有质量的上旋球。

1. 正手上旋球

正手上旋球如图 6-2-16。

图 6-2-16　正手上旋球

（1）准备：判断来球位置后，快速移动双脚至舒服的击球位置，将左脚跟抬起并向前方上步，右脚向右转动，以右脚为轴，转肩转髋带动右手向后摆动引拍。引拍时肘部弯曲，左手伸向前方，保持身体平衡。

（2）引拍：右脚脚尖点地，以左脚为轴，逐渐向左转动身体，重心向左脚移动，手握球拍向前挥进。在向上向前快速挥拍之前将球拍降到击球点以下。这是使球产生上旋的原因。盯准来球，确定击球点，击球点在右侧前方腰部以下，重心逐渐移向左脚，身体逐渐左转，对准来球的方向由下向上挥拍。用力蹬后脚，以最快的挥拍速度，使用球拍的中心部分击向球的后侧下方部位。

（3）击球：击球的瞬间手紧握球拍，手腕僵持不动。在腰部下方击球后，球拍倾斜呈 45° 自然向上随挥，身体重心全部移向前脚。继续用手握拍随势上挥，身体逐渐向球网一侧转动。以左侧肩部外侧为终点，继续以肘部为轴，向内摆动小臂挥动球拍。挥动球拍的轨迹像汽车的雨刷一样呈扇形在面前滑过。逐渐抬高右臂，肘部上提，身体大幅度向左前方转动。

（4）还原：继续向左后方挥动球拍，球拍随势挥至身体的左侧肩部外侧，腰部转动至身体面朝网的方向，完整的随挥动作可有助于增大上旋球的旋转速度和弧度。完成动作后迅速还原成准备姿势。

2. 反手上旋球

反手上旋球如图 6-2-17。

图 6-2-17　反手上旋球

（1）准备：面向球网，双膝微曲，右手握拍，左手反向握住第二条棱线。

（2）引拍：当对方回球后，以左脚为轴向左后方转肩引拍，引拍尽量向后，右肩前倾，侧身对网。看准来球方向后，以右脚为轴，逐渐向右转动身体，重心向右脚移动。

（3）击球：挥拍手臂与转体动作相结合，球拍向前挥进，左手改为握拳式的握法，帮助球拍稳定挥出。逐渐向前挥动球拍，在向上向前快速挥拍之前将球拍降到击球点以下。这是使球产生上旋的原因。确定击球点以最快的挥拍速度运用球拍的中间部分击球的后侧下方，左臂肘部伸直，右臂稍曲，双手与球拍持平，重心落于前脚。在腰部下方击球后，球拍倾斜呈 45°，然后双手握住球拍自然向上挥动。

（4）还原：重心逐步前移落于右脚，身体逐渐向右前方转动，球拍随球向前挥动到达一定的距离后，将球拍向右肩上方挥动。将球拍随挥至右肩上方结束，整个随挥的过程都保持双手握拍，身体朝向球网的方向，完成好随挥的动作有助于增强上旋幅度，完成随挥动作后，迅速恢复至准备姿态。

八、高压球

高压球如图 6-2-18，面对高压球时，首先需要快速侧身，然后用左手指球，持拍手大陆式握拍且手臂动作与发球动作一样，呈“L”型。在判断好球的大概落点后，采用交叉步侧身移到来球下方，再用小侧步调整，等待击球时机。击球前，一定要用左手指球，这样既有助于准确判断来球的位置，又有助于保持身体的平衡。

图 6-2-18　高压球

九、球感

球感是指运动员击球瞬间手上的感知程度。球感好的运动员，对于球的速度、弧度和角度等，都有很好的体验。练习方法有很多：单人训练、原地颠球，从高低颠球到正反颠球逐渐增加难度，抛球落地反弹球拍接球到抛球空中卸力直接接球等，结合切磋颠球和左右拍球效果会更好。双人训练有双人对颠球练习、一人抛球一人击球练习等。

任务三　学习网球运动的基本战术

战术是建立在熟练和正确地掌握一定数量和质量的技术动作的前提下，通过队员的临场反应合理地、灵活地组合运用。网球运动的基本战术可分为单打战术和双打战术两种。

一、单打战术

1. 发球战术

网球运动单打中具有攻击性的技术、战术就是发球，不受任何对方影响，通过改变发球节奏、落点和旋转增加回球难度。

2. 接发球战术

接发球与发球一样重要，恰当的接发球可以一定程度地破坏对方的球路和战术。准确的预判、合理的移动步伐、正确的击球方式是接发球必要的基础。

3. 底线战术

底线战术是指以对方两底线为突破点，通过球速、落点、节奏变化等，压制对手底线的回球路线，进而创造有效的进攻机会。

4. 防守反击战术

防守反击战术是指已经做好了防守的充分准备，利用良好的控球能力，调动对手的位置，消耗其体能，伺机抓住对手回球失误等，进而反击的战术。

二、双打战术

1. 站位

双打的站位有很多，常见的有正常站位、I 式站位、双底线站位，可根据自身技术特点和实际情况自由选择站位。

（1）正常站位：一名球员在底线，一名球员在网前。

（2）I 式站位：一名球员在底线，一名球员站在网前中线位置。

（3）双底线站位：两名球员同时站在底线位置。

2. 接发球战术

准确地预判对方的来球方向，通过合理的回击方法，尽量保证在不失误的前提下，让球过网低、落点深、角度斜，抑制对手的上网，主动抢网并创造主动。

3. 全换位抢网战术

网前运动员与发球员之间交叉换位提高组合优势，此战术需要队友之间默契合作和手势之间的沟通，不断提示发球员要采用换位抢网战术，进而提升组合的实战能力。

任务四　了解网球运动的比赛规则

网球运动的比赛规则包括场地与器材、交换场地、失分、压线球、休息时间、胜 1 分、1 局与 1 盘、决胜局计分制、赛制等。

1. 场地与器材

网球比赛场地是一个平整的长方形地面，长 23.77 米，宽 8.23 米，球网（网的两端高度为 107 厘米，其他部分高度为 91.4 厘米）把全场隔成相等的两个半场，接近球网两边的 4 块相等的区域是发球区，双打场地的两边较单打场地宽 2.74 米。全场除了端线可宽至 10 厘米，其他各线的宽度均不得超过 5 厘米，并且不得少于 2.5 厘米。网球场地可分草地、红土地、硬地和塑胶场地等类型。

2. 网球与球拍

比赛用球为黄色，用橡胶化合物制成，外表用毛质纤维均匀覆盖，接缝处没有缝线。球的直径为 6.35~6.67 厘米，重量是 56.7~58.5 克。球拍的材质从最早的木质、金属材质、到现代工业的全碳素材质，有弹性好、韧性强、击球感觉好等特点。球拍由拍头、拍喉、拍柄三部分组成，球拍的标准拍长为 69 厘米，拍框的厚度为 22~25 毫米。

3. 交换场地

（1）双方应在每盘的第 1、第 3、第 5 等单数局结束后，以及每盘结束双方局数之和为单数时，交换场地。

（2）在抢 7 分比赛中，双方得分和为 6 或 6 的倍数时，交换场地。

4. 失分

发生下列任何一种情况，均判失分：在球第 2 次着地前，未能还击过网；还击的球触及对方场区界线以外的地面、固定物或其他物件；回击空中球失败；故意用球拍触球超过 1 次；运动员的身体、球拍在还击期间触及球网；过网击球；抛拍击拍触网；发球双失误；击球时人的身体过网。

5. 压线球

线被认为是场地的一部分，落在线上的球算界内球。

6. 休息时间

网球运动中的时间有如下规则：分与分之间，运动员捡到球后直至发出的最大间隔为 25 秒；单数局结束交换场地时可休息 90 秒；每盘结束可休息 120 秒；每盘的第一局结束后，交换场地时不休息；在抢 7 分比赛中，双方分数相加满 6 分，交换场地时不休息。

7. 胜 1 分

遇到下列情况时，判对方胜 1 分：发球员连续 2 次发球失误；接球员在发来的球没有着地前用球拍击球，或球触及自己的身体及衣物；在球第 2 次落地前未能还击过网；还击球触及对方场区界线以外的地面、固定物或其他物件；还击空中球失败；在比赛中，击球员故意用球拍拖带或接住球，或故意用球拍触球超过 1 次；“活球”期间运动员的身体、球拍（不论是否握在手中）或穿戴的物件触及球网、网柱的打支柱、绳（或钢丝绳）、中心带、网边白布或对方场区内的场地地面；还击尚未过网的空中球（过网击球）；除握在手中（不论单手或双手）的球拍外，运动员的身体或穿戴的物件触球；抛拍击球；比赛进行中，运动员故意改变其球拍形状；对方发球或回球时出界。

8. 1 局与 1 盘

1 局是指每胜 1 球得 1 分，先胜 4 分者胜 1 局；双方各得 3 分时为“平分”，平分后，净胜 2 分为胜 1 局。

1 盘是指一方先胜 6 局为胜 1 盘；双方各胜 5 局时，一方净胜 2 局为胜 1 盘。

9. 决胜局计分制

在每盘的局数为 6∶6 平时，有以下两种计分制。

（1）一方净胜 2 局为胜 1 盘（长盘制）。

（2）决胜盘除外，除非赛前另有规定，一般应按短盘制（抢 7 分）办法执行（先得 7 分者为胜该局及该盘若分数为 6 平，则一方必须净胜 2 分；首先发球员发第 1 分球，对方发第 2、第 3 分球，然后轮流发 2 分球，直到比赛结束；第 1 分球在右区发，第 2 分球在左区发，第 3 分球在右区发；每 6 分球和决胜局结束都要交换场地）。

10. 赛制

网球运动实行淘汰赛。一场比赛中，男子单打比赛除大满贯赛事采用五盘三胜制外，均使用三盘两胜制。女子比赛全部采用三盘两胜制。

任务实施

步骤一 基础技能训练

(1)准备活动:每次训练前进行充分的热身活动,包括拉伸、跑步等,预防运动损伤。

(2)基础动作教学:从握拍、站姿等基础动作开始教学,确保每个学生都能掌握正确的动作要领,根据个人水平和目标,制定合适的训练计划,包括训练时间、训练内容、训练强度等。

(3)发球与接发球练习:通过多球练习和模拟比赛场景,提高学生的发球和接发球能力。

步骤二 技术动作提升

(1)平击球、削球、高压球等技术动作教学:逐步引入更高级的技术动作,并进行针对性的练习。

(2)步伐训练:加强步伐移动的训练,提高学生的反应速度和移动能力。

(3)战术意识培养:通过案例分析、战术讲解等方式,培养学生的战术意识和策略运用能力。

(4)心理调节:在比赛中,心理调节至关重要,需要学会控制情绪、保持冷静、调整心态。

步骤三 实战模拟与比赛

(1)参赛准备:参加比赛前,需要做好充分的准备,包括了解对手、场地、气候等情况,以及制定针对性的比赛策略。

(2)组织内部友谊赛:定期举办内部友谊赛,让学生在实战中检验自己的技术水平,积累比赛经验。

(3)参加校际比赛:鼓励学生参加校际网球比赛,提高竞技水平,展现团队风采。

(4)赛后总结与反馈:每场比赛后进行总结与反馈,分析得失,找出不足,制定改进计划。

任务考核

序号	技能点	佐证	评分标准	自评(40%)	师评(60%)
1	基本技术	握拍方法	5		
2		步法	5		
3		平击球	5		
4		发球	5		
5		接发球	5		
6		截击球	5		
7		削球	5		
8		上旋球	5		
9		高压球	5		
9	基本战术	单打战术	10		
10		双打战术	10		
11	主要规则	计分规则	10		
12		场地与器材	10		
13		赛制	10		
14	理解错误纠正	易犯错误与纠正方法	5		

知识拓展

网球运动

思考与练习

1. 网球运动的基本技术有哪些?

2. 网球运动的基本战术有哪些？
3. 网球运动的比赛规则有哪些？

项目三　乒乓球运动

知识导图

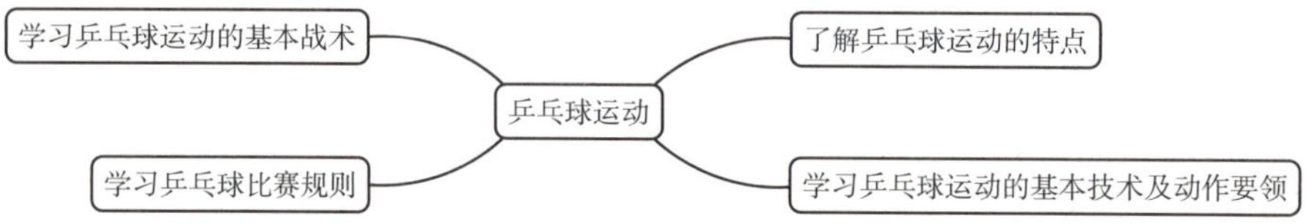

高素质技能型人才培养目标

知识目标	能力目标	素养目标
1. 了解乒乓球运动的发展历史、场地设施以及器材和规则，掌握乒乓球运动的基本技术，能够合理地运用技术，完成常规的战术配合； 2. 掌握乒乓球运动训练的基本原则、训练方法和手段，包括体能训练、技术训练、心理训练等；合理安排训练内容和进度，提高训练效果	1. 能有效提高身体素质、运动速度、身体柔韧性，促进身心健康，适应未来工作强度； 2. 提高心理素质、自信心、抗压能力和自我管理能力，形成良好的交际能力； 3. 培养团队合作精神和协作能力，学会在团队中扮演不同的角色，与队友有效沟通	1. 培养团结协作、顽强拼搏的精神，增强自信心，形成良好体育素养和终身体育意识； 2. 培养机智、勇敢、果断的性格，勇于克服困难，在未来工作中学会与他人合作； 3. 提高纪律性和责任感，养成良好的生活习惯、职业操守和精神面貌

乒乓球运动起源于十九世纪末的英国，相传当时几个大学生将桌子当作场地，用木板代替球拍，将酒瓶塞当作球，像打网球一样在桌子上推来推去，故称之为“桌上网球”，这就是乒乓球英文“Table Tennis”的由来。

拓展阅读

乒乓球运动的起源和发展

思政园地

地瓜理论与乒乓球（来源：学习强国）

任务一　了解乒乓球运动的特点

乒乓球运动在广大人民群众中有广泛基础，人们对乒乓球运动有深刻了解。其运动特点归纳起来有以下三个方面。

1. 技术的多样性

乒乓球运动的握拍多种多样，有直握、横握、多维拍；球指胶皮有正胶、反胶、长胶、生胶；乒乓球运动有多种技术，主要技术大约有 8 大类 81 项，而且旋转变化的种类也比较多，典型的旋转就有 26 种（基本旋转 6 种，混合旋转 20 种）；技术风格有快、狠、稳、变、转之分；乒乓球运动的打法，有近台快攻、中台攻防结合、远台削反攻等。在进行乒乓球运动时，运动员可以根据自己的身体素质和领悟技术的能力选择自己喜欢的技术与打法。

2. 功能的两元性

乒乓球运动的功能是指乒乓球运动的功效和职能，包括个体发展与社会发展功能。乒乓球运动最首要功能是促进个体发展，最直接功能是促进身体健康，最深远功能是影响社会政治、经济、文化的发展。乒乓球运动的特点，决定了不同年龄、不同性别、不同身体条件的人均可参加，并且都乐于接受集竞赛和趣味于一身，融智慧与激情于一体的项目。

3. 行为的文明性

乒乓球运动是隔网对抗类项目，相对于足球、篮球等运动而言，没有直接的身体对抗；相对于武术，跆拳道、柔道等项目，它的运动损伤几乎不存在。此外，乒乓球运动的运动量可大可小，参与者可以充分发挥主观能动性。单打时运动强度可以自行调节，体力不支的时候可以采用防守或控制对待来球，精力充沛的时候可以采用主动进攻的击球技术回击来球。乒乓球运动的参与者个性张扬而收敛。在乒乓球运动中，当你选择进攻时，就必须力挽狂澜，充分发挥自己的特色技术，张扬自己的个性；而当你选择防守时，就要控制好来球，时刻盯紧来球，此时表现出来的个性就显得非常收敛。

任务二　学习乒乓球运动的基本技术及动作要领

乒乓球的每一板都是从准备姿势开始的。乒乓球准备姿势是指两脚左右开立，比肩略宽，身体重心作用于两脚之间；两膝微屈，上体前倾身体重心向前，两前脚掌受力，双眼注视来球，持拍手自然弯曲，双手置于胸前，手腕适当放松，做好接球前的准备。

一、握拍

乒乓球握拍包括横握球拍和直握球拍两种方式。同一握拍方式中，存在不同的握拍方法并对技术动作有不同的影响。

（一）直握球拍

1. 直握球拍的方法

直握球拍是指用拇指和食指握住球拍拍柄与拍面的结合部位，食指的第三关节内侧贴在拍柄右侧，第二关节压住球拍的右肩，第一关节向内弯曲，拇指的第一关节压住球拍的左肩，其他三指自然弯曲斜型重叠，以中指第一指关节托于球拍背 1/3 上端。握球拍分为标准握法、深握法和浅握法三种，如图 6-3-1 和图 6-3-2。标准握法是指握拍拇指和食指深浅适宜地握住拍肩的两侧。深握法是指握拍拇指和食指较深地握住拍肩的两侧。浅握法是指握拍拇指和食指比较浅地握拍肩的两侧。以上三种握法主要用于左推右攻打法。

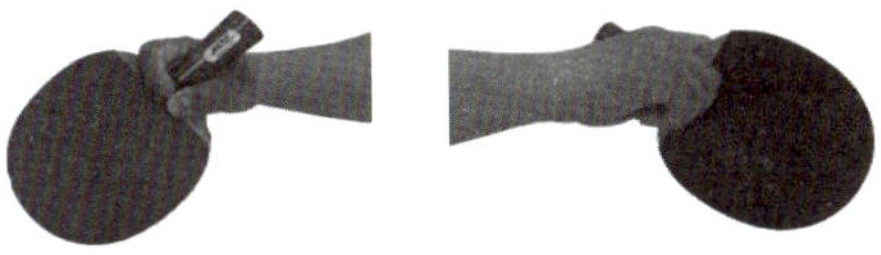

图 6-3-1　直拍标准握法（正面和反面）

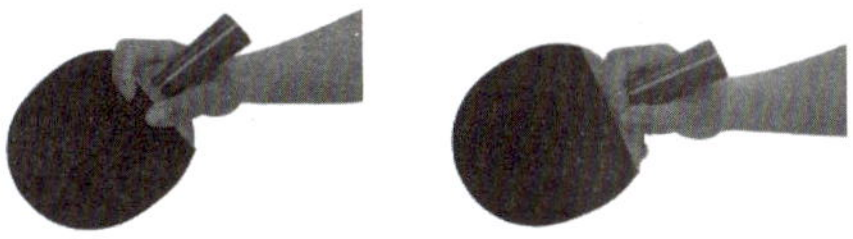

图 6-3-2　直拍深握法和浅握法

2. 直握球拍的特点

直握球拍的特点是手腕比较灵活，可以充分运用手腕的动作；台内球处理较好，侧身进攻比较灵活。

3. 直握球拍的运用

正手攻球时，拇指和中指协调用力控制好拍形，食指放松，中指指尖顶住拍背面，保证持拍的稳定和发力，如图 6-3-3。推挡时，食指和中指协调用力控制拍形，拇指相对放松。

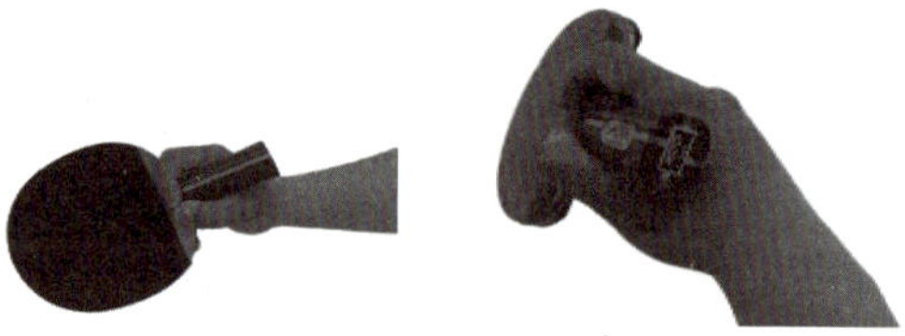

图 6-3-3　正手攻球时的握拍

(二)横握球拍

1. 横握球拍的方法

横握球拍是指用中指、无名指和小指自然握住拍柄,拇指在球拍正面轻贴在中指旁,食指自然伸直斜放于球拍反手面,虎口正中央贴拍柄正侧面,如图 6-3-4。虎口稍紧贴拍柄正侧面,称为深握法,图 6-3-5。虎口处稍离开拍柄肩侧,称为浅握法,图 6-3-6。

图 6-3-4　横拍标准握法

图 6-3-5　横拍深握法

图 6-3-6　横拍浅握法

2. 横握球拍的特点

与直握球拍比较,横握球拍方法比较简单,动作容易固定,易于发力,但灵活性略差一些。在横握球拍方法中,深握法拍形比较容易固定,发力比较容易,手腕灵活性相对略差些。浅握法的手腕相对灵活一些,处理台内球比较容易,但发力相对略差些。

3. 横握球拍的运用

正手击球时,一般情况下用食指顶住拍背面,拇指和食指在虎口处适当夹住球拍的拍肩,如图 6-3-7。反手击球时,一般情况下用拇指顶住拍面,拇指和食指在虎口处适当夹住球拍的拍肩,如图 6-3-8。

图 6-3-7　横握球拍(正手击球)

图 6-3-8　横握球拍(反手击球)

二、步法移动

步法移动是乒乓球技术中一项重要的内容。步法移动包括起动、位移和制动。人体从相对静止到快速移动的过程称为起动。起动的目的是为移动速度做准备。位移用于表示人体的位置变化,指由初位置到末位置的有向线段的移动。人体的位移速度是由起始速度决定的。由于步法的移动可能是两个步法技术动作构成的,所以人体的位移就是不断起动的结果。从运动到静止的过程称为制动。制动的过程与起动的过程正好相反。

步法移动技术包括单步移动、跨步移动、跳步移动、并步移动、交叉步移动和小碎步移动。

(一)单步移动

1. 单步移动的特点

移动速度比较快,重心转换比较平稳,是各种类型打法运动员常用的步法之一。单步移动是乒乓球步法移动技术中比较简单而有效的技术。

2. 移动动作标准

（1）起动：一脚前脚掌内侧用力蹬地，并以此脚掌为轴稍转动。

（2）移动：另一只脚向左、右、前、后不同的方向移动。

（3）支撑与还原：当移步完成时，身体重心也随之落在移动脚上，同时挥臂击球。

移动技术的关键点是移动时身体重心向击球方向移动，击球后注意用移动脚的前脚掌内侧蹬地，使身体还原。

（二）跨步移动

1. 跨步移动的特点

跨步简单来说就是一脚先跨，另一脚后跟。跨步移动幅度比单步大，速度比较快，利于身体还原。

2. 移动动作标准

（1）起动：用来球方向的异侧脚前脚掌内侧蹬地。

（2）移动：另一脚向来球的前、后、左、右的不同方向跨出一大步，向来球方向移动时，另一只脚迅速滑动半步跟过去，然后挥拍击球，身体重心不要起伏过大。

（3）支撑与还原：在移动脚落地时，即可制动，击球后快速还原。

移动技术的关键点是向击球方向移动时步法不宜跨得过大，另一脚要及时跟进，击球后注意用移动脚的前脚掌内侧蹬地，使身体还原。

（三）跳步移动

1. 跳步移动的特点

跳步移动的幅度比单步、跨步都大。跳步移动时，常有短暂的腾空时间，这对于保持身体重心的稳定有一定的影响，通常靠膝、踝关节的缓冲减少重心的起伏。

2. 移动动作标准

（1）起动：来球异侧方的脚前脚掌内侧用力蹬地。

（2）移动：两脚同时离地，向左、右、前、后不同的方向移动。

（3）支撑与还原：蹬地用力的脚先落地，当移步完成时，身体重心也随之落在持拍手侧的脚上，同时挥臂击球，注意还原。

移动技术的关键点是移动时要保持使身体重心尽量平稳，击球时机是在持拍手同侧脚落地时。

（四）并步移动

1. 并步移动的特点

并步就是一脚先并，另一脚再跨。并步移动的幅度比单步大但比跳步小，由于并步移动时没有腾空动作，利于保持身体重心的稳定。

2. 移动动作标准

（1）起动：用来球方向的异侧脚前脚掌内侧蹬地。

（2）移动：在发力脚向另一脚并拢的同时，另一脚向来球的前、后、左、右的不同方向跨出一步，身体重心不要起伏过大。

（3）支撑与还原：在持拍手的同侧脚落地时，挥拍击球。脚落地时即可制动，击球后快速还原。

移动技术的关键点是向击球方向移动时，不宜跨得过大；击球后注意用移动脚的前脚掌内侧蹬地，使身体还原。

（五）交叉步移动

1. 交叉步移动的特点

交叉步移动的幅度比前几种步法都大，主要用来对付离身体较远的球。

2. 移动动作标准

（1）起动：来球方向的异侧脚前脚掌内侧蹬地，使身体重心向来球方向移动，并转为来球方向的同侧脚蹬地，同时身体向移动方向转动。

（2）移动：来球方向异侧脚从另一脚的前面跨过，在落地时，挥拍击球。

（3）支撑与还原：在来球方向的异侧脚交叉落地后，另一脚快速移动到外侧支撑进行制动，并快速还原。

移动技术的关键点是前交叉步的时机要和击球时机结合好，击球后支撑脚的移动要迅速，使身体快速还原。

（六）小碎步移动

1. 小碎步移动的特点

小碎步是一种连接不同步法使用或组合使用的技术，对身体重心的调节、击球位置的选择、发力方式的选用有着重要作用。

2. 移动动作标准

（1）起动：用两脚前脚掌内侧蹬地。

（2）移动：两脚尽量靠近地面，在身体重心起伏不大的情况下，向左右前后移动。

（3）技术衔接：根据来球情况调整击球位置，与不同步法进行结合。

移动技术的关键点是根据来球决定是否使用小碎步，注意身体重心的调整。

三、发球技术

发球技术是乒乓球竞赛中唯一不受对方限制的技术，主要有平击发球，侧上、下旋发球；从发球技术动作的方式划分，主要有正手发球、反手发球和下蹲发球；从抛球的高低划分，有高抛发球和低抛发球。

（一）平击发球

1. 平击发球的特点

速度比较慢，力量比较轻，技术容易掌握，是发球一项基本技术。正反手平击发球如图 6-3-9。

正手平击发球

反手平击发球

2. 正、反手平击发球的技术动作标准

（1）站位：身体距离台约 40 厘米，两脚开立，略宽于肩。

（2）引拍：发球抛球时，向后上方引拍，球拍拍面略前倾。

（3）击球：球拍向前下方挥动，击球的中部略偏上。

（4）还原：击球后迅速还原。

图 6-3-9　正手、反手发平击球

技术动作的关键点是抛球和引拍的时机要准确；挥拍击球时有一个略向前下方向压球的动作；力量不要过大。

（二）侧上、下旋发球

1. 侧上、下旋发球的特点

球具有混合旋转的性质，易于在旋转和速度方面进行变化组合，是比较常用的发球技术。在旋转变化方面，以侧下发球为主，配合侧上旋发球；在速度变化方面，可以把侧上旋当作奔球来用。

正手侧上旋发球

正手侧下旋发球

2. 正手侧上、下发球的技术动作标准

（1）站位：左脚在前右脚在后，身体侧向球台，降低身体重心。

（2）引拍：引拍时，球拍向上引，同时腰后转，抛球手抬起。

（3）击球：球拍向前下方挥动，腿和腰腹用力带动手臂，拍触球时，手臂和手腕发力。触击球后，可使手髋外展的假动作。侧上旋发球的拍面略微立起，在球拍横向挥动中，摩擦球的中部；侧下旋发球的拍面略后仰，在球拍向侧下方挥动中，摩擦球的中下部。

（4）还原：控制结束动作利于还原。

技术动作的关键点是引拍要充分，要充分发挥身体转动的力量；侧下旋发球，球拍略后仰，摩擦球的内侧下部；侧上旋发球时球拍略立起，摩擦球的内侧中部；触球时动作尽量一致，发力要集中。

3. 反手侧上、下旋发球的技术动作标准

反手侧上旋发球　　反手侧下旋发球

（1）站位：两脚平行或右脚稍前。

（2）引拍：抛球时，拍向后上方引，手腕稍外展，同时腰后转，左脚稍抬起，重心移至右脚，球拍适当后仰。

（3）击球：击球时，以转腰、身体重心向左脚转带动手臂、手腕发力，发侧上球时，击球点在球拍向前下挥转向横侧上方挥动之前；侧下发球时，击球点在球拍向前下挥动开始时。

（4）还原：发球后，迅速还原。

技术动作的关键点是运用好腰的力量；发侧上旋球时，击球点在球拍向下转向横侧上方挥动之前；发侧下旋球时，击球点在球拍向下挥动开始时。做侧上、下旋发球时，击球点的位置尽可能地接近。

（三）下蹲发球

1. 下蹲发球的特点

发球具有强烈的旋转变化和能够给对方刺激，在比赛的关键时刻使用往往具有比较好的效果。下蹲发球如图 6-3-10。

下蹲发球

2. 下蹲发球的技术动作标准

（1）站位：一般在左半台，抛球时身体开始下蹲。

（2）引拍：球拍向持拍手侧肩的上方引，引拍线路呈半弧状，球拍略后仰。

（3）击球：在球下降至头上方时，挥拍摩擦球，可以用球拍的两面来摩擦球。可以用球拍内侧来摩擦球的外侧中上、外侧中下部；也可以用球拍的外侧来摩擦球的内侧中下部。

图 6-3-10　下蹲发球

技术动作的关键点是发侧下旋球时，击球点是在球拍向前下方挥动转向内侧方变化之后；发侧上旋球时，击球点是在球拍向横侧方变化之前。

易犯错误与纠正方法

①击球点过高，球易出界。

纠正方法：造成球出界的主要原因是球拍举得过高，击球点高，应降低引拍位置，调整击球点。

②发出球旋转不强。

纠正方法：造成球旋转不强的原因是只用手腕的力量，没有全身协调用力，引拍和挥拍时要用腿和腰腹的力量，全身协调用力击球。

③发不出下旋球。

纠正方法：造成发不出下旋球的原因是拍面前倾过多，害怕击不到球，应调整拍形，击球时球拍拍面后仰。

四、搓球技术

搓球是在近台还击下旋来球的基本技术，属于控制性技术，可为进攻制造机会。搓球技术包括正手搓球、反手搓球和摆短。

(一)正手搓球

正手搓球的技术动作标准，如图 6-3-11。

(1)站位：判断好来球方向，选取站位。

(2)引拍：球拍向后上方稍引，球拍稍后仰。

(3)击球：球拍向前下方挥动，用球拍的下半部摩擦球的中下部。急触球时前臂手腕适当加力，直拍击球时拇指用力明显。慢搓时，击球的下降期。慢搓是搓球学习的入门技术。快搓时，击球的上升期。快搓是比赛中常用的搓球技术。

(4)还原：随势挥拍动作尽可能短。

正手搓球

图 6-3-11　正手搓球

技术动作的关键点是注意借力发力;身体前迎帮助小臂发力;触球时,手腕快速发力摩擦球。

(二)反手搓球

1. 反手搓球的特点

动作幅度不大,出手较快;弧线低,落点变化丰富,是下旋控制技术中的基本技术。反手搓球,如图 6-3-12。

反手搓球

2. 技术动作标准

(1)站位:判断来球,选好站位。

(2)引拍:球拍稍后引至腹前,手腕适当放松。

(3)击球:挥拍时,拍面后仰,球拍向前下方搓去,击球时手腕发力击球的中下部。直拍击球时,食指略用力。慢搓时,击球的下降期。

(4)还原:随势挥拍动作尽可能缩短,便于还原。

图 6-3-12 反手搓球

技术动作的关键点是注意借力发力;摩擦球的力量要集中。

(三)摆短

1. 摆短的特点

摆短是快搓技术的进一步发展,是回接和控制对方近网下旋短球的有效技术,具有动作小、借力多、出手快、回球短的特点,正手侧身摆短时具有战术的隐蔽性,正手摆短如图 6-3-13,反手摆短如图 6-3-14。

2. 正手摆短的技术动作标准

正手摆短

(1)站位:判断来球,右脚向前跨步,身体靠近球台。

(2)引拍:球拍向后略引,球拍稍后仰。

(3)击球:拍向前下侧方挥动,在来球的上升前期,摩擦球的中下部;触球时用手腕适当发力,控制球在对方球台的近网处。

(4)还原:击球后,退步还原。

图 6-3-13　正手摆短

技术动作的关键点是步法前跨要及时，要保证手臂充分伸进台内；摩擦球的动作要快而小，注意借力用力。

3. 反手摆短的技术动作标准

（1）站位：判断来球，右脚向前跨步，身体靠近球台。

（2）球拍：球拍向后略引，球拍稍后仰。

（3）击球：拍向下侧方挥动，在来球的上升前期，摩擦球的中下部；触球时用手腕适当发力，力量不应太大。控制球在对方球台的近网处。

（4）还原：击球后，退步还原。

反手摆短

图 6-3-14　反手摆短

技术动作的关键点是手腕控制击球的力量和弧线；动作要小，借力用力。

易犯错误与纠正方法

①回球下网。

纠正方法：造成回球下网的主要原因是对球的下旋过低，拍面前倾严重，应调整拍面位置，拍面后仰去接球。

②回球高或出界。

纠正方法：造成回球高或出界原因是对来球下旋估计过高，应调整拍面位置，拍面立起一些去接球。

③回球从球台两侧出界

纠正方法：造成球从球台两侧出界的原因是对侧旋判断不够，应调整拍形，击球时球拍左右调整。

五、攻球技术

攻球技术是指击球方式上以撞击为主的进攻性技术，是乒乓球主要得分技术之一，也是基本技术之一。乒乓球攻球技术包括正手攻球和反手攻球。

（一）正手攻球

正手攻球

1. 正手攻球的特点

近台攻球的站位离台约 50 厘米，击球点在来球的上升期或高点期，击出球的速度比较快，动作幅度比较小，借对方来球的力量发力。中远台攻球的站位离台 70~100 厘米，击球点在来球的下降期，击出球的速度比较慢，动作幅度比较大，主要靠自己主动发力。正手攻球如图 6-3-15。

2. 技术动作标准

（1）站位：判断来球，选好站位。

（2）引拍：引拍时重心向右脚移，向后下方引拍，球拍不要低于球台，右肩随转腰略下沉。拍形前倾，直拍握拍手的拇指稍用力压拍，食指略放松，中指、无名指前端顶住球板。

（3）击球：向左前上方挥拍，击球的中上部，在高点前期击球，身体重心由右脚移至左脚。

（4）还原：还原到准备动作。

图 6-3-15 正手攻球

技术动作的关键点是引拍动作不要过大，注意运用腰的转动；击球点在身体的侧前方；要主动迎击来球。

（二）反手攻球

反手攻球

1. 反手攻球的特点

反手近台攻球的站位离台 40~50 厘米，击球时的出手具有比较强的隐蔽性，突然性强，速度快；反手中远台攻球的站位离台 70~100 厘米，对正手位进攻后回反手位和相持中保持进攻有着重要作用。反手攻球如图 6-3-16。

2. 技术动作标准

（1）站位：靠近球台，右脚略前。

（2）引拍：向后方引拍，转体同时沉右肩，球拍与手臂基本保持在一条线上，肘关节和右肩略前顶。

（3）击球：球拍略前倾，击球点在体侧前方，挥拍向前上方，转腰时重心移至右脚，击球时发力。

（4）还原：随挥动作和腰的转动结合起来。

图 6-3-16　反手攻球

技术动作的关键点是站位要正确;引拍动作和腰转动结合起来;注意前臂和手腕的用力。

易犯错误与纠正方法

①正手攻球,击不准球。

纠正方法:击不准球常出现业余选手中,造成击不准球的主要原因是球的落点判断不准,对球的观察不够,引拍动作不到位,应多采用多球进行练习,强化来球落点的判断。

②正手攻球,击球位置让不开。

纠正方法:造成正手攻球,击球位置让不开原因是拍没引到体侧,没有做转腰的动作,把拍放到体侧,通过转腰引拍来完成击球。

③正手攻球手腕下垂。

纠正方法:造成正手攻球手腕下垂的原因是握拍不正确,出现动作僵硬、发不出力现象,应手腕略微上提,多做徒手模仿练习。

六、挑打技术

挑打是一种主动处理台内球的技术,已经成为乒乓球抢先进攻的重要手段。挑打技术如图 6-3-17。

1. 挑打的特点

动作幅度小,出手和球速快,突然性强;是从台内球开始实施主动进攻的有效战术,可以在接发球时使用,也可以在摆短控制过程中使用。

挑打

2. 技术动作标准

(1)站位:通常使用单步和跨步,迈出右脚使身体向右前靠近球台。

(2)引拍:拍面略向外侧撇并略微引拍,拍形立起。

(3)击球:利用身体的前迎,增加挥拍速度。拍向前下挥,在来球的高点期,触球时,手腕发力挑打球的中部。

(4)还原:由于身体过于贴近球台,在挥拍击球后注意身体快速还原。

图 6-3-17 挑打技术

技术动作的关键点是步法移动快速，选位合理；动作适当的放松，尤其是腕关节的肌肉；击球的力量要突然和集中。

易犯错误与纠正方法

①击球出界或下网。

纠正方法：造成击球出界或下网原因是挑打动作僵硬，手腕和前臂肌肉过于紧张，应调整肌肉放松，在高点期击球。

七、弧圈球技术

弧圈球是乒乓球技术中比较先进的进攻技术。弧圈球技术的优势是把击球速度和旋转能较好地结合起来。弧圈球技术主要包括正手弧圈球和反手弧圈球。

（一）正手弧圈球

正手弧圈球

1. 正手弧圈球的特点

正手弧圈球力量大，速度快；与反手弧圈球比较，其技术使用稳定性比较好；在进攻时，正手弧圈在击球时间和空间方面比较充分。正手弧圈球如图 6-3-18。

2. 技术动作标准

（1）站位：判断来球；确定来球和拉球部分，拉球前身体重心较低。

（2）引拍：球拍向下后引，身体随之向右转动，右肩下沉，重心在右脚上。

（3）击球：向上方偏前挥拍，拉球点在肘关节收缩至 130°~150° 时，摩擦球的中上部，并加大摩擦力。身体重心向左迅速移动，身体稍向上抬起，拉球的高点后期。

（4）还原：随势挥拍动作要尽量小，并注意还原。

图 6-3-18　正手弧圈球

技术动作的关键点是控制拍面角度，摩擦球的中上部；充分利用腿部蹬伸的力量。

（二）反手弧圈球

1. 反手弧圈球的特点

出手速度快，落点变化隐蔽，可以直接得分，是主动上手的有效技术，为正手进攻创造良好的机会。反手弧圈球如图 6-3-19。

反手弧圈球

2. 技术动作标准

（1）站位：判断来球，选好拉球位置。

（2）引拍：身体重心下降，右肩下沉，球拍向下后方引至腹下，球拍适当前倾，肘关节略向前顶出，持拍手要适当放松，手腕下垂。

（3）击球：球拍向上前方挥动，击球点在腹前方，触击球时，身体向前上方顶劲，前臂以肘关节为轴，快速挥动中带动手腕的扭动发力，直拍击球时，拇指压拍，食指带动球拍挥动；摩擦球的中部，身体稍后仰，帮助手腕调节弧线；拉球的下降前期。

（4）还原：要控制挥拍的距离，以便尽快还原。

图 6-3-19　反手弧圈球

技术动作的关键点是引拍时手腕要略下垂，拇指压迫；拍面要打开；顶肘，挥臂，手腕短促加力。

易犯错误与纠正方法

①拉弧圈球，球的旋转不强。

纠正方法：造成球的旋转不强的原因是引拍不够，重心高，球的加速距离不够，应多做徒手动作练习，引拍时要降低重心。

②拉弧圈球，球缺乏弧线。

纠正方法：造成拉出去球缺乏弧线原因是引拍位置高，向前挥臂多，向上拉少，应改进拉弧圈球动作，注意引拍动作。

③拉弧圈球，击球落空。

纠正方法：造成拉球落空的主要原因是击球时间不对，对来球性质判断不清，应多进行多球练习，在球的下降期拉球。

八、发球与抢攻结合技术

发球与抢攻结合技术主要有发球后正手进攻、发球后反手抢攻和发球后连续抢攻。

（一）发球后正手进攻

1. 发球后正手进攻的特点

进攻范围比较大，正手抢攻在击球点选择上范围比较大，可以调整的空间大，技术稳定性比较高。

2. 技术动作标准

（1）发球：根据对方回接球的控制能力，决定发何种球。

（2）判断与步法移动：发球后判断来球的方向。当对方回接球到正手位时，移动方向的异侧腿蹬地，移动身体重心，运用交叉步扑正手位。

（3）引拍：在步法移动过程中，进行引拍。一般情况，引拍距离是根据来球旋转程度和回击力量的大小决定的；来球下旋强，需要加大击球力量，引拍距离就大；反之亦然。

（4）抢攻：在交叉步的前交叉脚落地时，挥拍拉球的中上部，身体带动手臂发力。

（5）还原：前交叉脚落地后，另一脚迅速向外侧做支撑，克服身体重心的外倾，保持身体平衡，迅速还原。

技术动作的关键点是发球技术使用要严谨，预先估计对方回接球落点和旋转程度的可能性；进攻技术和发球技术要衔接好，注意利用可以选择的击球点进行调整。

（二）发球后反手抢攻

1. 发球后反手抢攻的特点

技术动作比较小，速度快，突然性强，击球点的空间选择范围相对正手要小，技术精确性要求比较高。

2. 技术动作标准

（1）发球：根据对方回接球的控制能力，决定发何种球。

（2）判断与步法移动：正手发球后身体还原到球台一侧，判断来球的方向。当对方会接到反手位时，收腹和降低身体重心，快速找好击球位置。

（3）引拍：引拍的距离是根据来球旋转程度和回击力量的大小决定的；来球下旋强，需要加大击球力量，引拍距离就大；反之亦然。

（4）抢攻：击球的高点期，挥拍拉球的中上部，用腿的蹬伸力量带动手臂和手腕发力。

（5）还原：拉球后，要保持身体平衡，迅速还原。

技术动作的关键点是发球技术使用要严谨，预先估计对方回接球落点和旋转程度的可能性；进攻技术和发球技术要衔接好，准确把握好击球点。

九、搓接与抢攻结合技术

搓接球与抢攻结合技术是在对来球进行反控制基础上，实施抢攻的结合性技术。

1. 正手搓后正手侧身位抢拉的技术动作标准

（1）搓球：根据对方回接球的控制能力，决定搓球的性质，以制造进攻机会。

（2）判断与步法移动：正手搓球后，判断来球的方向。当对方回接球到反手位时，移动方向的异侧腿蹬地，移动身体重心，运用侧身步（小跳步或并步加跨步）快速让开击球位置。

（3）引拍：一般情况下，引拍的距离是根据来球旋转程度和回击力量的大小决定的；来球下旋强，需要加大击球力量，引拍距离就大；反之亦然。

（4）抢攻：击球的高点期或高点后期，挥拍拉球的中上部，用腿的蹬伸力量带动手臂和手腕发力。

（5）还原：拉球后，要保持身体平衡，迅速还原。

技术动作的关键点是快搓要有一定质量，预先估计对方回接球落点和旋转程度的可能性；进攻技术和搓球技术要衔接好，正手进攻时，可通过击球点的调整，提高进攻质量。

2. 反手搓接后正手位抢拉的技术动作标准

（1）搓球：根据对方回接球的控制能力，决定搓球的性质，以制造进攻机会。

（2）判断与步法移动：搓球后判断来球的方向。当对方回接球到正手位时，移动方向的异侧腿蹬地，移动身体重心，运用跨步选好击球位置。

（3）引拍：在步法移动过程中，进行引拍。一般情况，引拍的距离是根据来球旋转程度和回击力量的大小决定的；来球下旋强，需要加大击球力量，引拍距离就大；反之亦然。

（4）抢攻：挥拍拉球的中上部，身体带动手臂发力。

（5）还原：保持身体平衡，迅速还原。

技术动作的关键点是快搓使用要有质量，预先估计对方回接球落点和旋转程度的可能性；进攻技术和搓球技术要衔接好，正手进攻时，可通过击球点的调整，提高进攻质量。

3. 正手搓接后反手抢拉的技术动作标准

（1）搓球：根据对方回接球的控制能力，决定搓球的性质，以制造进攻机会。

（2）判断与步法移动：正手搓球后身体还原到球台左侧，判断来球的方向。当对方回接球到反手位时，收腹和降低身体重心，快速找好击球位置。

（3）引拍：一般情况下，引拍的距离是根据来球旋转程度和回击力量的大小决定的；来球下旋强，需要加大击球力量，引拍距离就大；反之亦然。

（4）抢攻：击球的高点期，挥拍拉球的中上部，用腿的蹬伸力量带动手臂和手腕发力。

（5）还原：拉球后，要保持身体平衡，迅速还原。

技术动作的关键点是搓球技术使用要严谨，预先估计对方回接球落点和旋转程度的可能性；进攻技术和搓球技术要衔接好，注意根据可以选择的击球点对击球时间进行调整。

4. 反手搓接后反手抢拉的技术动作标准

（1）搓球：根据对方回接球的控制能力，决定搓球的性质，以制造进攻机会。

（2）判断与步法移动：反手搓球后身体还原到球台左侧，判断来球的方向。当对方回接球到反手位时，收腹和降低身体重心，快速找好击球位置。

（3）引拍：一般情况下，引拍的距离是根据来球旋转程度和回击力量的大小决定的；来球下旋强，需要加大击球力量，引拍距离就大；反之亦然。

（4）抢攻：击球的高点期，挥拍拉球的中上部，用腿的蹬伸力量带动手臂和手腕发力。

（5）还原：拉球后，要保持身体平衡，迅速还原。

技术动作的关键点是快搓要有质量，预先估计对方回接球落点和旋转程度的可能性；进攻技术和搓球技术要衔接好，反手进攻时，注意击球时间的调整。

任务三　学习乒乓球运动的基本战术

乒乓球比赛的战术是指运动员根据比赛对手的打法特点，结合场上比赛形势的需要，通过单一技术和结合技术在乒乓球竞技要素上的综合运用，转化为在制胜因素方面的相对优势，从而赢得比赛胜利所采用的手段和方法。

一、发球抢攻阶段主要战术

发球抢攻阶段的主要战术是指发球战术和发球后与第三板结合所采用的战术，战术运用特点主要包括发球战术、发抢战术、发控战术和发防战术。发球技术是乒乓球比赛中唯一不受对方控制的技术，在战术上占有举足轻重的地位。本节讲的发球战术特指第一板的战术，其应用主要体现在发球的速度、力量、旋转、落点和弧线的战术变化上。在比赛中该阶段战术的运用具有重要作用，运动员往往在自己的发球轮中积极抢分，形成优势，为赢得比赛的最终胜利奠定基础。

（一）正手转与不转发球

1. 战术思维

转与不转发球的目的是通过极为相似的动作发出带有强烈下旋或相对不转的球，使对手无法准确判断来球的旋转程度，导致回接球质量不高，为己方抢攻创造机会。发球的旋转反差越大，可能造成对方回接球的质量越差，甚至使对方直接吃发球。比赛前应了解对手接发球尤其回接转与不转发球的能力，比赛中结合假动作的运用，通过不同旋转、不同速度和落点的发球试探，大体了解对方对旋转的判断能力和对回接球质量的把控能力。通过发出高质量的强烈下旋球，主动增强对手暂时性的回接下旋球的手感和意识，再次使用几乎相同的动作发出不转球时，极易造成对手回接出机会球，形成抢攻得分的局面，最好直接造成对手接发球失误，或者通过下旋发球，造成对手无法直接上手抢攻，迫使对方与自己打下旋球，使比赛进入搓攻战术的进程。

2. 技术要领

正手转与不转发球一般取左半台侧身位（以右手持拍为例，下同），发球时拍面适当后仰，由右后方引拍向左下方挥动，前臂带动手腕摩擦球，整个击球动作于身体前方完成。发下旋球时拍面较平，摩擦球的中下部，以便制造旋转。发不转球时，拍面稍立，触球的中后部，撞击多于摩擦。发快速底线长球时，要提高前臂的挥击速度，发近网短球时要加强手腕的摩擦发力。

3. 运用方法

发球落点变化的目的是要超出对手的意料，调动对手被动跑位，使对手在移动中回接球，造成回球质量的下降，为本方实施有效的发抢战术创造条件。发球时根据对方的打法、站位、步法移动和抢攻能力的具体情况而定。

（二）反手转与不转发球

1. 战术思维

反手转与不转发球应用较多的是反手位技术较好或削球打法的运动员，从发球阶段就可以较好地控制住左半台，当对方主动变线至本方正手位时，可以使用正手加强进攻取得优势，或有效地缩短脚步移动的范围。反手发转与不转球时，要使用几乎相同的动作发出具有强烈下旋和相对不转的两种球，球的旋转反差越明显，越容易造成对手回接球失误或形成机会球，便于抢攻。反手发球动作小，相似度高，通过发球时的假动作干扰对方，使其难以对来球的旋转程度进行准确判断，导致对方回接球质量不高，为抢攻创造机会。

2. 技术要领

站位一般在左半台近台位置，持拍手肩部高度略低于非持拍手肩部高度，两腿自然分开，重心稍低。抛球时，身体围绕纵轴向左转动，持拍手由体前左侧向左后上方引拍，拍面后仰，击球时球拍向前下方挥动，根据发球的旋转需要控制好拍面角度和动作幅度，发底线长球时要加大前臂击球速度，发近网短球时要注重手腕的发力摩擦，整个动作的完成要保证连贯性和较强的相似性。

3. 运用方法

发球落点的变化，要根据对方站位、步法移动和抢攻能力而定。一般来说，如果反手下旋发球发得非常转，发不转球时的效果就非常明显。如果反手发球转与不转时动作相似性高，则对方难以区分，发球直接得分或出机会球的可能性大。在注意下旋球质量的同时，还必须使转与不转发球的动作保持较高的一致性。如果对方比较怕接下旋球，可以考虑以下旋发球为主，以不转发球作为干扰，配合运用效果较好。反之亦然。尽管反手转与不转发球在发到对方近网短球时，其速度不算太快，要注意击球的出手速度，来保证发球的质量，从而给对方接发球带来更大的压力和威胁。发底线长球时，应使球具有一定的速度，迫使对方击球时间变晚，对方回接球时，球拍有被球"顶"的感觉。发球的弧线也要引起重视。如果有了落点和旋转变化，发球的速度上也做得不错，但弧线过高，同样会使发球质量降低，特别是发不转球时如果弧线过高，可能会被对方一拍打死。所以发球时，还要尽量做到弧线低。

二、接发球抢攻阶段主要战术

比赛中接发球抢攻阶段的主要战术是指接发球战术和接球后与第四板结合所采用的战术，战术运用特点主要包括接发球战术、接抢战术、接控战术和接防战术。比赛中接发球的作用极为重要，良好的接发球能有效控制对方的抢先上手，甚至变接发球的被动为主动进攻。接球时要及时根据对方发球的特点选择适当的战术。在战术风格上要充分体现出积极主动、抢先上手的特点，要具备多种接发球的战术能力，根据比赛实际情况选择最合适的战术来接球。只有较好地掌握了接发球的战术，才能在比赛过程中取得先机、赢得胜利。

（一）摆短

1. 战术思维

通过对落点的控制，进行线路等方面的变化，使球的第二跳不出台，以此来限制对方上手冲拉弧圈球。积极运用向右下方摩擦回接的侧下旋短球，造成对方回接出近网高球为本方进攻创造机会。在摆短限制对方上手进攻的同时，为自己进攻创造条件。该动作幅度小，出手快，回球短，能有效地控制对手高质量的上手进攻，为自己的进攻创造条件。

2. 技术要领

回摆对方发出的近网下旋球。站位时身体靠近球台，判断来球在近网时，右脚快速向前跨步，积极上手向前引拍，球拍稍后仰。拍面向前下方挥动，在来球的上升前期，摩擦球的中下部。触球时用手腕适当发力，控制好球，使球回接到对方近网处。击球后，退步还原要快。在击球瞬间可以向右下方摩擦，以此控制回球的长度，且回球具有一定的侧下旋，在更接近球网的同时，侧下旋会使对手难以控制，极易出现近网高球，造成被攻。

3. 运用方法

对方发出或回接的近网短球，尤其下旋球，上步快速是关键，回摆的时候，迅速清晰的摩擦球，尽可能地使摆出的球短且具有较强的下旋，增加对手回接球难度，摆短时发力向右下摩擦越多，形成的侧下旋回球质量越高，使对手无所适从，极大地增加了出现机会球的可能性。

（二）晃挑与暴挑

1. 战术思维

用晃挑回接对方发出的近网短球时，基于来球的落点有以下两种情况的考虑。第一种情况是当来球落点在正手位时，上步的同时拍面后仰运用搓球的假动作迷惑对方，以吸引对手上台近网摆短，但击球的瞬间身体适度左转做出晃动，使对方误判回球要到正手位的同时迅速将球击向对手反手位，出其不意，对手由于位置过于近台而无法及时退防，造成被攻。第二种情况，当判断对手发出的球为近台反手位短球时，本方可以积极侧身，或当侧身后发现来球较短无法发力抢攻时可以进行晃挑，在侧身做出正手搓球的假动作后，击球的瞬间向左晃动身体将球击向对手反手大斜角，而不是挑直线正手位。此战术一方面利用身体的晃动干扰对方动作的节奏和对来球线路的判断，另一方面也较好地调动了对方的重心，造成回球困难，对手为左手持拍时运用效果较好。暴挑主要是缘于对方发出的正手位近台球过高，本方急速跨步向前，利用小臂和手腕的爆发力迅猛击球，使对方无法防御。

2. 技术要领

当判断对方发球为正手位短球，选择晃挑回接时，身体重心迅速向右前方移动，上步插手，拍面后仰用正手搓球的假动作迷惑干扰对方，在击球的刹那，前臂快速内旋，手腕外撇，身体左转进行晃动，击球时前臂向前迎球稍收起，和手腕一起发力将球直线击出。对方发短球到本方反手位近台时，两脚迅速跳步侧身让位，注意离球台的距离要符合挑打台内球对发力的要求，持拍手前伸做出搓球假动作后，在击球的瞬间前臂迅速内旋，手腕外展，两肩左转晃动，前臂和手腕向右前方短促迅速地发力，将球击向对方反手大角度。暴挑时技术动作和台内正手挑打短球基本一致，但要突出上步的快速和击球时手腕和前臂爆发力的合理运用。

3. 运用方法

对方发出的近台短球质量不是很高时，直接上手进行挑打容易被对方提前判断而加强防守意识，挑打时重心回位一旦不及时会对下一板的衔接造成困难，使用时一定要注意使用假动作干扰和迷惑对手，“骗过”对方的预判和身体重心，出其不意将球回击到对方大角度，为自己后续的战术实施打下良好基础，暴挑时要突出动作运用的速度，达到攻其不备的目的。

（三）晃撇

1. 战术思维

晃撇是将对方的近网发球，用正手或侧身正手搓加假动作的方法回接过去的一种技术。晃撇对球加上了侧向的摩擦，改变了球的下旋性质，以侧旋性质为主，回到对方的反手，由于具有隐蔽性，球速又快，迫使对方不能进行高质量的进攻，从而形成下一板上手或主动打相持球的局面，通过侧身动作的晃动干扰对方的战术实施，迫使对方做出防守选择，限制对方试图侧身进攻造成威胁。利用侧身做晃撇动作时，要迅速准确地判断来球的落点和旋转，除对近台球积极上手进行晃撇外，还要对出台球做好随时进行抢位的准备，只有这样才能应对对方不同落点的发球。

2. 技术要领

运动员站位近台，以便更好地回接和控制对方发出的近网下旋球，根据对方来球落点的不同考虑使用正手或侧身位进行晃撇，引拍时积极上步，手臂自然弯曲，持拍手迅速前插，选择来球的最高点击球，击球时手腕稍外展，前臂和手腕向前下及左侧方摩擦球，击球的后中下部；对方发反手短球时可采用侧身进行晃撇，侧身要迅速到位，击球后积极主动还原，为下一板的连接做好准备。

3. 运用方法

首先要对对方来球的旋转有较为清晰的判断，和接其他发球一样，对方的来球较转时，拍面要适当后仰，加大向前的用力，动作接近搓球更多一些，来球不转时拍面要适当垂直些，向左侧下的方向多走一点，加力摩擦使回球旋转增加，增大对手处理难度。线路落点方面多注意变化，回接到对方反手位时，可以撇长到对方底线来限制对方进攻。另外，要将晃撇和劈长、摆短等技术综合起来灵活运用，在保持引拍阶段动作相似性的同时，注重接发球技术的多变性和突然性，这样才能给对方施加更大的回球压力，为自己更快地形成有利的进攻局面。

三、相持阶段主要战术

相持段的战术运用是否正确往往决定了一分、一局甚至一盘球的胜负，其制胜作用突出。

（一）正手中远台连续拉弧圈球

1. 战术思维

比赛中双方运动员的发球抢攻或接发球抢攻一旦未能奏效，经常形成相持局面，运动员在相持过程中通过相互的调动往往进入到中远台的正手对拉阶段，正手拉球杀伤力大、速度快、旋转强，要充分利用这些特点积极地调动对手，拉球时在注重速度和力量的同时尽量加转回球，通过对线路和落点的控制尽可能使对方处于被动地位，通过拉两个大角使对方没有反拉反带的机会，或主动进攻对方反手或中路减小对方回球的攻击力，通过变线或加力造成对方出现过渡球、挑高球甚至失误。

2. 技术要领

拉中远台弧圈球时，由于来球上旋较为强烈，因此重心保持稍高，使用正手拉球时为保证较强的力量和较快的球速，引拍距离要充分，加大身体躯干向右的转腰动作幅度，上体不要过分前倾，根据来球线路和落点使用跨步或交叉步快速向击球点移动，击球时右腿快速蹬转，腰腹发力，拍面对准来球，迎击来球时注意手腕手指向前加力摩擦，击球后迅速收臂还原，为下一板还击做准备。

3. 运用方法

进入中远台正手对拉的相持往往开始于双方在前几板较量中平分秋色，当发抢和接抢都被抑制或双方攻防能力较为平衡时就会进入相持阶段，运用中要特别强调拉球时对落点的变化和线路的调动，加强对来球基本线路的判断，及时根据来球速度、旋转和线路情况提前跑动，保证步法到位才能保证拉球的力量和充分的旋转，给对手施加足够的回球压力。

（二）中近台两面摆速

1. 战术思维

发抢和接抢段双方攻防能力均衡，比赛往往进入到中近台的两面摆速相持阶段（双方为女运动员会更多些），该阶段在战术上首先显现出双方通过左中右不同落点或重复落点的回球来积极调动对手的步法跑动，造成对手失位后的被动被攻，在不同落点的摆速中主动加转加上旋，使回球更顶更转造成对手对旋转的不适应而出现机会球，在摆速中还能通过节奏的变化，通过一板或两板的突然加力变线加快节奏和球速，改变原来双方攻防的击球节奏，从而造成对方回球难度加大，充分利用制胜因素中"快"的作用形成优势甚至直接得分。

2. 技术要领

两面摆速是建立在左推右攻技术动作基础之上的，不同的是两面摆速的动作幅度更小，击球速度和脚步移动更快。站位时稍向反手位，收腹含胸，上体稍前倾，持拍手置于胸腹前，身体离球台不宜过近，击球时拍面对准来球，引拍不宜过大，腰要顶住不能放松，重心在两腿之间或偏向左腿，回击不同落点来球时步法要迅速左右移动，左腿蹬地支撑重心，右腿积极配合右手向来球落点移动，拍面下压，发力时蹬地顶腰，身体转动幅度不宜过大，利用小臂前收加速带球，通过增加球的上旋增加对方击球难度。

3. 运用方法

抢拉被防、接发球上手拉球被防或控制对方拉球后都会形成相持局面，有时在关键分加保险多了也会造成由于威胁性小而进入相持，在运用中要以该战术的"变"为核心，通过落点调动跑位，通过回球加转、变化旋转，通过突然加力变化节奏，或以上几种变化集中作用在一板球上，这样的回球才会给对方造成较大的威胁，运用中要充分考虑对手的能力，不要急于求成，老想一板打死，而是要通过步法的调动和节奏的变化使对方回球质量下降，出现机会球时突然发力得分。

任务四　学习乒乓球比赛规则

一、乒乓球比赛的基本条件

1. 球

比赛用球是用赛璐珞或类似的塑料制成的，呈白色或橙色，无光泽。乒乓球应为圆球体，直径为 40 毫米，重量为 2.7 克，如图 6-3-20。

2. 球拍

球拍的大小、形状和重量不限，但底板应平整、坚硬，用来击球的拍面或用一层颗粒向外的普通颗粒胶覆盖，连同黏合剂，厚度不超过 2 毫米；或用颗粒向内或向外的海绵胶覆盖，连同黏合剂，厚度不超过 4 毫米。海绵胶是指一层泡沫橡胶上覆盖一层普通颗粒胶，普通颗粒胶的厚度不超过 2 毫米，如图 6-3-21。

图 6-3-20　40 毫米乒乓球

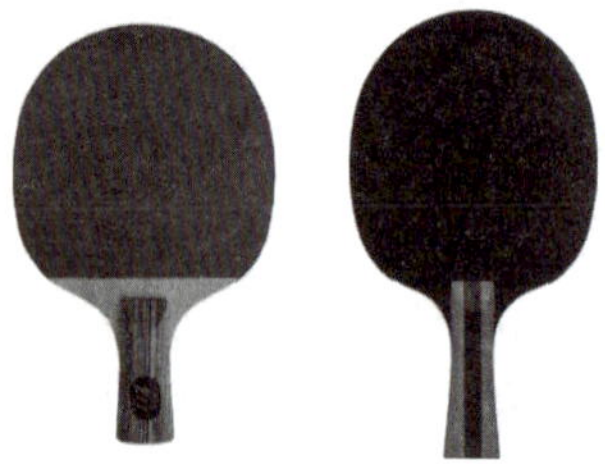

图 6-3-21　乒乓球球拍

球拍两面不论是否有覆盖物，必须无光泽，且一面为鲜红色，另一面为黑色，拍身边缘上的包边应无光泽，不得呈白色。比赛开始时及比赛过程中运动员需要更换球拍时，必须向对方和裁判员展示他将要使用的球拍，并允许他们检查。由于意外的损坏、磨损或褪色，造成拍面的整体性和颜色的一致性出现轻微的差异，只要未明显改变拍面的性能，可以允许使用。

3. 球网

球网是指悬网、悬网绳、网柱及将其固定在球台上的夹钳部分。整个球网的顶端距离比赛台面 15.25 厘米，底边尽量靠近比赛台面，两端尽量贴近网柱，如图 6-3-22。

4. 球台

球台的上层表面叫比赛台面。比赛台面为与水平面平行的长方形，包括球台上面的边缘，不包括上面边缘以下的侧面。长 2.74 米，宽 1.525 米，离地高 76 厘米，沿每个 2.74 米的比赛台面边缘各有一条 2 厘米宽的白线，叫边线。沿每个 1.525 米的比赛台面边缘各有一条 2 厘米宽的白线，叫端线。一条与边线平行将球台划分为两个相等“半区”的 3 毫米宽的白线，叫中线。比赛台面由一个与端线平行的、与比赛台面垂直的球网将比赛台面划分为两个相等的台区，各台区的面是一个整体。双打时，各台区应由一条 3 毫米宽的白色中线，划分为两个相等的“半区”。中线与边线平行，视为右半区的一部分，如图 6-3-23。

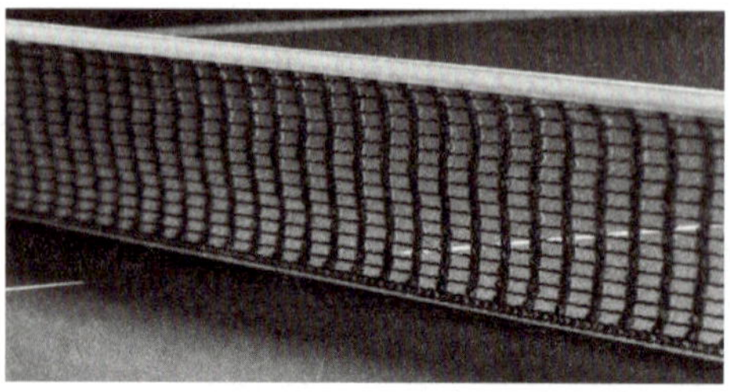

图 6-3-22　乒乓球球网

图 6-3-23　乒乓球球台

5. 比赛条件

（1）赛区空间应不少于长 14 米、宽 7 米、高 5 米；赛区由 75 厘米高的颜色相同的深色挡板围起，与相邻赛区及观众隔开；残疾人轮椅组的比赛场地不得小于长 8 米、宽 6 米、高 5 米。

（2）世界锦标赛和奥林匹克比赛中，从比赛台区高度测得的照明度不得低于 1 000 勒克斯，整个比赛台区照明度均匀，赛区其他地方的照明度不得低于 500 勒克斯；其他比赛中，比赛台区的照明度不得低于 600 勒克斯，整个比赛照明度均匀，赛区其他地方的照明度不得低于 400 勒克斯。

（3）使用多张球台时照明水平应是一致的，比赛大厅的背景照明不得高于比赛区域的最低照明度；光源距离地面不得少于 5 米。

（4）场地四周一般应为暗色，不应有明亮光源，或从未加掩盖的窗户等透过的日光；地板不能颜色太浅或反光强烈或打滑，且表面不得为砖、水泥或石头；世界锦标赛和奥林匹克比赛中，地板为木质或国际乒联批准的某品牌和种类的可移动塑料地板。

二、比赛规则中的基本概念

1. 基本概念

（1）回合：球处于比赛状态的一段时间。

（2）比赛状态：从球被抛起前静止状态的最后一瞬间起，球即处于比赛状态，直到这个回合被判为重发球或得 1 分。

（3）重发球：不予判分的回合。

（4）一分：判分的回合。

（5）执拍手：正握着球拍的手。

（6）不执拍手：未握着球拍的手。

（7）击球：用握在手中的球拍或执拍手手腕以下部分触球。

（8）阻挡：对方击球后，在比赛台面上方或向比赛台面方向运动的球，没触及本方台区、也未越过端线前即触及本方运动员或其穿戴（带）的任何物品。

（9）发球员：一个回合中，首先击球的运动员。

（10）接发球员：一个回合中，第二个击球的运动员。

（11）裁判员：被指定管理一场比赛的人。

（12）副裁判员：被指定在某些方面协助裁判员工作的人。

（13）运动员“穿或戴（带）”的任何物品：包括他在一个回合开始时穿或戴（带）的任何物品，但不包括比赛用球。

（14）“越过或绕过”球网装置：除球从球网和比赛台面之间通过以及从球网和网架之间通过的情况外，球均应视作已“越过或绕过”球网装置。

（15）球台的“端线”：包括端线两端的无限延长线。

2. 合法发球

发球开始时，球自然地置于不执拍手的手掌上，手掌张开，保持静止。发球员须用手把球几乎垂直地向上抛起，不得使球旋转，并使球在离开不执拍手的手掌之后上升不少于 16 厘米，球下降到被击出前不能碰到任何物体。当球从抛起的最高点下降时，发球员方可击球，使球首先触及本方台区，然后越过或绕过球网装置，再触及接发球员的台区。双打中，球应先后触及发球员和接发球员的右半区。从发球开始，到球被击出，球要始终在比赛台面的水平面以上和发球员的端线以外；而且不能被发球员或其双打同伴的身体或他们所穿戴的任何物品挡住。运动员发球时，应让裁判员或助理裁判员看清他是否按照合法发球的规定发球：裁判员或副裁判员对运动员发球是否合法有怀疑，在一场比赛中第一次出现时将进行警告，判重发球不罚分；同一场比赛中，如果该运动员或其双打同伴发球动作的合法性再次受到怀疑，不论是否出于同样的原因，均判接发球方得 1 分；无论是否是第一次或任何时候，只要发球员明显没有按照合法发球的规定发球，接发球方将被判得 1 分，无须警告。运动员因身体原因不能严格遵守合法发球的某些规定时，可由裁判员做出决定免于执行。

3. 合法还击

对方发球或还击后，本方运动员必须击球，使球直接越过或绕过球网装置，或触及球网装置后，再触及对方台区。

4. 比赛次序

单打比赛中，首先由发球员合法发球，再由接发球员合法还击，然后两者交替合法还击。双打比赛中，首先由发球员合法发球，再由接发球员合法还击，然后由发球员的同伴合法还击，再由接发球员的同伴合法还击，此后运动员按此次序轮流合法还击。

三、乒乓球比赛的胜负机制

1. 重发球

回合中出现下列情况应判重发球：发球员发出的球，在越过或绕过球网装置时，触及球网装置，此后成为合法发球或被接发球员或其同伴阻挡；接发球员或同伴未准备好时，球已发出，而且接发球员或其同伴均没有企图击球；由于发生了运动员无法控制的干扰，而使运动员未能合法发球、合法还击或遵守规则；裁判员或副裁判员要纠正发球、接发球次序或方位错误，要实行轮换发球法，警告或处罚运动员，比赛环境受到干扰以致该回合结果有可能受到影响等情况下暂停比赛；双打比赛中，运动员错发或错接。

2. 得 1 分

除被判重发球的回合外，下列情况运动员得 1 分：对方运动员未能合法发球；对方运动员未能合法击球；合法发球或合法还击后，对方运动员在击球前，球触及了除球网装置以外的任何物体；对方运动员击出的球已越过本方端线或比赛台面，且始终没有触及本方台区；对方阻挡；对方故意连击；对方运动员用不符合规定的拍面击球；对方运动员或其穿戴（带）的任何物品使球台移动；对方运动员或其穿戴（带）的任何物品触及球网装置；对方运动员不执拍手触及比赛台面；双打比赛中，对方运动员击球次序错误；实行轮换发球法时，接发球方连续十三次合法还击，包括接发球。

在一局比赛中，先得 11 分的一方为胜方；10 分平局后，先多得 2 分的一方为胜方。一场比赛应有奇数局组成。

四、轮换发球法

如果一局比赛进行了 10 分钟仍未结束（双方比分总和达到 18 分除外），或者在此之前任何时间应双方运动员要求，应实行轮换发球法。轮换发球法一经实行，该场比赛的剩余部分必须继续实行，直至该场比赛结束。

时限到时，球处于比赛状态，裁判员应暂停比赛，由被暂停回合的发球员发球，继续比赛；球未处于比赛状态，应由前一回合的接发球员发球继续比赛。此后，每个运动员都轮发一分球，直至该局结束。如果接发球方进行了 13 次合法还击（包括接发球），则判发球方失一分。轮换发球法一经实行，一直使用到该场比赛结束。

五、比赛官员

1. 裁判长

每次竞赛应指派一名裁判长，其身份和工作地点应告知所有参赛者及队长，裁判长对下列事项负责：主持抽签；编排比赛日程；指派裁判人员；主持裁判人员的赛前短会；审查运动员的参赛资格；决定紧急时刻是否中断比赛；决定一场比赛中运动员是否可以离开赛区；决定是否可以延长法定练习时间；决定一场比赛中运动员能否穿长运动服；对解释规则规程的任何问题做出决定，包括服装、比赛器材和比赛条件的可接受性；决定比赛紧急中断时，运动员能否练习，以及练习地点；对不良行为或其他违反规程的行为采取纪律行动。

裁判长或在其缺席时负责代理的副裁判长，在比赛过程中自始至终应亲临比赛场地。如果裁判长认为必要，可在任何时间更换裁判人员，但不得更改被更换者在其职权范围内就事实问题做出的判定。运动员从抵达比赛场地开始至离开场地，处于裁判长的管辖之下。

2. 裁判员

每场比赛均应指派 1 名裁判员和 1 名副裁判员。裁判员坐或站在球台的一侧，与球网成一直线。副裁判员面对裁判员坐在球台另一侧。

裁判员对下列事项负责：检查比赛器材和比赛条件的可接受性，如有问题向裁判长报告；需要时指定比赛用球；主持抽签，确定发球、接发球和方位；决定是否由于运动员身体伤病而放宽合法发球的某些规定；控制方位和发球、接发球次序，纠正上述有关方面出现的错误；决定每一回合得 1 分或重发球；根据规定的程序报分；在适当的时间执行轮换发球法；保持比赛的连续性；对违反场外指导或行为等规定者采取行动。副裁判员决定处于比赛状态中的球是否触及距离他最近的比赛台面的上边缘。

裁判员和副裁判员均可对下列事项判决：运动员发球动作不合法；合法发球在球越过或绕过球网装置时是否触及球网装置；运动员阻挡；比赛环境受到意外干扰，该回合的结果有可能受到影响；掌握练习时间、比赛时间及间歇时间。执行轮换发球法时，副裁判员或另外指派的一名裁判人员均可当计数员，计接发球方运动员的击球板数。裁判员不得否决副裁判员或计数员在其职权范围内所做出的决定。从抵达比赛区域开始直至离开，运动员处于裁判员的管辖之下。

六、乒乓球比赛管理

当球一结束比赛状态，裁判员应立即报分。如考虑掌声或其他嘈杂声将影响报分，应在情况允许时立即报分。报分时，裁判员应首先报下一回合即将发球一方的得分数，然后报对方的得分数。如一场比赛中即将发球的一方得 5 分，接发球一方得 3 分，此时裁判应报 5 比 3。一局比赛开始和交换发球员时，裁判员应用手势指向下一个发球员，也可以在报完比分后，报出下一回合发球员的姓名。指向下一个发球员手势的含义是：换发球，在国内许多裁判员在运动员发球擦网时，均要报“擦网”“重发”，并用手指向发球方，但此时是重发球，并没有换发球，所以，不应做换发球的手势。一局比赛结束时，裁判员应先报胜方运动员的姓名，然后报胜方得分数，再报负方的得分数。如一局王皓与王励勤的比赛，王皓得 13 分，王励勤得 11 分，裁判员应宣布：王皓，13 比 11 胜。

裁判员除报分外，还可以用手势表示他的判决。当判得分时，裁判员可将靠近得分方的手举至齐肩高，手势应是大臂与身体成 90°，小臂与大臂成 90°，握拳，拳心朝外。当出于某种原因，回合应被判为重发球时，裁判员可以将手高举过头，表示该回合结束，手势应是手臂伸直上举，五指并拢，掌心朝外。当需要换发球时，裁判员应将手指向下一个发球员。手势应是靠近下一个发球员的手臂伸直侧平举，掌心朝前，手指向下一个发球员一边，但并不要求指向下一个发球员所站的位置。

七、乒乓球比赛纪律

1. 场外指导

团体比赛时，运动员可接受任何人的场外指导；单项比赛运动员只能接受一个人的场外指导，而这个指导者的身份应在该场比赛前向裁判员说明。如果一对双打运动员来自不同的协会，则可分别授权一名指导者。如发现未经许可的指导者，裁判员应出示红牌，并令其远离赛区。在局与局的休息时间或经批准的中断时间内，运动员可接受场外指导，但在赛前练习结束后到比赛开始前不能接受场外指导。如果合法的指导者在其他的时间里进行指导，裁判员应出示黄牌进行警告；如在警告后再次违犯，应出示红牌将其驱逐出赛区。

在一个团体赛或单项比赛中的一场比赛中，指导者已被警告过，如任何人再进行非法指导，裁判员将出示红牌，并将其驱逐出赛区，不论其是否曾被警告过。在团体比赛中被驱逐出赛区的人不允许在团体比赛结束前返回，除非需要其上场比赛。在单项比赛中，不允许在该场单项比赛结束前返回。如被驱逐出赛区的指导者拒绝离开或在比赛结束前返回，裁判员应中断比赛，并立即向裁判长报告。

以上规定只限于对比赛的指导，并不限制运动员或队长就裁判员的决定提出正式申诉，或阻止运动员与所属协会的代表或翻译就某项判决的解释进行商议。

2. 不良行为

运动员和教练员应克制那些可能影响对手、冒犯观众或影响本项运动声誉的不良行为，如辱骂性语言、故意损坏球或将球打出赛区、踢球台或挡板和不尊重比赛官员等。任何时候，运动员或教练员出现严重冒犯行为，裁判员应中断比赛，立即报告裁判长；如果冒犯行为不太严重，第一次，裁判员可出示黄牌，警告冒犯者，如再次冒犯将被判罚。除严重冒犯，运动员在受到警告后，在同一场单项比赛或团体比赛中，第二次冒犯，裁判员应判对方得 1 分，再犯，判对方得 2 分，每次判罚，应同时出示黄牌和红牌。

在同一场单项比赛或团体比赛中，运动员在被判罚 3 分后继续有不良行为，裁判员应中断比赛，并立即报告裁判长。如果运动员要求更换没有损坏的球拍，裁判员应停止比赛，向裁判长报告。双打配对中的任何一名运动员所受到的警告或判罚，应视作是该对双打运动员的，但未受警告的运动员在同一场团体比赛随后的单项比赛中不受影响；双打比赛开始时，配对运动员中任何一名在同一场团体比赛中已经受到的最严重的警告或判罚，应视作是该对双打运动员的。如果一名运动员在团体（或单项）比赛中有两场被取消了比赛资格，就自动失去了其参加团体（或单项）比赛的资格。

除教练员或运动员出现严重冒犯行为外，教练员在受到警告后，在同一场单项比赛或团体比赛中再次冒犯，裁判员应出示红牌将其驱逐出赛区，直到该场团体赛或单项赛中的该场单项比赛结束才可返回。无论是否得到裁判员的报告，裁判长有权取消有严重不公平或冒犯行为运动员的比赛资格，包括取消一场比赛、一项比赛或整个比赛的比赛资格。当他采取行动时应出示红牌。裁判长有权取消已经两次被驱逐出赛区的任何人在本次竞赛剩余时间里的临场资格。非常严重的不良行为的事例应报告冒犯者所属协会。

八、双打裁判

1. 发球区的规定

双打比赛中，发球员发球时必须使发出的球先落在本方球台的右半区，然后直接越过或绕过球网触及对方球台的右半区。中线视为右半区的一部分。发球错区判发球方失 1 分。

2. 发球次序的规定

（1）抽签后，确定发球方、接发球方。比赛开始前，裁判员要让发球方确定谁先发球，然后让接发球方确定谁先接发球。接发球方可以根据对方发球员选择合适的队员为接球员。由于发球区的限制，双打中发球威力减小，所以双打比赛时，中签的一方一般选择接发球较为有利。双方确定了发球员和接球员后，就可以排出第一局的发球次序。有甲、乙两对运动员进行双打比赛，甲队由 A、B 两名队员组成，乙队由 X、Y 组成；假如 A 先发球， X 先接发球，那么，在此局中发球、接发球的次序为 A 发 X 接→ X 发 B 接→ B 发 Y 接→ Y 发 A 接，依此类推直到此局结束，顺序如下。

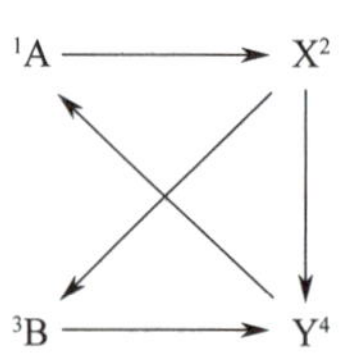

（2）第二局比赛开始时，裁判员仍需让发球方确定第一发球员。如上例，第二局乙队两名队员，可由 X 先发球，也可由 Y 先发球，当发球方确定以后，甲队接发球的运动员必须是第一局发球给本局发球员的运动员。因此，第二局可能顺序如下。

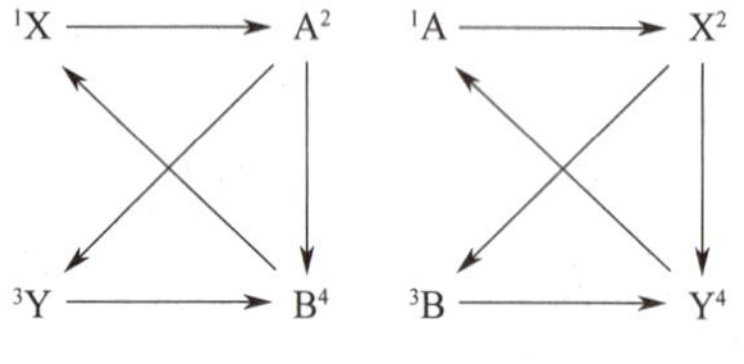

（3）第三局比赛开始时，裁判员仍需让发球方确定第一发球员。如上例，第三局甲队两名队员，可由 A 先发球，也可由 B 先发球，当发球方确定以后，乙队接发球的运动员必须是第二局发球给本局发球员的运动

员。因此，第三局可能顺序如下。

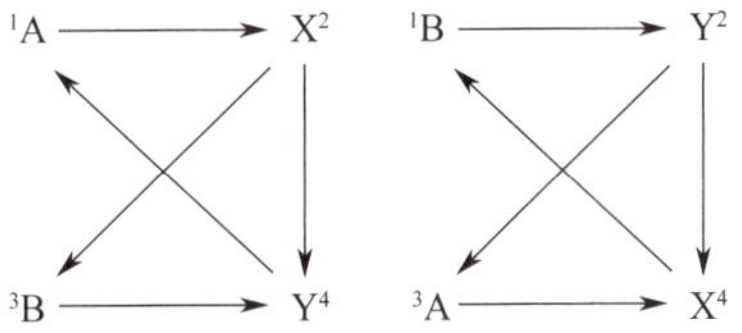

依此类推，决胜局有一方比分先达 5 时，在交换方位的同时必须交换接发球员，裁判员必须清楚下一球哪位运动员是发球员，然后根据记录调整接发球员，使比赛发球、接发球次序与双数局相同。若决胜局比赛开始时，A 发球如比分在 5∶0 时交换方位，应为 B 发 X 接；比分在 5∶1 或 5∶2 时交换方位，应为 Y 发 B 接；比分在 5∶3 或 5∶4 时交换方位，应为 A 发 Y 接。

（4）在长期的裁判实践中，裁判员们摸索出一种只要记住了发球员，利用运动员的某一特征很容易找到接发球员的方法，这是利用“顺向”和“逆向”寻找接发球员的方法，具体方法是先将双方运动员，用同一种区分法把同队的两个运动员区分开，如 A 高 B 矮、X 高 Y 矮，或 A 胖 B 瘦、X 胖 Y 瘦。混合双打中，用 A 男 B 女、X 男 Y 女来区分。根据第一局比赛开始时确定的发球次序，以男、女混合双打为例，若 A 男 B 女、X 男 Y 女，发球次序如下。

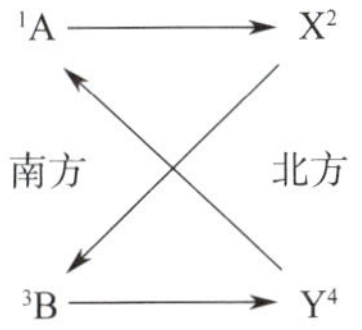

A、B 方发球，必须是男发男接，女发女接，这种同一特征的人接发球，叫做“顺向”。而 X、Y 方发球，必须是男发女接，这种不同特征的人接发球，叫做“逆向”。反之，如果发球次序如下。

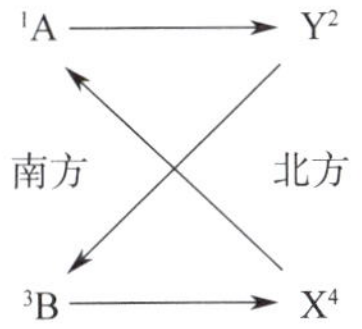

A、B 方发球是“逆向”，而 X、Y 方发球是“顺向”。比赛中哪一方为“顺向”，哪一方为“逆向”，是由第一局确定第一发球员和第一接发球员时决定的，决不能理解为某一方一定是“逆向”或“顺向”。如果第一局的发球顺序为前一种，第二局比赛开始时交换方位后 X、Y 转到南方，A、B 转到北方，发球的次序如下。

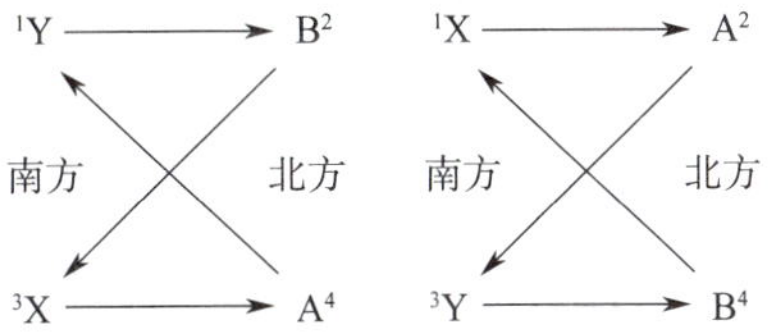

X、Y 方发球时为“顺向”，A、B 方发球时为“逆向”。由此可知，第一局定了顺、逆向之后，站在南方的队发球时总是“顺向”，站在北方的队发球时总是“逆向”。这样根据方位来判断发球员的方法较容易，只要不发生交换方位错误，就很容易知道发球的顺序。裁判员临场时一般都要选择备用球，并将其放在自己上衣首先发球一方的口袋中，第一局比赛开始确定发球次序后，如果从有球一方发出的球为“顺向”，则整场比赛从有球一方发出的球均为“顺向”。

在确定了顺、逆向之后，比赛中无论发生什么样的情况，只要能准确地确定发球员，就可以准确地确定接发球员。例如：第一局确定了第一发球和第一接发员之后，发球次序是：在第二局轮到 Y 发球时，由于这时 XY 在南方应为“逆向”，Y 胖必须是 B 瘦接发球。

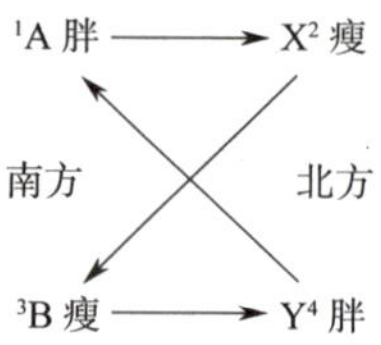

3. 击球次序的规定

参加双打的两名运动员必须轮流每人击球一次，一人连续击球两次失 1 分。

4. 双打判罚的规定

参加双打比赛的两名运动员在执行规则时应被视为一方运动员，对其中任何一名运动员的警告和判罚都被视为对这一方运动员的警告和判罚；但两名运动员的球拍不能互换。

九、团体比赛

（一）团体比赛的形式

1. 五场三胜制的团体比赛（五场单打）

一个队由 3 名队员组成。比赛顺序如下。

（1）A—X

（2）B—Y

（3）C—Z

（4）A—Y

（5）B—X

2. 五场三胜制的团体比赛（四场单打和一场双打）

一个队由 2、3 或 4 名队员组成。比赛顺序如下。

（1）A—X

（2）B—Y

（3）双打

（4）A—Y

（5）B—X

（二）团体比赛程序

（1）所有出场运动员应出自团体报名表。

（2）团体比赛前由抽签的中签者优先选择 A、B、C 或 X、Y、Z。由队长提交给裁判长或其代理人该队名单，并对每一名单打运动员确定一个字母所代表的相应位置。

（3）双打比赛的配对不必立即提交，可在前两场单打比赛结束时提交。

（4）需要连场的运动员有资格在连场的比赛之间有最多 5 分钟的休息时间。

（5）当一个队赢得足够多数场次时，为一次团体比赛结束。

（三）团体比赛记分表（以五场三胜制为例）

团体记分表

项目：

日期	场次号	阶段	轮次	组别	时间	台号

场次	协会				每局成绩					结果	备注
					1	2	3	4	5		
1	A		X								
2	B		Y								
3	C		Z								
4	A		X								
5	B		Y								

比赛结果：　　　　　　　　　　获胜队：
胜方队长签字：
负方队长签字：
裁判员签字：　　　　　　　　　裁判长签名：
竞赛地点：

单项记分表

项目：

日期	场次号	阶段	轮次	组别	时间	台号

局分	运动员姓名、协会和号码	运动员姓名、协会和号码
1		
2		
3		
4		
5		
6		
7		

比赛结果：　　　　　　　　　　获胜队：
胜方队员签字：
负方队员签字：
裁判员签字：　　　　　　　　　裁判长签名：
竞赛地点：

任务实施

步骤一　确定比赛背景与目标

乒乓球作为我国国球，深受广大人民群众喜欢，是最受欢迎的运动项目之一，激烈的对抗性、复杂性、多变的打法，深受广大学生喜爱。本项目旨在精心组织校园乒乓球运动比赛，提高大学生的乒乓球运动水平，培养学生顽强拼搏精神和竞争意识，丰富校园文化生活，促进校园体育的健康发展。

步骤二　明确竞赛规则

比赛采用中国乒乓球协会最新的《乒乓球竞赛规则》。

步骤三　制定比赛规程

（1）参赛队伍与球员：参加比赛的队伍可报领队 1 名，教练员 1 名，单打比赛每个学院最多可报 5 名运动员参赛。

（2）竞赛办法：男子、女子单打比赛采用淘汰赛方法，比赛前进行现场抽签。单打比赛分成两个阶段进行，第一阶段采用一局定胜负，比赛21分制，决出8强进入第二阶段。第二阶段采用三局两胜制，每局比赛11分制。

（3）参赛要求：参赛队员必须为本校在读且参加学校保险的学生，身体有疾病，心脏病、哮喘等不适宜参加体育运动的学生一律不允许参加比赛，如隐瞒参加比赛，产生一切后果由参赛队员自行负责（请各学院领队、教练员认真核实把关）；参赛队员必须代表自己所在学院代表队进行比赛，如有违反，一经发现，取消比赛资格和取得的所有成绩。

（4）录取名次、计分方式及奖励办法：大专男子组、女子组分别录取前8名，中专男子组、女子组分别录取前3名，并颁发证书及奖品。

步骤四　组织比赛进行

比赛流程	具体内容
赛前准备	确定比赛时间、地点和参赛人员
	安排比赛场地、器材和裁判人员
	进行赛前抽签，确定比赛对阵表
比赛开始	双方队员、裁判员、工作人员入场
	裁判组织比赛开始
比赛过程	双方队员按照比赛规则进行比赛，遵守大会制度
	裁判根据竞赛规则，认真判罚
	记录员记录比赛分数、结果
比赛结束	裁判员宣布比赛结束
	记录员统计比赛结果，确定晋级队员，比赛结果上交大会主席台
	确定比赛名次，进行颁奖仪式，表彰优秀队员、裁判员、工作人员

步骤五　注意事项

（1）比赛过程中，参赛队员应遵守比赛规则，尊重裁判员、工作人员以及对方队员。

（2）裁判员应公正执法，确保比赛公平、公正地进行。

（3）工作人员应提前做好比赛场地、器材和人员的安排，检查比赛环境，确保比赛顺利进行。

任务考核

序号	技能点	佐证	评分标准	自评（40%）	师评（60%）
1	基本技术及动作要领	步法移动	8		
2		正手发上旋球	8		
3		正手发下旋球	8		
4		正手攻球	8		
5		反手攻球	8		
6		正手搓球	8		
7		反手搓球	8		
8	基本战术	发球抢攻战术	8		
9		接球摆短战术	8		
10		中近台两面摆速的战术	8		
11	主要规则	单打规则	8		
12		双打规则	8		
13	理解错误纠正	易犯错误与纠正方法	4		

思考与讨论

1. 简述乒乓球基本技术有哪些?

2. 简述乒乓球运动特点有哪些?

3. 从球性的客观存在和球性产生的原因的角度,论述乒乓球技术的复杂性与多变性的关系?

4. 乒乓球比赛中落点和线路控制的战术意义是什么?

5. 论述战术训练、身体训练、心理训练的关系。

知识拓展

乒乓球运动

模块七

难美类运动

项目一　武术运动

知识导图

- 武术运动
  - 学习初级长拳三路
  - 学习二十四式简化太极拳
  - 学习八段锦
  - 了解武术基本功与练习方法

高素质技能型人才培养目标

知识目标	能力目标	素养目标
1. 探究武术在不同历史时期的发展演变，及其蕴含的哲学思想、道德观念和社会价值； 2. 了解武术的基本动作和姿势，包括站桩、踢腿、步型、手型等标准动作的规范和要领； 3. 熟练掌握初级长拳三路、二十四式简化太极拳、八段锦等动作要领	1. 能够熟练、准确、有力地完成武术各种基本动作，展现身体良好的协调性和柔韧性； 2. 掌握套路演练技巧，流畅、连贯地完成整套武术套路，动作规范、节奏分明，展现武术的精气神和艺术美感； 3. 拥有一定的攻防实战能力，能够迅速做出反应，准确运用所学的攻防技巧，有效地保护自己	1. 秉持尊师重道、谦虚有礼、仁爱正义、忠诚守信等道德准则； 2. 通过武术学习，增强对民族文化的认同感和自豪感，传承和发扬中华民族自强不息、坚韧不拔的精神； 3. 从武术的动作、姿态、节奏中感受美、欣赏美，提高自身的审美水平和艺术修养

从原始社会的生产生活与战争实践中诞生的武术，在后续的历史长河中，不断吸收各个时代的文化养分，历经夏、商、周、秦汉、三国两晋南北朝、隋唐、宋、元、明、清等时期的发展，逐步从简单的攻防技巧，演变为涵盖丰富拳种、器械技法，以及深厚文化内涵和理论体系的独特技艺，成为中华民族传统文化宝库中一颗璀璨的明珠。

视频

武术的起源

视频

武术的分类

思政园地

武术的现代意义

任务一 了解武术基本功与练习方法

经常进行武术基本功的练习，可以增强各关节、韧带的灵活性和柔韧性，提高肌肉的弹性和力量。以下是一些武术基本功及其练习方法。

(一)手型

手型主要有拳、掌、勾三种，如图 7-1-1。

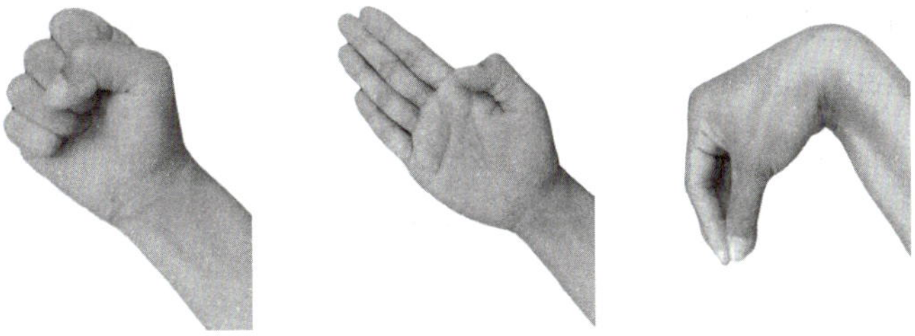

图 7-1-1 拳、掌、勾

(二)手法练习

1. 原地和行进间冲拳

冲拳分为俯拳和立拳两种。俯拳拳心向下，立拳拳眼向上；两脚左右开立，与肩同宽；两拳抱于腰间，肘尖向后，拳心向上；挺胸、收腹、立腰，右拳从腰间向前猛力冲出，同时转腰、顺肩，在肘关节过腰后右前臂内旋，力达拳面，臂要伸直，高与肩平；左肘向后牵拉。出拳要快速有力，做好拧腰、顺肩、急旋前臂动作。

2. 原地和行进间推掌

预备姿势与冲拳相同。右拳变掌，前臂内旋，以掌根为着力点向前猛力推击，同时转腰、顺肩，臂要伸直，高与肩平；左肘向后牵拉。练习时要挺胸、收腹、立腰，出掌要快速有力，同时做好拧腰、顺肩、沉腕、翘掌动作。

(三)肩臂练习

面对肋木或二人对面站立，距离一大步，两脚左右分开与肩同宽。两手抓握肋木或扶同伴双肩，上体前俯、挺胸、塌腰，并做下振压肩动作，如图 7-1-2。练习时两臂、两腿要伸直，振幅应逐步加大，压点集中于肩部。增加助力时，应由小到大。

(四)腰部练习

向前俯腰，由两脚开立逐渐过渡到并脚，两手逐步过渡到抱小腿，如图 7-1-3。练习时腿要直，腰尽量平，还可以进行涮腰和下桥。

图 7-1-2 肩臂练习

图 7-1-3 腰部练习

（五）腿部练习

1. 压腿

（1）正压腿：面对肋木，并步站立；一腿提起，脚跟放在肋木上，脚尖勾起，踝关节屈紧，两手扶按膝上；两腿伸直，立腰，收髋；上体前屈，向前向下做压振动作；左右压腿交替进行，如图 7-1-4。练习时直体向前、向下压振，逐步加大振幅和提高被压腿的高度，先以前额、鼻尖触及脚尖，然后过渡到下颌触及脚尖。

（2）侧压腿：侧对肋木，右腿支撑，脚尖稍外撇；左腿举起，脚跟放在肋木上，脚尖勾起，踝关节紧屈；右臂屈肘上举，左掌附于右胸前；两腿伸直，立腰，开髋；上体向左侧压振。左右交替练习，如图 7-1-5。练习同正压腿；逐步过渡到上体侧卧在被压腿上。

（3）仆步压腿：左腿屈膝全蹲，右腿挺膝伸直，脚尖里扣。两脚全脚掌着地，手抓握脚外侧，成仆步向下压振。左右脚交替练习，如图 7-1-6。

图 7-1-4　正压腿

图 7-1-5　侧压腿

图 7-1-6　仆步压腿

2. 踢腿

踢腿是武术练习中的重要内容，也是表现基本功训练水平的主要方面之一。腿部的柔韧性、灵敏性和控制腿部的力量，都比较集中地从踢腿上表现出来。踢腿的方法有直摆性正踢腿和侧踢腿，另外屈伸性的踢腿这里不作介绍。直摆性腿法技术要领是“三直一勾”：“三直”即腿直、腰直、臂直；“一勾”即脚尖勾。

（1）正踢腿：两脚并立，两手成立掌；左腿向前上半步，左腿支撑，右脚勾起脚尖向前额快踢；两眼向前平视。左右交替进行。练习时挺胸、立腰，踢腿时脚尖勾起绷落或勾起勾落，踢起时快速收腹，过腰后加速，讲究寸劲。

（2）侧踢腿：预备姿势与正踢腿相同。右脚向前上半步，脚尖外展；左脚脚跟稍提起，身体略右转，左臂前伸，右臂后举；随即左脚脚尖勾紧向左耳侧上踢，同时右臂屈肘上举亮掌，左臂屈肘立掌附于右肩前或垂于胸前，眼向前平视。踢左腿为左侧踢，踢右腿为右侧踢。练习时挺胸、立腰、开髋、侧身、快收腹。

3. 劈腿

练习劈腿的目的主要是增强两腿的柔韧性和加大髋关节的活动幅度，提升武术动作的完成度和质量。劈腿分为竖叉和横叉两种。

（1）竖叉：腿前后分开成一字型，双手撑地或两臂侧平举，上身正直，左腿后侧着地，脚尖勾起；右腿的内侧或外侧着地。练习时左右腿交替进行，如图 7-1-7。练习时挺腰直背，沉髋挺膝；前俯勾脚，后屈伸踝。

（2）横叉：两腿左右一字伸开，两手可辅助支撑或两臂侧平举；两腿的小后侧着地，压紧地面，两脚的脚跟着地，两脚尖向左右侧伸展或勾紧胯充分打开，成一字型，如图 7-1-8。练习时挺腰立背，开胯沉髋；挺膝勾脚，前俯倾倒。

图 7-1-7　竖叉

图 7-1-8　横叉

（六）基本步型

1. 弓步

弓步指两腿前后开立一大步，前腿弓，后腿绷直，挺胸、塌腰，眼向前看，如图 7-1-9。练习时后腿用力蹬直。

2. 马步

马步指两脚开立宽于肩，屈膝成 90°，两膝内扣双尖向前，挺胸塌腰双手抱拳于腰两侧，如图 7-1-10。练习时蹲裆式尽量低。

3. 仆步

仆步指一腿全蹲，全脚掌着地；另一腿伸直平仆，亦全脚掌着地，脚尖内扣，上体尽量挺直，如图 7-1-11。练习时不得半蹲。

图 7-1-9　弓步

图 7-1-10　马步

图 7-1-11　仆步

4. 虚步

虚步指两脚前后开立，后退屈膝半蹲全脚着地；前腿屈膝，脚尖内扣点地，如图 7-1-12。练习时尽量低姿势。

5. 歇步

歇步指两腿前后交叉，双腿下蹲，上体直立，如图 7-1-13。练习时不得坐下，大腿撑劲。

图 7-1-12　虚步

图 7-1-13　歇步

任务二　学习初级长拳第三路

长拳是武术套路中的一大类别，是在花拳、查拳、炮拳、华拳、少林拳等拳种的基础上形成的。长拳历史悠久，明代戚继光所著《纪效新书·拳经捷要篇》中记载，“古今拳家，宋太祖有三十二势长拳”。明代程宗猷所著《耕余剩技》是继《武编》《纪效新书》等书之后的一部重要武术专著，对研究古代武术技术的发展，以及少林寺等武术史专题，有着重要的史料价值，其中记载“长拳有太祖温家之类，短打则有绵张任家之类”。表明在明代已有长拳称谓分太祖长拳、温家长拳等不同类别。现代长拳属当今武术中的一大类别，套路为其主要运动形式，即适合基础武术训练，又适合竞赛和技术水平的提高。

知识拓展

长拳的起源与发展

思政园地

武动天下，情系家国

(一)长拳运动的特点

武术对长拳演练水平的评判是从劲力、协调、节奏、风格等方面进行全面评价和比较的。

1. 劲力充足、用力顺达、力点准确

劲力是经长期训练，在意识与气息配合下，由肌肉伸缩展现的有序力量。长拳要求劲力充足，展现出饱满、完整的力量，凸显阳刚之气。发力要顺达，遵循“起于根，顺于中，发于梢”，以意导力、以气催力，使动作顺畅迅速。力点必须准确集中，避免动作未完成就转换，导致力点不明。长拳劲力运用需刚柔相济，不能一味发劲或前后不均。

2. 协调稳定、形神兼备、画龙点睛

协调反映练习者水平，随练习深入，协调性和动力定型提升，套路演练更流畅。现代武术规则要求手、眼、身、法、步及身械配合协调，涵盖上下、左右、内外、身械等方面。长拳协调不仅是技术动作的协调，还包括眼神与动作配合，配合得当可使动作神形兼备，反之则形神分离、套路松散。

3. 节奏规律、动静结合、虚实分明

节奏是有规律的完整运动形式，是武术灵魂，让套路富有生气和感染力。长拳套路节奏由动作的快慢、刚柔、起伏等要素对比和交替组合而成，受多种因素影响。重点体现在劲力、速度、重心、结构的变化上。节奏变化具有相对性和逆反性，动静、快慢相互依存，欲动先静等。良好的节奏感体现武术素养，练习者需研究套路结构和攻防含义来展现节奏。

4. 翻转腾挪、身法各异、独具风格

风格是艺术作品的独特面貌。长拳风格与其他拳种有别，身形挺胸立腰，步型开步低姿，身法以伸缩、俯仰、拧转为主，步法灵活，力法放长击远且劲力充实，姿势挺拔舒展，拳法快捷，腿法丰富多变，气法以提、托、聚、沉为主，整体以腿法和翻腾跳跃为特色。练习者要基于长拳技法特点，进行自我创新，形成独特风格。

(二)初级长拳第三路的动作要领

1. 预备动作和初级长拳第三路第一段(如图 7-1-14 至图 7-1-24)

图 7-1-14　预备式

图 7-1-15　虚步亮掌

初级长拳第三路动作要领

预备动作和初级长拳第三路第一段

图 7-1-16　并步对拳

图 7-1-17　弓步冲拳

图 7-1-18　弹腿冲拳

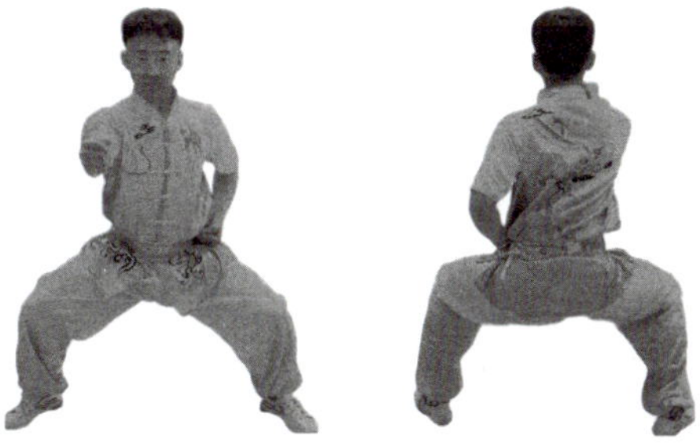

图 7-1-19　马步冲拳

图 7-1-20　弓步冲拳

图 7-1-21　弹腿冲拳

图 7-1-22　大跃步前穿

图 7-1-23　弓步击掌

图 7-1-24　马步架掌

初级长拳第三路第二段

2. 初级长拳第三路第二段（如图 7-1-25 至图 7-1-32）

图 7-1-25　虚步栽拳

图 7-1-26　提膝穿掌

图 7-1-27　仆步穿掌

图 7-1-28　虚步挑掌

图 7-1-29　马步击掌

图 7-1-30　叉步双摆掌

图 7-1-31　弓步击掌

图 7-1-32 转身踢腿马步盘肘

3. 初级长拳第三路第三段（如图 7-1-33 至图 7-1-40）

初级长拳第三路第三段

图 7-1-33 歇步抡砸拳

图 7-1-34 仆步亮掌

图 7-1-35 弓步劈掌

图 7-1-36　换跳步弓步冲拳

图 7-1-37　马步冲拳

图 7-1-38　弓步下冲拳

图 7-1-39　叉步亮掌侧踹腿

图 7-1-40　虚步挑拳

4. 初级长拳第三路第四段（如图 7-2-41 至图 7-2-48）

初级长拳第三路第四段

图 7-1-41　弓步项肘

图 7-1-42　转身左拍脚

图 7-1-43　右拍脚

图 7-1-44　腾空飞脚

图 7-1-45　歇步下冲拳

图 7-1-46　仆步抡劈拳

图 7-1-47　提膝挑掌

图 7-1-48　提膝劈掌弓步冲拳

5. 初级长拳第三路结束动作（如图 7-1-49 至图 7-1-51）

图 7-1-49　虚步亮掌

图 7-1-50　并步对拳

图 7-1-51　还原

任务三　学习八段锦

八段锦起源于北宋时期，至今共八百多年的历史，内容包括肢体运动和气息调理。八段锦的动作具有柔和缓慢，圆活连贯；松紧结合，动静相兼；神与形合，气寓其中等特点。八段锦动作比较舒缓，适合各年龄段的人锻炼，通过练习可以达到调理脾胃、运动血脉的作用，会达到延年益寿的效果，深受广大人民群众的喜爱。除预备势和收费外，八段锦由八种动作组成：两手托天理三焦、左右开弓似射雕、调理脾胃须单举、五劳七伤向后瞧、摇头摆尾去心火、两手攀足固肾腰、攥拳怒目增气力和背后七颠百病消。八段锦的动作技术要领（如图 7-1-52 至图 7-1-61）。

八段锦动作技术要领

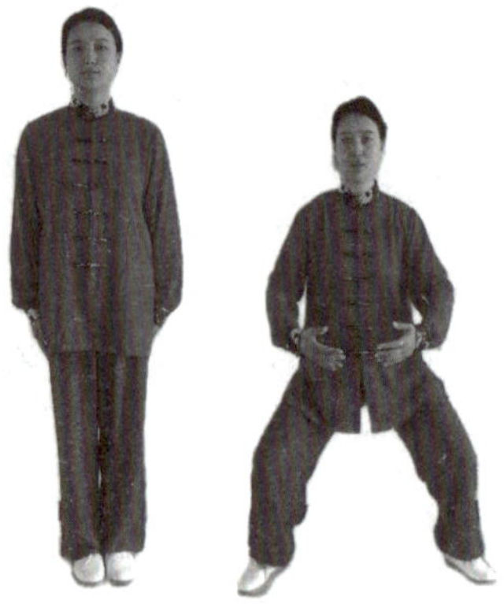

图 7-1-52　预备式

图 7-1-53　两手托天理三焦

图 7-1-54　左右开弓似射雕

图 7-1-55　调理脾胃须单举

图 7-1-56　五劳七伤往后瞧

图 7-1-57　摇头摆尾去心火

图 7-1-58　两手攀足固肾腰

图 7-1-59　攒拳怒目增气力

图 7-1-60　背后七颠百病消

图 7-1-61　收势

任务四　学习二十四式简化太极拳

太极拳是依据《易经》阴阳之理、中医经络学、道家导引和吐纳，综合创造出的一套有阴阳性质、符合人体结构、大自然运转规律的一种拳术。太极拳是中华优秀传统文化的集大成者，是世界第一的有氧健康运动，更是建设和谐社会的润滑剂。

拓展阅读

太极拳运动的起源与发展

思政园地

一代宗师杨露禅

(一)太极拳运动的演练特点

1. 立身中正，稳定心性

太极拳对身姿有着极高的要求，人们在进行太极拳运动时，首先要做到“立身中正”，身躯既不可左右倾斜，也不可前倾后仰，要保持“站如松”的中正之姿，脊梁与尾闾之间呈一条直线。只有保持尾闾中正，人体的下盘重心才会保持良好的稳定性，不会因做大幅度动作而使身体出现左右摇晃或前后倾斜的情况，从而促进人体在中正之姿下舒展有度地完成每一个动作。

2. 安舒松静，心无旁骛

太极拳重在练神、练意。进行太极拳运动时，从头到尾都要保持神态自若、气定神闲的精神状态；使身体处于放松、轻盈的状态，注意区分身姿中正与身体紧绷的差异。放松身体时，要令身体的放松具有协调性，全身松软连贯，而不是毫无章法地瘫软、松软，避免出现松腰塌胯的身形。

3. 动作圆活，周身协调

太极拳的动作主要走弧形或螺旋形，动作转承之间比较圆润柔和，衔接非常自然，给人一种舒畅的美感。头、手、肩、脚等各个部位都要保持良好的协调性，彼此之间紧密配合，使得肢体高度和谐，身体的各个部位既不可顾此失彼，也不可上下分离、左右失调，否则会造成动作不到位，身形不舒展，使得整套拳法缺乏美感。

4. 含胸拔背，松肩垂肘

太极拳的动作看似轻柔，实则充满力量，一招一式刚柔并济，舒松自然。练习太极拳时，要保持“含胸拔背”的姿态。“含胸”是指上半身向胸口的方向涵虚，呈一定的弧形，这样才能聚全身之气沉于丹田，训练过程中，含胸是非常重要的“动作内容”；“拔背”指进行太极拳训练时，令背部保持舒展的同时向上自然地拔伸，一般来讲，只有顶头才能够“拔背”。

（二）二十四式太极拳的动作要领

1. 二十四式太极拳第一段（如图 7-1-62 至图 7-1-66）

太极拳动作要领

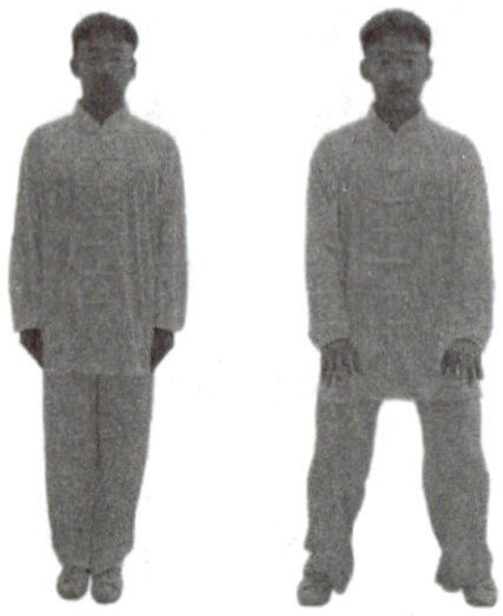

图 7-1-62　起势

图 7-1-63　左右野马分鬃

图 7-1-64　白鹤亮翅

图 7-1-65　左右搂膝拗步

图 7-1-66　手挥琵琶

2. 二十四式太极拳第二段（如图 7-1-67 至图 7-1-69）

图 7-1-67　左右倒卷肱

图 7-1-68　左揽雀尾

图 7-1-69　右揽雀尾

3. 二十四式太极拳第三段(如图 7-1-70 至图 7-1-85)

图 7-1-70　单鞭

图 7-1-71　云手

图 7-1-72　单鞭

图 7-1-73　高探马

图 7-1-74　右蹬脚

图 7-1-75　双峰贯耳

图 7-1-76　转身左蹬脚

图 7-1-77　左下势独立

图 7-1-78　右下势独立

图 7-1-79　左右穿梭

图 7-1-80　海底针

图 8-1-81　闪通臂

图 7-1-82　转身搬拦捶

图 7-1-83　如封似闭

图 7-1-84　十字手

图 7-1-85　收势

（三）太极拳运动基本要点

作为中国传统文化的重要组成部分，太极拳是一种综合性体育项目，蕴含着丰富的传统哲学思想。太极拳重点在于练神、练意、练气，讲究呼吸自然、用意不用力。

1. 重视基础动作的练习

太极拳的一招一式都非常讲究，必须悉心揣摩，仔细领会。举手投足，不可太拙。太拙则腰腿不随，全身易强硬，要步随身换。只有全面地掌握太极拳的套路和基本动作，加强对基础动作的钻研与练习，娴熟地掌握每一个动作要领才能夯实练功的基础，保证动作的规范性与科学太极拳动作的特点及其练习研究性，自然流畅地衔接先后动作。练习中，各个动作的转承之间不可以出现停顿，更不可以中断，否则无法达到理想的练习效果。

2. 始终保持身体放松

练太极拳时，要以神气贯穿周身，保持身体放松，做到“用意而不用力”，尽可能减少动作用力不当的情况。首先要做到“松心”，即保持心无旁骛的态度，保持自信的心态，不紧张、不迷茫、不急躁，映入眼帘的一切事物都祥和自然，不心生任何负面情绪，达到静心、松心的目的。其次，头、颈、脊、背、肩、腰、胯、膝、手、肘、腕、脚等各关节都要保持松弛的状态。

3. 动作要协调流畅刚柔并济

太极拳的动作并不复杂，但不同动作的转承比较讲究，要自然地衔接、流畅地转换。一般来讲，前后两个动作进行衔接转换的过程中，一开始要通过意念和气势进行连接转换，然后发挥腰腿力量；在腰腿的带动下，使周身四肢由内而外地舒缓变形。太极拳的动作强调刚柔相济，既要充满力量感，也要具有柔性之美，要做到“迈步如猫行，运动似抽丝”，柔而不软，刚而不硬，富于韧性弹性，不可以突然强硬发力，坚持刚柔并济，在刚中承接柔，在柔中展现刚，增强动作的“弹性”。

4. 保证动作姿势正确

太极拳的动作整体比较柔和，但充满力量感。初学者一定要加强对基本动作的练习，以保证正确的动作姿势。无论是在太极拳运动中，还是日常生活中，都要保持挺拔的身姿，这样能使人显得非常有精气神，对塑造中正之姿大有裨益，能改善人们松腰塌胯的散漫体态。在进行太极拳运动时，要加强精神内固，保持强大的自信，精神不松弛，保持稳定的心性，这样能时刻保持挺拔的中正身姿，继而更好地完成太极拳的每一个动作。

5. 循序渐进，切勿贪快

太极拳的基础动作虽不复杂，但想做好每一个基本动作并非易事，需要练习者保持耐心和细心，秉承"循序渐进"的练习原则。只有持续训练，才能娴熟规范地掌握每一个动作，才能保持动作的规范性、美观性，给人一种行云流水的观感。练习过程中，不可急于求成，要遵循由易到难、由简到繁的原则，做到循序渐进。

任务实施

步骤一　确定任务背景与目标

二十四式太极拳是中国传统文化的瑰宝，是古典哲学与传统武术的结合体，适当地进行太极拳运动既能强身健体、疏解心困，还能起到预防疾病、改善精神面貌的功效。

步骤二　明确具体动作规格及规则

1. 基本规则

（1）手型、步型、身形、手法、步法、身法、腿法、跳跃、平衡等动作规格需符合标准。

（2）不得有遗忘动作，轻微错误，显著错误以及动作含糊不清的情况。

（3）参赛选手演练时不得出现动作路线、方向错误，附加支撑，失去平衡等情况。

2. 演练水平

（1）要达到劲力充足、用力顺达、力点准确，手眼身法步配合协调，动作干净利落。

（2）要达到精神饱满，节奏分明，风格突出。

（3）要达到整体充实，结构合理，变化多样，布局匀称。

3. 创新难度

临场时较好地完成大跃步前穿、腾空飞脚等跳跃类相对较难的动作时，得附加分。

步骤三　制定比赛规程

1. 参赛人员

（1）竞赛类型：个人及团体赛。

（2）以个人评分为主，在团体中积累个人所得的分数，为团体最终分数。

2. 比赛时间

（1）比赛时间：每个人完成时间不得少于 1 分 10 秒。

（2）运动员身体任何部位开始动作即为起势（计时开始）。

（3）运动员完成整套动作后，须并步收势（计时结束）。

（4）计时以临场裁判组的计时表为准。裁判组用两块表计时，以接近规定时间的表为准。

3. 比赛过程

（1）运动员听到上场比赛的点名和赛后示分时，应向裁判长行抱拳礼。

（2）运动员听到点名，待裁判示意后，即可走向起势位置。

（3）再转向裁判长行注目礼，然后退场。不允许边转向裁判长边收势。

（4）运动员应在同侧场内完成相同方向（左右不得超过 90°）的起势与收势。

4. 得分情况

比赛结束时，得分高的一方为胜方。

步骤四　组织比赛进行

1. 赛前准备

（1）确定比赛时间、地点和参赛团队。

（2）安排比赛场地和裁判员。

（3）进行赛前热身。

2. 比赛开始

（1）运动员听到上场比赛的点名后，向裁判长行抱拳礼。

（2）运动员听到点名，待裁判示意后，即可走向起势位置。

3. 比赛过程

（1）运动员就位后，准备开始整套动作演练。

（2）运动员听到裁判哨声再开始进行起势动作。

（3）运动员完成整套动作后，并步收势。

4. 比赛结束

（1）比赛时间结束，一方得分最高者获胜。

（2）记录员统计比赛数据，确定获胜的一方。

（3）进行颁奖仪式，表彰优秀个人和团队。

步骤五　注意事项

（1）比赛过程中，参赛选手应遵守比赛规则，尊重裁判。

（2）裁判应公正执法，确保比赛公平、公正进行。

（3）组织者应提前做好比赛场地和人员安排，确保比赛顺利进行。

任务考核

武术竞赛评分记录表

项目：　　　　　　　　　　　　　　　　　　　　　　时间：

序号	团队	姓名	裁判员评分					最后得分	名次
			1	2	3	4	5		
1									
2									
3									
4									
5									

思考与讨论

1. 武术基本手型、步型有哪些，动作要领是什么？
2. 武术运动的项目可分哪几大类？
3. 武术运动的特点和作用是什么？
4. 太极拳的基本要点有哪些？
5. 太极拳运动要求的主要规格有哪些？
6. 你最喜欢的太极拳动作是哪一个？

知识拓展

太极拳运动

项目二　健美操运动

知识导图

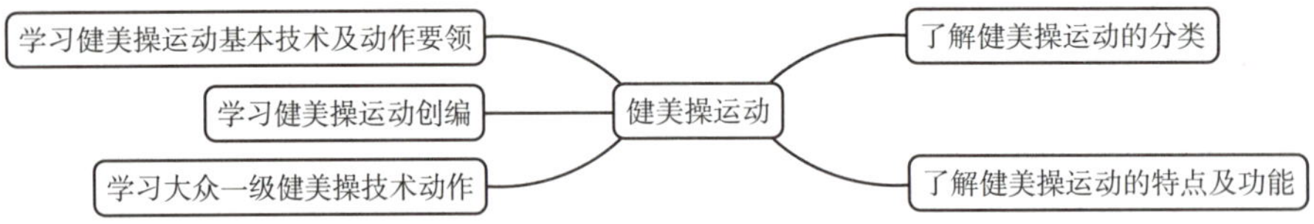

高素质技能型人才培养目标

知识目标	能力目标	素养目标
1. 明确健美操运动的概念，了解健美操的分类方式，掌握健美操运动的特点及其功能； 2. 学习健美操的基本技术，熟练掌握基础动作，为后续的健美操运动打下坚实基础； 3. 初步了解和掌握大众健美操一级组合一规定动作，能够正确理解和执行各种动作，保持流畅的节奏	1. 提高身体协调能力、柔韧性、灵活性和反应速度，适应未来工作中可能遇到的挑战； 2. 能够在音乐的伴奏下进行大众一级的技术动作展示，要求动作协调优美； 3. 能在团体中协作配合，与其他同学一起完成健美操的表演或比赛，展现良好的团队精神和合作能力	1. 培养自律性格和坚强意志，通过不断练习提升自身的健美操技术水平和表现能力； 2. 增强自信心和自我管理能力，提高心理素质和抗压能力； 3. 培养坚持不懈、勇于挑战的品质，面对困难时能够保持积极的心态； 4. 提高纪律性和责任感，在工作中养成良好的工作习惯和职业操守

健美操运动诞生于20世纪60年代末70年代初，起初源于人们对健康的追求。该项目以有氧运动为基础，以健、力、美为运动特征，集体操、音乐、舞蹈发展起来的一项新兴的大众健身运动方式。运动者通过徒手、手持轻器械或在专用固定器械上进行此项运动，最终达到健身、健美、强心的目的。健美操运动节奏感鲜明、协调性全面、适用性广泛、效果性显著，受到世界各国人民的欢迎与喜爱。

视频

健美操概念

视频

健美操运动的起源与发展

思政园地

健舞思政魂

任务一　了解健美操运动的分类

根据目的和任务的不同，健美操可分为健身性健美操和竞技性健美操两大类。

（一）健身性健美操

1. 健身性健美操概念

健身性健美操是一项融合健身、娱乐与防病功能于一体的有氧运动，具有广泛的群众基础，是一项深受大众喜爱的普及性运动。这项运动的核心目标是强身健体，通过在有氧供能的基础上，遵循特定的规则和顺序，实现对身体各关节和肌肉群的全面锻炼。通过健身性健美操的练习，人们能够显著增强有氧代谢能力，从而达到增强体质、提升健康水平、塑造理想身材以及愉悦身心的目的。健身性健美操不仅具有显著的健身效果，还能在运动中带给人们乐趣和享受，是一项极具价值的综合性运动。为了提高运动负荷和全面性的运动特点，健身性健美操所创编的动作多以重复性、对称性、可持续性、中低强度等为主，普遍运用的是无冲击力步伐和低冲击力步伐动作。如果运动者要进一步提高运动成效，可以根据自身的实际情况增加器械、运动强度和动作难度，以此促进运动者的身心正常有序地健康发展。

2. 健身性健美操分类

健美操分类

健身性健美操以其多样化的形式和内容，吸引了广泛的参与者。根据其主要特点，可以分为徒手健美操、器械健美操以及特殊场地健美操三类。

（1）徒手健美操：主要依赖身体自身的动作完成锻炼。这类健美操形式多样、内容丰富：一般健美操作为最基础的形式，注重身体的柔韧性和协调性；拳击健美操和搏击健美操则融入了拳击和搏击的元素，增强了锻炼的强度和趣味性；瑜伽以其独特的呼吸和体式，帮助参与者放松身心，提升内在能量；拉丁健美操和街舞健美操则融合了舞蹈的元素，让锻炼变得更加灵动和有趣。

（2）器械健美操：借助各种器械来增强锻炼效果。踏板操通过踩在踏板上进行动作，增强腿部和核心肌群的锻炼；橡皮筋操利用橡皮筋的阻力，对肌肉进行拉伸和锻炼；杠铃操、哑铃操则通过重量训练，增强肌肉力量和耐力；健身球操则利用健身球的不稳定性，提高身体的平衡性和协调性。

（3）特殊场地健美操：需要在特定的场地或环境中进行。水中健美操利用水的阻力和浮力，进行全身性的锻炼，同时减轻对关节的冲击；固定器械健美操则借助专业器械，进行有针对性的锻炼；功率自行车是一种高效的有氧运动方式，能快速提升心肺功能。

（二）竞技性健美操

1. 竞技性健美操概念

竞技性健美操是一项充满动感与活力的竞赛性运动项目，以连续、复杂且高强度的成套动作为主要表现形式，通常在动感十足的音乐伴奏下进行。该项目在传统有氧健身运动的基础上发展而来，不仅继承了有氧运动的基础元素，还融入了更多高难度和高质量的动作，使得整套动作在连贯的动作组合中呈现出独特的魅力。

2. 竞技性健美操分类

竞技性健美操分为男子单人操、女子单人操、混合双人操、三人操和集体六人操。其中，三人操和集体六人操可以自行选择，可以男女异性别混合组合，也可以同性别组合。

任务二　了解健美操运动的特点与功能

（一）健美操运动的特点

健美操特点

与其他体育运动相比，健美操运动具有健身美的实效性、强时代感与动律性、高艺术性、广适用性等特点。

1. 健身美的实效性

健美操运动是一项综合性的体育运动，建立在人体解剖学、人体生理学、体育美学、运动心理学等学科的理论基础之上。与其他运动项目相比，健美操在动作设计和表现上特别讲究美观与大方，强调力度与弹性的完美结合。健美操的动作流畅且连续，包括走、跳、跑等，使运动者在持续的运动中消耗过剩的脂肪，从而有效增强肌肉的力量和人体的协调灵敏度。健美操运动具有健身美的实效性特点，通过锻炼可以使身体更加健康、强壮，同时也能培养人们的审美意识，提升心理健康水平。健美操运动在大众健身和体育活动中具有广泛的应用和推广价值。

2. 强时代感与动律性

健美操是一项融合体操、现代舞和音乐等多元素的新型运动项目，以其鲜明的特色和强烈的时代感吸引着广大青年。其音乐以迪斯科、爵士和摇滚等现代音乐为主，旋律激情四溢，节奏感强烈鲜明，充分展现了健美操的青春活力。其动作元素多来源于现代舞与流行体操，具有鲜明的时代特征。健美操的音乐和动作特点，不仅满足了当代青年的精神享受和情感宣泄需求，更展现了他们积极向上的生活态度。

3. 高艺术性

健美操是一种追求健康和美丽的运动，属于健美运动的范畴，强调艺术性。健美操比健美运动的非静态造型，更有动感和弹性，更强调健身和力量；比基础体操的不完全对称和横平竖直的动作要求，更强调变异性和活力。

4. 广适用性

经常进行健美操运动有助于运动者保持身体健康的状态，是一项符合现代人追求身心健康全面发展需要的体育运动。运动者跟随激情奔放的音乐进行全身运动，可以帮助运动者强壮其筋骨，能带给运动者愉悦欢快的理想情感体验。健美操的动作套路形式多种多样，其音乐节奏可以快也可以慢，编排的套路动作根据运动者的实际情况可长可短，可易可难，运动负荷的大小和强度也可以根据实际情况进行科学合理地调节。运动者可以找到自己适合的运动方式，并由此得到快乐。此外，健美操运动对其运动的场地、运动设备以及运动的条件要求都较低，运动者可以在相对简便、安全的环境内进行运动。此项运动适合各个领域、各种情况的群体开展具有广泛的适用性。

（二）健美操的功能

健美操功能

健美操具有以下功能，不仅能增进健康美、塑造形体美，还能娱乐身心，起到医疗保健的作用。

1. 增进健康美的功能

健康美是一种健康并积极向上的观念和意识。具有健康美的人，不仅具备自我良好的感觉，能够轻松应对日常工作、学习与生活中的琐事，还具有充沛的精力，能够积极地参加各种社交、娱乐和休闲等活动，自如地应对突如其来的压力与繁杂的生活状态。通过积极地参加健美操运动，可以提高人体的心肺功能，还可以有效地提升运动者的身体柔韧性、灵活性和敏感性。

2. 塑造形体美的功能

人的形体包括人体的姿态和体型，健美操运动特点与人体姿势特点以及人们生活中的精神状态是基本一致的。通过长期的健美操有氧运动，可以改变不良的身心状况，塑造良好的体形，从而在日常生活中更好地展现优雅的气质和良好的修养。

3. 娱乐身心的功能

随着时代的进步和社会的发展，人们在享受科技带来的便利与舒适的同时，也承受着来自生活、学习、工作和情感等多方面的精神压力。健美操以其优美的动作、协调的体态、全面的体育锻炼和强节奏的音乐伴奏，成为一种有效缓解精神压力的方式。在参与健美操的过程中，人们能够将注意力从烦恼中转移出来，忘却压抑的情绪和沮丧的心情，尽情享受运动带来的愉悦与放松。这种身心的娱乐不仅能让人获得内心的平和，缓解精神压力，还能激发人们的生命力，使人保持最佳的心态和状态。健美操不仅是一项体育运动，更是一种能让人们获得身心健康与愉悦的生活方式。

4. 医疗保健的功能

健美操运动作为一种有氧运动，其特点在于强度适中、密度较高，运动量可根据个人需求灵活调整，易于控制。不仅对健康人群具有显著的健身效果，对一些患者、残疾人和老年人而言，同样是一种极为有效的医疗保健手段。通过参与健美操运动，这些人群可以在合适的运动强度下，改善身体机能，提升健康水平，享受运动带来的身心益处。

任务三　学习健美操运动基本技术及动作要领

1. 健美操基本手型（如图 7-2-1 至图 7-2-11）

图 7-2-1　并掌

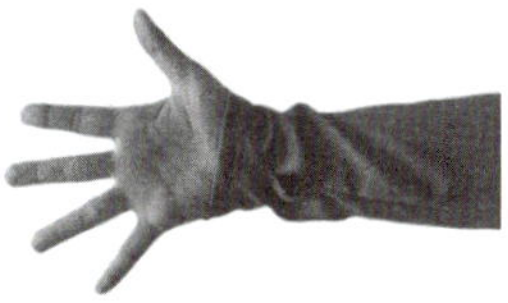

图 7-2-2　开掌

健美操常见基本手型

健美操运动的基本技术与动作要领

健美操基本手型

图 7-2-3　立掌

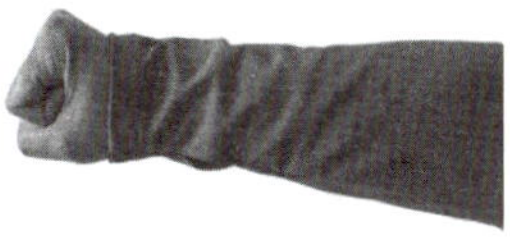

图 7-2-4　实心拳

图 7-2-5　空心拳

图 7-2-6　西班牙舞手型

图 7-2-7　剑指

图 7-2-8　V 指

图 7-2-9　响指

图 7-2-10　芭蕾手型

图 7-2-11　一指

2. 健美操手臂动作（如图 7-2-12 至图 7-2-14）

举、摆、提、拉

图 7-2-12　举、摆、提、拉

图 7-2-13　屈

图 7-2-14　绕、绕环

绕、绕环

躯干动作

3. 健美操躯干动作（如图 7-2-15）

图 7-2-15　躯干

4. 健美操基本步伐（如图 7-2-16 至图 7-2-50）

图 7-2-16　并腿类

图 7-2-17　膝弹动

图 7-2-18　踝弹动

健美操基本步伐概念分类

无冲击力步伐

图 7-2-19　分腿类

图 7-2-20　半蹲

图 7-2-21　弓步

图 7-2-22　移动重心

图 7-2-23　踏步

图 7-2-24　走步

图 7-2-25　一字步

图 7-2-26　V 字步

图 7-2-27　漫步

图 7-2-28　脚尖点地

图 7-2-29　脚跟点地

低冲击踏步类　低冲击点地类　低冲击迈步类　低冲击抬腿类

图 7-2-30　并步

图 7-2-31　迈步点地

图 7-2-32　迈步后屈腿

图 7-2-33　迈步吸腿

图 7-2-34　侧交叉步

图 7-2-35　吸腿

图 7-2-36　踢腿

图 7-2-37　摆腿

高冲击力步伐单脚起跳类

高冲击力步伐两脚起跳类

高冲击力步伐迈步起跳类

高冲击力步伐跑步类

图 7-2-38　弹踢

图 7-2-39　吸腿跳

图 7-2-40　屈腿跳

图 7-2-41　弹踢腿跳

图 7-2-42　摆腿跳

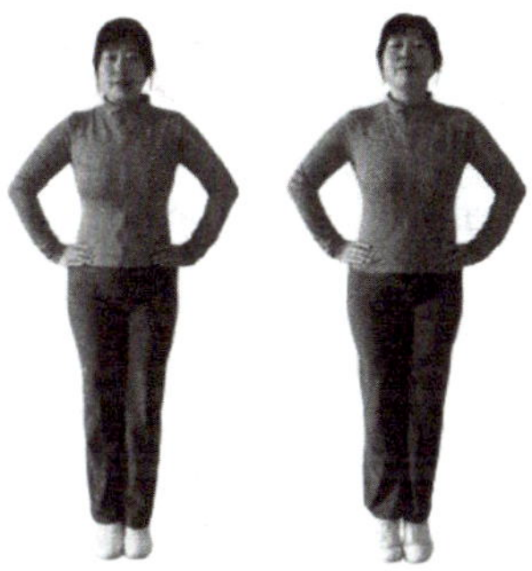

图 7-2-43　并腿跳

图 7-2-44　开合跳

图 7-2-45　弓步跳

图 7-2-46　并步跳

图 7-2-47　迈步吸腿跳

图 7-2-48　迈步后屈腿跳

图 7-2-49　后踢腿跑

图 7-2-50　小马跳

任务四　学习大众一级健美操技术动作

1. 大众健美操一级：组合一（如图 7-2-51 至图 7-2-54）

大众健美操一级

大众健美操一级技术与动作要领

组合一

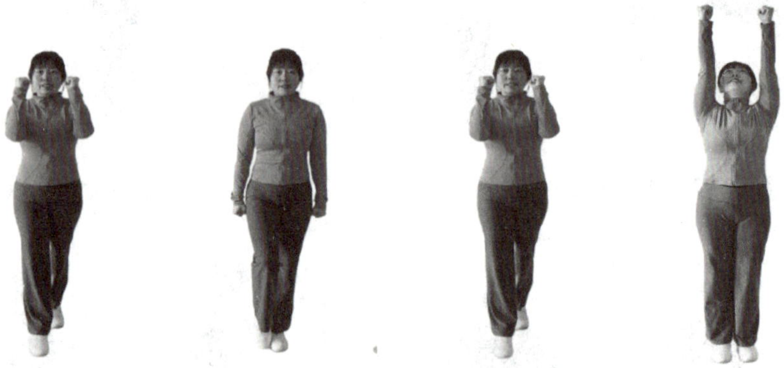

图 7-2-51　组合一第 1 个八拍

图 7-2-52　组合一第 2 个八拍

图 7-2-53　组合一第 3 个八拍

图 7-2-54　组合一第 4 个八拍

2. 大众健美操一级：组合二（如图 7-2-55 至图 7-2-58）

图 7-2-55　组合二第 1 个八拍

组合二

图 7-2-56　组合二第 2 个八拍

图 7-2-57　组合二第 3 个八拍

图 7-2-58　组合二第 4 个八拍

3. 大众健美操一级：组合三（如图 7-2-59 至图 7-2-62）

组合三

图 7-2-59　组合三第 1 个八拍

图 7-2-60　组合三第 2 个八拍

图 7-2-61　组合三第 3 个八拍

图 7-2-62　组合三第 4 个八拍

4. 大众健美操一级：组合四（如图 7-2-63 至图 7-2-66）

组合四

图 7-2-63　组合四第 1 个八拍

图 7-2-64　组合四第 2 个八拍

图 7-2-65　组合四第 3 个八拍

图 7-2-66　组合四第 4 个八拍

任务五　学习健美操运动创编

健美操创编是一项综合性强的工作，要求创编者具备体育、音乐、舞蹈及美学等方面知识，紧跟健美操发展前沿，精通比赛规则，旨在结合人体运动原理和现代编操原则，针对运动者的身心特点，创造出科学合理、效果显著、富有感染力且易于推广的全身锻炼动作。

一、健美操创编原则

1. 健康性原则

练习手段和运动负荷设计必须以运动科学理论为基础，确保动作安全无害，避免对人体造成伤害，避免违背人体运动生理解剖结构的动作。动作选择上，以低冲击和高低冲击交替的组合动作为佳，减少踝、膝关节的损伤风险。设计时要考虑身体各部位关节和肌肉群的全面锻炼，通过节奏组合的变化培养身体的敏感度和协调性，注意保持身体左右两侧肌肉群的平衡发展。

2. 目的性原则

根据健身、减肥、保健、表演或比赛等不同目的任务，编排动作和选择内容需针对性地进行调整，满足特定需求和目标。

3. 针对性原则

需根据不同年龄、性别、职业、能力、爱好等个体差异，量身定做动作内容和难度，确保动作形式、节奏、幅度和风格与运动对象的特点相匹配，实现最佳的健身和娱乐效果。

4. 多样性原则

要求在整套动作中融入多样化的动作组合、节奏、身体方向、过渡与连接动作，结合生活实践和社会元素，创造出新颖、美观且符合时代特色的多样化动作，提升健美操的吸引力和锻炼效果。

5. 创造性原则

要求创编者发挥创造力，设计出独特新颖的动作套路、队形变换和表现形式，融合健身与审美价值，展现健美操的时代魅力和个性特色，推动健美操的创新发展。

6. 均衡全面性原则

强调健美操创编需注重人体各部位关节、肌肉、韧带的全面锻炼，兼顾内脏器官的健康发展，实现人体整体的平衡与全面进步。

7. 科学合理性原则

要求健美操创编需严格遵循人体运动生理规律，动作设计由易到难、速度由慢到快，运动强度由小到大并逐步恢复平静，确保运动过程科学、合理、安全。

8. 元素统一性原则

强调健美操创编中音乐与动作的完美融合，要求根据音乐背景、民族风俗和文化特色设计动作，确保音乐旋律与风格、动作形象高度统一，共同展现健美操的艺术魅力和价值。

二、健美操创编要素

1. 动作要素

动作要素包括由身体各部位（头、手、手臂、躯干、腿）的基本动作组成的单个动作，这些单个动作连接成组合动作，形成一整套健美操。腿部动作作为设计的核心，以高低冲击步伐及其变化为主，先设计步伐再设计上肢动作，是健美操动作设计的一个显著特点。

2. 空间要素

一套健美操的动作形式是通过空间要素来构建的，空间主要是动作空间和移动空间，分别表现在空间上的方向、路线、方位的移动。

（1）动作空间：含 6 个基本方向（上、下、前、后、左、右）及 12 个中间方向（前上、前左下等）。动作路线分直线与弧线，涵盖水平、垂直、倾斜三向移动。

（2）移动空间：含 8 个方向（前、后、左、右及斜向四组），移动路线分直线、曲线、弧线三类。编排时需结合运动者水平，灵活运用方向与路线变化，避免单一、单调或过度复杂的设计。

3. 时间要素

时间要素包含动作速度和持续时间，这在很大程度上决定了运动的难度和强度，直接影响运动效果。

（1）动作速度：直接影响着动作难易程度和运动强度，创编时要根据健美操动作类型确定动作速度。一般来说，拉伸类动作速度较慢，低冲击步伐类动作速度中等，高冲击步伐类动作速度较快。手持轻器械动作比徒手动作速度慢些，此外还要考虑运动者的年龄、接受程度、运动能力对动作速度的影响。

（2）持续时间：整套健美操运动必须持续 12 分钟以上。持续运动时间越长，健美操的效果越明显。一般设定时间为 45~60 分钟，儿童和中老年人设定时间较短。

4. 音乐要素

音乐是健美操的灵魂，健美操是音乐的形体再现，音乐直接影响运动者的锻炼效果，激发情绪，增强表现力、感染力和号召力，启发创编构思与创造力。音乐的风格应与健美操动作的特点相统一，音乐的风格应适应不同年龄对象。清脆悦耳的儿童音乐适合少年儿童，现代感强的流行音乐适合青年人，具有民族风格的现代音乐适合中老年人。

三、健美操创编方法

1. 选择音乐素材，构思成套框架

依据创编对象实际情况，挑选适配音乐。创编者需反复研析，把握音乐风格、节奏、乐句等要素，理清段落结构。再依音乐段落、节奏，确定动作节拍，初步搭建成套动作框架，涵盖音乐时长、节奏、动作节拍、难易程度、顺序、负荷及身体部位要求等。

2. 选择动作素材，编排动作顺序

按音乐段落与节奏，将基本步伐、动作组合、特殊动作等素材融入成套动作，明确各节动作节次、名称、重复次数，绘制动作简图，标注移动路线与队形。落实动作做法、方向、路线、连接技巧，以及与音乐在韵律、节奏、情感上的关联，确保动作与音乐协调。

3. 修改完善动作，进行艺术加工

成套动作编排好后，检查音乐风格、动作内容是否契合创编对象；动作方向、路线、队形变化是否巧妙；动静、快慢、强弱是否有变化；空间造型是否优美；音乐高潮与动作结合是否有亮点。不断修改完善，精益求精 。

易犯错误与纠正方法

①技术动作设计过于复杂或过于简单。

纠正方法：根据参与者的实际水平，选择难度适中的动作，确保既具有挑战性又易于掌握。

②音乐节奏与动作速度不匹配。

纠正方法：根据音乐的节奏选择合适的动作速度，确保音乐与动作的节奏相匹配。

③整体编排创新性不足。

纠正方法：尝试引入新的元素或概念，不同的动作组合、队形变化等，增加健美操的新颖性和观赏性。

任务实施

步骤一　确定任务背景与目标

健美操运动源于现代社会的需求和学生身心发展的需要。随着社会的发展，人们越来越重视体育运动的多样性和创新性，健美操作为一种集健身、美体、娱乐于一体的体育运动形式，受到广泛的欢迎和关注。学生身心发展的需要也要求健美操教学能够提供更全面、科学的指导和培养。本节任务是促进学生身心健康发展，提升运动技能，培养审美情趣，实现体育教育的整体素质提升。

步骤二　明确具体技术动作要领

基本手型涵盖并掌、开掌、花掌等六种，需准确区分并运用以展现不同风格；手臂动作包括前举、侧举及屈、绕、摆等动作，需与身体其他部位协调配合，注重动作的准确性与流畅性；躯干动作以弓背、塌腰、体转为核心，要求在保持平衡的基础上展现柔韧性与力量感，需注重稳定性与灵活性训练；基本步伐涵盖踏步、走步等四种，需在保持节奏感与协调性的同时完成步伐转换，通过反复练习提升步伐水平。

步骤三　提升大众健美操一级技术水平

大众健美操一级技术动作是健美操的入门级别，包括一系列基本动作的组合。这些动作要求学生在掌握基本手型、手臂动作、躯干动作和基本步伐的基础上，进行准确的组合和连贯的表演。训练过程中，注重动作的连贯性和流畅性，通过分解练习和整体练习相结合的方式，提高学生的技术水平。

1. 技术动作精细化训练

（1）动作解析与示范：详细解析大众健美操一级的每个技术动作，包括手型、手臂动作、躯干动作和基本步伐等，确保学生对每个动作的要领有清晰的认识。通过示范动作，让学生直观地了解动作的正确形态。

（2）分步练习与纠正：将复杂动作分解成若干简单步骤，逐步进行练习。练习过程中，及时发现并纠正学生的错误动作，确保动作的准确性和规范性。

（3）动作组合与连贯性训练：在掌握单个动作的基础上，进行动作组合训练，提高动作的连贯性和流畅性。通过反复练习，使学生能够熟练地完成整个套路。

2. 节奏感与协调性培养

（1）音乐节奏感训练：让学生感受音乐的节奏，通过拍打身体或拍打地面等方式来训练对音乐节奏的敏感度。在动作练习中加入节奏变化，使学生能够在不同的音乐节奏中准确地完成动作。

（2）协调性训练：通过专门的协调性练习，双手双脚配合练习、左右方向转换练习等，提高学生的身体协调性。在动作组合中注重左右对称和上下协调，使动作更加和谐统一。

3. 整体表现力提升

（1）面部表情与肢体语言的运用：健美操表演中，面部表情和肢体语言同样重要。通过训练学生的面部表情和肢体语言，使其能够更好地表达音乐的情感和主题。

（2）表演自信心的培养：鼓励学生在练习和表演中保持自信，敢于展示自己的风采。通过组织表演活动、参加比赛等方式，让学生在实践中提高自信心和表现力。

4. 定期评估与反馈

（1）技术动作评估：定期对学生的技术动作进行评估，检查动作的准确性和规范性。针对评估结果，给予相应的指导和建议，帮助学生改进动作。

（2）整体表现评估：对学生的整体表现力进行评估，包括节奏感、协调性、面部表情和肢体语言等方面。根据评估结果，提供针对性的反馈和建议，帮助学生提升整体表演水平。

步骤四　编排健美操技术动作

明确编排目标与主题以奠定风格基调，选择与主题契合的音乐并确保节奏旋律与动作协调，随后依据目标与音乐设计包含步伐、手臂及躯干动作的基本动作与组合，注重动作连贯性、身体协调性及稳定性；可适当增加动作难度提升观赏性，注重动作层次变化避免单调，通过巧妙过渡衔接增强整体流畅度；完成初稿后需反复试演修改，根据反馈调整动作、节奏与衔接直至满意；全程需关注安全性，避免设计高风险动作，确保参与者体能与技能匹配以安全完成表演。

任务考核

序号	技能点	佐证	评分标准	自评（40%）	师评（60%）
1	基本技术及动作要领	基本手型	5		
2		手臂动作	5		
3		无冲击力步伐	5		
4		低冲击力步伐	5		
5		高冲击力步伐	5		
6	大众健美操一级	组合一	10		
7		组合二	10		
8		组合三	10		
9		组合四	10		
10	健美操运动创编	动作	5		
11		音乐	5		
12		时间	5		
13		创新	5		
14	理解错误纠正	易犯错误与纠正方法	15		

思考与讨论

1. 健美操基本手型有哪些？
2. 健美操基本步伐包括哪三大类？
3. 健美操的创编原则是什么？

知识拓展

健美操运动

项目三　啦啦操运动

知识导图

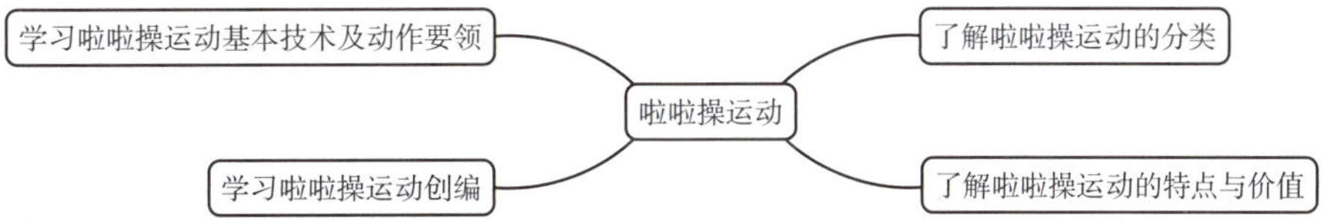

高素质技能型人才培养目标

知识目标	能力目标	素养目标
1. 了解啦啦操的起源、发展及分类，掌握啦啦操的核心特点与竞赛规则； 2. 熟悉基础动作术语和手臂 36 个基本手位技术要领； 3. 培养团队协作与竞技精神，提升动作美感与音乐编排的审美能力	1. 掌握啦啦操基本手位、步伐及难度动作，能流畅完成规定套路，具备一定的力量与柔韧性； 2. 在托举、金字塔等技巧中精准配合队友，培养默契与责任感，确保动作安全性与完成度； 3. 通过表情、肢体语言和音乐节奏展现啦啦操的活力与感染力，提升舞台表现力与自信心	1. 培养集体荣誉感，遵守团队纪律，在训练和比赛中主动配合、互相信任，承担自身角色责任； 2. 尊重规则、裁判和对手，树立诚信意识，在竞技中保持积极心态，胜不骄败不馁； 3. 理解科学训练的重要性，注重运动安全与健康管理，养成坚持锻炼的意识和习惯

啦啦操原名 Cheer Leading，其中 Cheer 的部分有振奋精神、提振士气的意思。啦啦操源于早期部落社会的仪式，为激励外出打仗或打猎的战士们，他们通常会举行这种仪式，仪式中有族人欢呼，手舞足蹈地表演来鼓励战士，希望能凯旋。

啦啦操是在音乐伴奏或口号的衬托下，通过标语、道具等表达手段，以徒手或手持轻器械的技巧动作或舞蹈动作为基本载体，要求以团队形式完成复杂、难度较高的基本啦啦操动作。通过该项目独特的难度动作和要素，以及过渡的配合等内容，充分展示团队的高度一致性，具有强烈鼓舞性、感染性，体现啦啦操运动员的青春活力、积极的团队意识与集体主义精神。啦啦操是一种具有竞技性、观赏性和表演性的体育运动，通过展现可以充分表现运动者朝气蓬勃的精神面貌，其内容包括音乐、身体动作、道具和口号，以及固有的团队精神和文化，还是一项努力追求团队最高荣誉感的新兴体育项目。

拓展阅读

啦啦操运动的起源与发展

思政园地

凝聚力量，共创辉煌

任务一　了解啦啦操的分类

啦啦操是一项动作结构与内容形式较为多元的体育运动，根据啦啦操的活动目的、动作表现、练习对象和表演场地等的要求与特点，形成了多种分类方法。

一、根据活动目的划分

根据活动目的，竞技性啦啦操又可分为技巧啦啦操和舞蹈啦啦操。

1. 技巧啦啦操

技巧啦啦操是一项以跳跃、翻腾、托举、抛接、金字塔组合等技巧性难度动作为主要内容，配合音乐、口号、啦啦操基本手位与舞蹈动作，以展示运动员高超的技巧，追求团队荣誉的团队运动项目。技巧啦啦操的表演形式主要是团队合作，其成套动作可以包括难度动作、舞蹈动作、过渡连接与口号等。其中，难度动作包括抛接类、托举类、翻腾类、金字塔类四大类，是参赛运动员技术技能水平的最高表现。成套动作编排包括音乐的选择与制作，口号与道具的使用，队形与造型的设计，难度动作的编排，服饰风格的选配等诸多要素。技巧啦啦队包括男女混合组（Mixed）、全女子组（All Female）和 舞伴特技（Partner Stunts）。

2. 舞蹈啦啦操

舞蹈啦啦操包括花球啦啦操、街舞啦啦操、爵士啦啦操、高踢腿啦啦操和自由舞蹈啦啦操五种类别。全美啦啦操队锦标赛是全球啦啦操的顶尖赛事，它的参赛标准是啦啦操参赛队伍中的运动员人数规定在 6~32

人，比赛项目分为四组，即业余组、中学组、大学组和全明星组。

（1）花球啦啦操是舞蹈啦啦操运动中的一个独特项目，通过集体统一动作的层次与队形转换，形成良好的视觉冲击和美感的效果。花球啦啦操的技术包括制动技术与难度技术，包括36个基本手位动作，它们有统一的动作规格，对动作力度与控制均有较高的要求。

（2）街舞啦啦操是一种以街舞风格动作为主要内容的啦啦操表现形式，重点强调运动者身体的控制、执行、舞蹈风格的创意、节奏与音乐旋律的统一。街舞啦啦操不是单纯的街舞动作与文化的简单解释，而是嘻哈街舞元素与啦啦操元素的完美融合，是通过街舞风格的动作元素诠释啦啦操的文化特质，将街舞中蕴含的个性、帅气与潇洒的街头文化，融入啦啦操时尚、活力、青春的团队表演中。

（3）爵士啦啦操是一种融合了爵士舞蹈技术动作的啦啦操表现形式，强调动作表现的技术、伸张、控制、身体位置、风格，以及连续性与团队的统一。爵士啦啦操将爵士舞的自由个性与啦啦操的热情奔放、团结协作完美地融为一体，通过爵士舞的自由活力来展示啦啦操的青春美。

（4）高踢腿啦啦操是一种重在强调踢腿动作的精度、定时、控制、技术和高度的啦啦操新型的表现形式，注重运动员的控制度、踢腿高度的一致性和柔韧性，以及踢腿动作与踢腿组合的创造性和多样性。高踢腿啦啦操体现了情感性、审美性，以及造型美与层次美的艺术特征。

（5）自由舞蹈啦啦操是一种把舞蹈与啦啦操运动有机结合的啦啦操新型的表现形式，是年轻人和各行各业人士在紧张学习和工作后的一种积极的舒缓休息方式，也是各行各业文化建设的重要组成部分。自由舞蹈啦啦操是区别于爵士啦啦操、街舞啦啦操与花球啦啦操的其他任何舞蹈形式的舞蹈啦啦操表现形式总称，通过其他舞蹈形式展现啦啦操运动的特点和文化，动作元素包括民族舞、现代流行舞等内容，特点是表演形式灵活多变，元素丰富，编排风格多样。

二、根据练习对象划分

根据练习对象，啦啦操可分为校园、社区、职工、亲子和残疾人啦啦操。校园啦啦操主要适合学校学生的参与，注重丰富校园体育文化，助力学生的身心健康成长；社区啦啦操主要面向社区退休中老年群体，通过融入社区体育文化，助力全民健康发展；职工啦啦操主要针对企事业单位的员工，重点是通过练习，改善员工的身体健康，有助于增强员工之间的凝聚力和团结意识的形成；亲子啦啦操主要是以家庭为单位参与的啦啦操运动，一家人通过练习有助于家庭内部的和谐与幸福，促进家庭体育的健康发展；残疾人啦啦操的参与对象主要为残疾人，是一种适用于残疾人身心特点的啦啦操。针对残疾人的不同身体情况和该人群的身心特点与需求，编排出适合他们实际情况的健身、表演或比赛的啦啦操运动，充分体现了啦啦操的健身与休闲娱乐的价值，表现其青春活力与健康快乐的文化特征。

1. 校园啦啦操

校园啦啦操是以中小学生、大学生为主体，在校园内开展的啦啦操活动。它既为校内运动会、球赛等赛事助威，也承担素质教育功能，能培养学生团队协作、节奏感与协调性，丰富校园文化。动作活泼简洁，融入校园流行元素，音乐多为明快青春的曲目，常以社团、班级或校队形式组织，参与校内表演、比赛及校外校园专项赛事。

2. 社区啦啦操

社区啦啦操是根据一段完整的歌曲或音乐为前提，以有氧运动为基础，结合独特的啦啦操项目特点，通过运用特有的身体练习和多变的步伐为基本手段编成的完整成套动作。社区啦啦操是一种通过练习可以塑造形体、舒缓压力、改善气质、增强协调性、提高健康素质的全民健身运动形式。

3. 职工啦啦操

职工啦啦操以企事业单位职工为参与主体，旨在通过活动增强团队凝聚力、缓解职场压力。动作设计兼顾不同身体条件，难度适中，强调整齐与气势，音乐偏向励志或贴合职场氛围，部分融入单位文化元素。多以部门或单位为单位组建队伍，利用业余时间训练，参与内部文体活动或行业赛事。

4. 亲子啦啦操

亲子啦啦操是一个家庭共同参与的啦啦操有氧运动，通过运动可以有效增加一家人相处的美好时光，有助于提升家庭健身氛围和幸福指数,促进家庭健身的发展,从而达到提升家庭成员身心健康的目标。目前,亲子啦啦操在我国发展很不错,体操中心与全国啦啦操委员会创编了亲子啦啦操规定动作,并每年举办亲子啦啦操比赛,在各级各类啦啦操比赛中也设立该啦啦操项目。

5. 残疾人啦啦操

残疾人啦啦操是针对残疾人身心特点所编排的啦啦操运动套路,通过练习可以有效促进残疾人运动者的身体健康方面的提升,还可以有效的调节残疾人运动者的心理健康水平,对残疾人运动者社会适应能力和交往能力等方面的提升具有重要作用。

三、根据表演场地划分

根据演出场地的需求,啦啦操可分为看台啦啦操与场地啦啦操。

1. 看台啦啦操

看台啦啦操是在指挥员的统一指挥下,观众席上的啦啦操运动员通过口令、道具与变换的图形等要求,统一地完成击掌、人浪等助威加油的动作;是一种集中展示啦啦操运动员助威技巧与风貌的运动。看台啦啦操主要是为了烘托比赛的热烈氛围,常用方式包括呐喊、唱歌、打鼓等,是赛场上最壮观、最能调动参赛运动员比赛情绪的一种啦啦操形式。

2. 场地啦啦操

场地啦啦操是在音乐的伴奏下,通过运动员完成高超的啦啦操特殊运动技巧、动作或配合等,通过加入不同风格的舞蹈动作,集中体现青春活力、健康向上的团队精神,追求团队荣誉感的一项新兴的啦啦操体育运动方式。场地啦啦操的发展反映了啦啦操运动从看台附属运动,走向独立探索发展的实践转变,是一种使啦啦操运动成为具有自身内涵属性与客体对象的独立体育竞赛项目。

任务二　了解啦啦操运动的特点与价值

一、啦啦操运动的特点

啦啦操是一项追求团队荣誉并倡导奉献精神的体育运动,强调合作、集体至上,不仅能塑造运动者积极向上的意志品质,还能培养团结协作、健康向上的精神。啦啦操的特点主要表现为团队合作、时尚潮流和活力动感。

1. 团队合作

团队合作是啦啦操的核心特质。其团队由一群有信念、有能力者构成,以共同目标为导向协同合作,既尊重个体又凝聚集体力量,形成奉献精神与服务意识。训练与比赛中,啦啦操以集体形式开展,动作技巧、空间转换、队形变化等环节需团队协作完成,托举、篮抛等高难度动作更依赖队员间的信任、沟通与默契配合,尖子运动员能否安全完成动作取决于底座与保护人员的工作质量。啦啦操通过手势、标语与口号传递团结、力量、胜利等精神内涵,激励队员顽强拼搏,其团队合作建立在共同拼搏理念之上,健康积极且牢固。

2. 时尚潮流

啦啦操是青春与时尚文化的典型代表,深受青少年喜爱,是校园体育文化的重要组成部分。秉持积极进取、团队奉献和健康快乐的精神内核,顺应时代发展潮流。服装设计注重与动作、音乐搭配,风格新潮时尚;36 个基本手位短促有力,充满青春活力;编排中融合街舞、爵士等现代流行舞蹈元素,强化时尚特质,成为时尚潮流的综合体。啦啦操积极吸纳流行文化、舞蹈与音乐元素,保持开放性与包容性。

3. 活力动感

啦啦操以朝气蓬勃、健康向上为精神内涵,运动员具备青春阳光的形象、健康的体魄和健美的体形。动作素材多样,融合多种舞蹈元素,表演热情奔放;音乐选配动感时尚,摇滚、爵士等,节奏感强,富有激情,符合青少年身心健康发展特点,无不良元素,传递积极向上的情感与正能量。

二、啦啦操运动的价值

啦啦操运动不仅是一项体育运动，也是一项社会文化活动。通过实践，运动者可以达到倡导与培育团队精神、弘扬与塑造时尚文化、宣扬和追求青春活力的终极目标。啦啦操运动既有教育价值与健身价值，也具有促进社会发展的审美价值与社会价值。

1. 教育价值

啦啦操运动以团队协作为核心，重视培养参与者的团队意识。教学、训练或比赛过程中，队员需具备团结合作能力，任何失误都可能影响团队表现。整齐划一的动作、振奋人心的口号与标语，传递着团结就是力量的信念。长期训练可培育集体主义观念与团结合作精神，实现心灵健康成长。啦啦操倡导积极进取、健康向上的理念，注重团队意识培养与拼搏进取精神培育，与塑造人格、锤炼意志等学校体育目标相契合，对塑造集体主义观念、团队奉献精神与大局意识具有显著作用。

2. 健身价值

啦啦操由舞蹈与技巧动作构成，以身体多关节部位大幅度动作表演为主，长期参与可促进骨骼发育、增强肌肉力量、提高关节活动能力与全身协调能力。研究表明，持续练习能增强心肺功能、提高呼吸系统换氧功能、促进肺活量增长与心肌功能，提升血液载氧能力与有氧耐力水平，改善心血管循环能力，有效改善运动系统、呼吸系统与循环系统，促进体质健康。在心理健康方面，团队形式的运动要求沟通、合作、团结与毅力，反复练习与挫折经历有助于提升抗挫折能力与培养坚持不懈的精神品格。

3. 审美价值

啦啦操审美价值的实现是动态过程，审美主体包括运动员、教练员、裁判员、观众等多元主体。运动员优美的身体形态作为肢体动作载体，展示健康、力量与美丽，带来感官愉悦。啦啦操展示着健康活力之美，长期练习可形成优美体态、改善生理机能、促进生长发育，传达健康生活态度与自信乐观精神；展示着力量之美，舞蹈啦啦操的跳跃类难度动作，技巧啦啦操的翻腾、篮抛、金字塔等动作，均体现身体力量之美的追求。

4. 社会价值

啦啦操文化的社会价值体现在促进社会和谐发展方面。其物质文化满足参与者的身心健康与休闲娱乐需求；制度文化如竞赛规则、组织机构与政策法规，促进个体与社会相关领域向规范、法制方向转型；精神文化倡导的团队、时尚与活力，渗透到人们的价值观念体系，跨越民族、宗教差异，促进社会群体与成员的交流、团结友爱，缓解社区冲突与整合人际关系。

任务三　学习啦啦操运动基本技术及动作要领

1. 啦啦操基本手位（如图 7-3-1 至图 7-3-37）

啦啦操 36 个基本手位

啦啦操运动的技术与动作要领

图 7-3-1　下 A

图 7-3-2　上 A

图 7-3-3　上 V

图 7-3-4　下 V

图 7-3-5　加油

图 7-3-6　T

图 7-3-7　短 T

图 7-3-8　W

图 7-3-9　上 L

图 7-3-10　下 L

图 7-3-11　斜线

图 7-3-12　K

图 7-3-13　侧 K

图 7-3-14　弓箭

图 7-3-15　小弓箭

图 7-3-16　短剑

图 7-3-17　侧上冲拳

图 7-3-18　侧下冲拳

图 7-3-19　侧上冲拳

图 7-3-20　侧下冲拳

图 7-3-21 高冲拳

图 7-3-22 R

图 7-3-23 上 M

图 7-3-24 下 M

图 7-3-25 屈臂 X

图 7-3-26 上 X

图 7-3-27 前 X

图 7-3-28 下 X

图 7-3-29 X

图 7-3-30 上 H

图 7-3-31 小 H

图 7-3-32 屈臂 H

图 7-3-33 下 H

图 7-3-34 前 H（提桶式）

图 7-3-35 前 H（持烛式）

图 7-3-36 后 M

图 7-3-37 O

2. 啦啦操基本动作（如图 7-3-38 至图 7-3-55）

预备动作 组合一 组合二 组合三 组合四 结束动作

图 7-3-38　预备动作

图 7-3-39　1×8 拍动作（组合一）

图 7-3-40　2×8 拍动作（组合一）

图 7-3-41　3×8 拍动作(组合一)

图 7-3-42　4×8 拍动作(组合一)

图 7-3-43　1×8 拍动作(组合二)

图 7-3-44　2×8 拍动作(组合二)

图 7-3-45　3×8 拍动作(组合二)

图 7-3-46　4×8 拍动作(组合二)

图 7-3-47　1×8 拍动作(组合三)

图 7-3-48　2×8 拍动作（组合三）

图 7-3-49　3×8 拍动作（组合三）

图 7-3-50　4×8 拍动作（组合三）

图 7-3-51　1×8 拍动作(组合四)

图 7-3-52　2×8 拍动作(组合四)

图 7-3-53　3×8 拍动作(组合四)

图 7-3-54　4×8 拍动作(组合四)

图 7-3-55　结束动作

任务四　学习啦啦操运动的创编

一、啦啦操的创编原则

啦啦操的创编原则包括:科学性原则要求动作选择符合人体运动特征、与运动员能力匹配、分布合理且符合生物力学规律;针对性原则强调针对不同目的任务、对象特征及展示场地条件进行创编;创新性原则是啦啦操发展的动力,体现在亮点动作和主题选取,要求动作、音乐、难度、队形等环节创新融合,突出前瞻性与时代感;竞技性原则促使创编朝高难、稳定、创新方向发展,展现竞技能力与体育精神;艺术性原则通过主题、动作、音乐、队形、服装、道具等总体设计构成动态美,带来艺术享受;协同性原则要求教练与队员、队员与队员、教练队员与音乐间协同合作;个性化原则针对技巧啦啦操,从熟知规则、考虑运动员特点及表演观赏性三方面实施;统一性原则保证动作、音乐、服装及道具与主题风格、思想一致;安全性原则基于运动员身体素质和技术水平,在能力范围内安排技术动作和难度技巧,防止伤害事故。

二、啦啦操的创编方法

1. 啦啦操队形的创编

队形是现代啦啦操成套动作的亮点,也是啦啦操集体项目比赛的得分点。作为成套编排与竞赛的重要环节和评分依据，掌握啦啦操的队形设计方法对于成套编排十分有用。变换新颖的队形，啦啦操中常用的队形有几何图形、“十”字形、弧形、直线形及字母形等。

2. 啦啦操音乐的创编

啦啦操项目的艺术魅力不仅在于肢体动作、队形流动、托举技巧等带给人的美感和视觉冲击力，还在于啦啦操音乐能够为运动表现锦上添花。声音媒介能够传达创编者的思想与情感，能给观众、裁判员带来各种惊喜，好的音乐创编能凸显精心设计的动作表现，使音乐与成套动作融为一体，产生更丰富生动的联想与强烈的视听效果。啦啦操动作的快慢、强弱、幅度大小及不断变换的队形空间都应紧密联系音乐的节奏。

3. 啦啦操动作的创编

（1）技巧啦啦操动作创编。技巧啦啦操是在音乐的伴奏下，以跳跃、翻腾、托举、抛接、金字塔组合等技巧性难度动作为主要内容，配合口号、啦啦操基本手位及舞蹈动作，充分展示运动员高超的技能技巧的团队竞赛项目。

（2）舞蹈啦啦操动作创编。舞蹈啦啦操项目类型繁多，动作风格迥异，是一项综合性很强的体育运动项目，创编时要突出项目特点，遵循规则变化，顺应发展趋势。舞蹈啦啦操成套动作创编主要包括技术技巧、步伐与操化动作、过渡连接、托举配合。

4. 创编工作要有主次

在动作编排的初级阶段，要根据队伍的真实情况及表演目标进行创编。编排要掌握主次，按照音乐的快慢、节奏进行编排。

5. 设计啦啦操口号

设计的口号内容要呼应表演目标与主题思想。

6. 服装道具的设计与选择。

在对啦啦操的服装款式进行设计时，要保证服装、音乐与动作之间的一致性。

任务实施

步骤一　确定任务背景与目标

啦啦操运动作为一种集体育、舞蹈、音乐、艺术于一体的综合性体育运动，近年来在我国得到了广泛的关注和快速发展。它展现青春活力，体现团队合作和积极向上的精神风貌。啦啦操运动在大众中拥有一定的知名度，但其深层的教育意义和社会价值并未得到充分的挖掘和发挥。开展啦啦操运动的目的是促进学生身心健康发展，提升运动技能，培养审美情趣，增强学生的团队协作意识和集体荣誉感，培养学生的自信心、沟通能力和艺术鉴赏能力，提升学生的道德品质和社会责任感。

步骤二　明确具体技术动作要领

1. 啦啦操基本手位

啦啦操的 36 个基本手位技术动作要领主要涉及手臂的位置、方向以及动作的一致性。练习时，除了注意动作的正确性，还应注重节奏和动作的协调性，以达到最佳的表演效果。同时根据个人身体条件和能力水平，适度调整动作幅度和力度，避免过度用力或动作不到位。

2. 啦啦操基本套路

进行啦啦操基本套路的练习时，需要同时关注多个方面。确保每个动作的准确性，注重整体的节奏和动作的协调性，以实现最佳表演效果。个体差异也需要考虑，每个人的身体条件和能力水平都有所不同，要根据自身情况适度调整动作的幅度和力度，避免过度用力或动作不到位的情况发生。总而言之，啦啦操的练习需要全面关注动作、节奏、协调以及个人身体状况等多个因素，以达到最佳表现效果。

步骤三　提升啦啦操技术水平

1. 技术动作精细化训练

（1）动作解析与示范：详细解析啦啦操的每个基本技术动作，确保学生对每个动作的要领有清晰的认识。通过示范动作，让学生直观地了解动作的正确形态。

（2）分步练习与纠正：将复杂动作分解成若干简单步骤，逐步进行练习。练习过程中，及时发现并纠正学生的错误动作，确保动作的准确性和规范性。

（3）动作组合与连贯性训练：在掌握单个动作的基础上，进行动作组合的训练，提高动作的连贯性和流畅性。通过反复练习，使学生能熟练地完成整个套路。

2. 节奏感与协调性培养

（1）音乐节奏感训练：让学生感受音乐的节奏，通过拍打身体或拍打地面等方式来训练对音乐节奏的敏感度。动作练习中加入节奏变化，使学生能在不同的音乐节奏中准确地完成动作。

（2）协调性训练：通过专门的协调性练习，如双手双脚配合练习、左右方向转换练习，提高学生的身体协调性。动作组合中注重左右对称和上下协调，使动作和谐统一。

3. 整体表现力提升

（1）面部表情与肢体语言的运用：啦啦操练习与表演中，面部表情和肢体语言同样重要。通过训练学生的面部表情和肢体语言，使其能更好地表达音乐的情感和主题。

（2）表演自信心的培养：鼓励学生在练习和表演中保持自信，敢于展示自己的风采。通过组织表演活动、参加比赛等方式，让学生在实践中提高自信心和表现力。

4. 定期评估与反馈

（1）技术动作评估：定期对学生的技术动作进行评估，检查动作的准确性和规范性。针对评估结果，给予相应的指导和建议，帮助学生改进动作。

（2）整体表现评估：对学生的整体表现力进行评估，包括节奏感、协调性、面部表情和肢体语言等方面。根据评估结果，提供针对性的反馈和建议，帮助学生提升整体表演水平。

任务考核

序号	技能点	佐证	评分标准	自评（40%）	师评（60%）
1	基本技术及动作要领	动作标准性	10		
2		动作规范性	10		
3		动作表现力	10		
4		动作节奏性	5		
5		动作力度性	5		
6		动作协调性	5		
7	基本套路	动作标准性	10		
8		动作规范性	10		
9		动作表现力	10		
10		动作节奏性	5		
11		动作力度性	5		
12		动作协调性	5		
13	理解错误纠正	易犯错误与纠正方法	10		

知识拓展

啦啦操运动

思考与讨论

（一）简述啦啦操运动概念。

（二）啦啦操运动如何分类？

（三）简述啦啦操运动的编排原则。

（四）简述啦啦操运动的编排方法。

模块八 冰雪运动

项目一 冰雪运动概述

知识导图

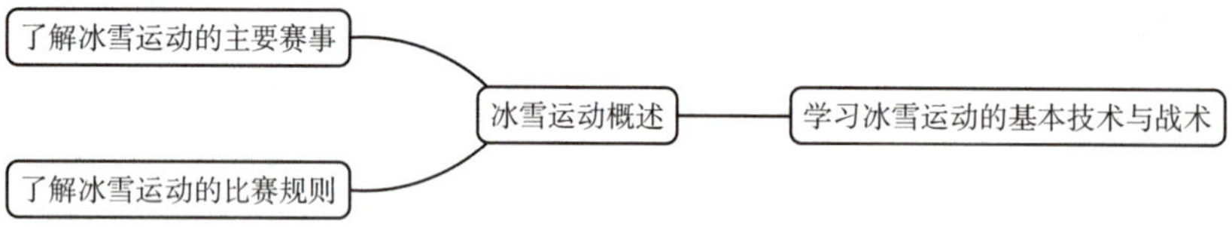

高素质技能型人才培养目标

知识目标	能力目标	素养目标
1. 掌握冰雪运动的基本理论知识、基本技能； 2. 运用雪上运动知识，指导以健身为目的的滑雪运动	掌握冰雪运动的基本理论知识、基本技能、雪上教学方法和手段，做到会讲、会做、会教	结合短道速滑运动的特点，树立良好学风，培养勇敢、刻苦和顽强拼搏的意志品质

任务一 了解冰雪运动的主要赛事

冰上运动的主要赛事包括世界速滑锦标赛、欧洲速滑锦标赛、世界短距离速滑锦标赛、国际短道速滑锦标赛、冬季奥林匹克运动会、世界花样滑冰锦标赛。

雪上运动的主要赛事包括冬季奥林匹克运动会、世界高山滑雪锦标赛、世界杯高山滑雪系列赛、世界冬季大学生比赛、世界高山滑雪青年锦标赛。

任务二　了解冰雪运动的比赛规则

（一）短道速滑的比赛规则

1. 比赛场地和器材

（1）比赛场地：短道速滑正式比赛的跑道为椭圆形，周长为 111.12 米，直道宽不小于 7 米，弯道半径为 8 米，直道长为 28.85 米。使用短跑道速度滑冰技术委员会批准的跑道标志块，两边弯道处各设置 7 块黑色标志块。

（2）器材：冰刀、头盔、护目镜、防切割护颈、护踝、护胫板和防切割手套。

2. 分类

短道速滑比赛分为个人项目和集体项目。个人项目包括男子和女子 500 米、1 000 米、1 500 米、3 000 米以及个人追逐赛，集体项目包括成年女子 3 000 米接力、成年男子 5 000 米接力、青年男子 3 000 米接力、青年女子 3 000 米接力。

3. 违规情况

（1）缩短距离：以一只或两只冰刀滑跑到以跑道标志块标示的弯道左侧。

（2）碰撞：故意用身体任何部位妨碍、推拉、撞击、阻挡其他运动员；在跑道上不合理地横向滑行，或用任何方式干扰其他运动员，导致身体接触。

（3）援助：运动员在比赛中应作为个体滑行，在比赛中给予或接受体力援助的行为，即为援助，但不包括在接力比赛中运动员推同队队员的行为。

（4）危险动作：在比赛中故意踢、碰其他运动员的冰刀，以及在终点冲刺时将冰刀竖起或将整个身体摔过终点线等，均被视为危险动作。

（二）越野滑雪竞赛规则

1. 比赛场地和器材

（1）比赛场地：越野滑雪赛道路线分上坡、波动起伏路面和有变化的下坡，各占全程的 1/3。雪面要经过机械或人工捣固、踏压。雪板要相对长、窄、轻，且板头顶端向上弯曲；滑雪鞋要使脚踝感到柔软和舒适；滑雪杖是滑雪者支撑前进、控制平衡、引导滑行、转弯支撑的工具；滑雪服在保证身体能自如活动的情况下，还应具有高弹性、防风、防水等特点；固定器是将滑雪鞋固定在雪板上的装置；滑雪镜的功能是避免阳光中的紫外线对眼睛产生刺激而造成雪盲，并且防止进风。

（2）器材：手套需防寒、耐磨、柔软，手掌部分相对粗糙。

2. 分类

越野滑雪分为个人比赛和团体比赛。个人比赛又分为单项赛、短距离和追逐赛；团体比赛分为接力赛和团体赛。

3. 相关规定

出发前，运动员的双脚必须静止地置于起点线后，滑雪杖静止地放在出发线或出发门柱上。为了避免迷路，每 5 000 米处设指示板、箭头或旗帜等标志，指明前进方向，各种距离线路标志的颜色不能相同；出发顺序号必须清楚地通过号码布显示在运动员的前胸和后背，号码布为白色；为了保证比赛的公平性，比赛过程中出现特殊情况时只能更换一只滑雪板和一副滑雪杖；比赛时运动员按照比赛技术以最快速度滑完规定距离，以用时多少判定名次。

（三）冰球运动竞赛规则

1. 比赛场地和器材

（1）比赛场地：国际冰联世界锦标赛和冬奥会冰球比赛，场地标准尺寸是长 60 米，宽 30 米。场地四周设有从冰面算起 1.15~1.22 米高的由木材或可塑材料制成的界墙。中线的两侧各有一条宽 30 厘米与中线平行的蓝色线，称为分区线，它将整个球场分为攻、中、守三个区。球门从其内缘算起，宽 1.83 米，垂直高度距离冰面 1.22 米。

（2）器材：冰球比赛要求运动员必须脚穿冰鞋，手持冰球杆，身着符合国际冰联规定的护具，包括护胸、护肘、护裆、裤衩、手套、护腿、头盔、面罩、防摔裤、颈部护具、护齿。守门员有专门的抓球手套和挡球手套，护膝和护腿也与其他场上队员不同。

2. 相关规定

比赛在外球圈内开球，裁判员站在中圈里，把球落在两个相对而立的中锋之间。比赛的目标为射门得分。每队可报 20 名运动员，其中 3 名是守门员。女子冰球队最多由 18 人组成，包括两名门将。场上两名裁判员共同控制整个比赛，各负责一个半场。边线裁判员主要负责越位时打出信号。冰球可以随意换人，没有名额限制。

冬奥会男子冰球比赛允许防守队员用肩、胸、臂部对控制球的进攻队员进行合理冲撞，也可用身体挤贴或阻挡对方，但必须符合规定。以下规则球员必须遵守：不准用冰球杆打人，用杆刃戳人，用杆柄杵人，横着杆推人，用杆勾人、抱人、绊人，用膝或肘顶人，踢人，侮辱对方或干扰对方、干扰裁判等；不准用手抓球，故意移动球门，故意射球出界，上场人数过多，高杆击球，投扔冰球杆等，违者根据犯规的性质与程度，将处以小罚、队小罚、大罚、违反纪律、取消比赛资格、罚任意球等处罚。女子比赛不允许冲撞。

任务三　学习冰雪运动的基本技术与战术

一、短道速滑基本技术与战术

（一）短道速滑基本技术

1. 直道滑行

直道滑行是指在直道基本姿势的基础上，两腿交替连续完成蹬冰、收腿、下刀、支撑滑行，配合摆臂形成的完整直道滑跑动作。

（1）基本姿势：采用流线型蹲屈姿态，上体前倾，膝、踝呈屈曲状态；躯干纵轴与大腿纵轴之间的夹角为 45°~75°，大腿的纵轴线与小腿纵轴线之间的夹角为 90°~110°，小腿纵轴线与水平线之间的夹角为 50°~90°。

（2）蹬冰技术：蹬冰基本动作以展腿、伸腿和伸膝动作为主，包括三个动作阶段：开始蹬冰阶段、最大用力蹬冰阶段和结束蹬冰阶段。

（3）收腿技术：蹬冰腿结束蹬冰后，将腿收至支撑腿后位，借助蹬冰结束的反弹力和自然回摆的惯性完成。

（4）下刀技术：收腿动作后，浮脚冰刀在触及冰面前，起到确定滑行方向、调节蹬冰时机、协调配合蹬冰动作、建立和保持平衡的作用。下刀技术可分为向前摆腿动作阶段和冰刀着冰动作阶段。

（5）自由滑行技术：跟冰结束后，从支撑腿支撑滑行到再次蹬冰的滑行过程，从单支撑自由滑行开始到再次准备蹬冰，身体重心由外逐渐向内移动，直至建立蹬冰角。

（6）摆臂技术：摆臂时两臂以肩关节为轴，辅以屈伸肘关节完成，手半握前摆至倾下，后摆至与躯干平行，臂腿配合动作是蹬冰腿的同侧臂向前、异侧臂向后摆动。

（7）配合技术：在滑跑过程中起着动作之间联结、协调、促进和带动的重要作用，由两腿间动作配合、上体与腿的动作配合和臂与腿的动作配合组成。

2. 弯道滑行

弯道滑行是短道速滑最重要的技术部分，需在保持高速滑行的同时，紧紧扣住 8 米半径的弯道。

（1）基本姿势：上体前倾，髋、膝、踝关节保持屈曲状态，在弯道滑行过程中，身体始终向圆心倾斜，保持鼻、支撑腿的膝关节和刀尖处在同一纵轴平面上，倾斜幅度较大。

（2）蹬冰技术：左腿蹬冰动作以关节伸展和内收、膝关节伸展为主；右腿蹬冰动作以髋关节伸展和内收、膝关节伸展为主，踝关节跖屈为辅。

（3）收腿技术：左腿的收腿动作以屈髋、屈膝动作为主，以踝关节跖屈为辅，膝关节领先，左腿向左上方做提拉腿的动作，将左腿收至右腿的左侧；右腿的收腿动作以关节内收和屈曲、膝关节屈曲为主，以踝关节跖屈为辅，膝关节领先，右脚冰刀贴近冰面向左侧平移，跨过左脚冰刀。

（4）下刀技术：左腿下刀是在左腿收腿动作结束后，左脚踝关节背屈，使冰刀尖微翘起，在右脚冰刀的前内侧位置着冰；右腿下刀是在右腿收腿动作结束后，利用右侧踝关节背屈动作使冰刀后部在左脚冰刀前内侧适宜位置顺势着冰。

（5）摆臂技术：弯道滑行时摆臂动作多以单臂摆动为主。以肘关节屈伸为主，以肩关节屈伸为辅，配合蹬冰动作前后摆动，左臂自然下垂，用手指轻触冰面，摸冰滑动。

（6）配合动作：双腿配合最好是在一侧腿蹬冰最大用力后，浮腿冰刀着冰；各环节间动作连贯，下刀与蹬冰动作不出现停顿；摆臂与蹬冰动作同时开始和结束。

3. 起跑

起跑是获得滑跑速度及实现战术的重要因素，要在最短的时间内，完成从静止到移动，并获得较高速度的过程，一般包括起跑预备姿势、起动和疾跑三个阶段。

（1）起跑预备姿势：正面点冰是常用的起跑姿势之一。发令员发出预备口令后，运动员迅速向前移动，越过起跑预备线站在起跑线后，完成前腿冰刀刀尖的点冰动作，后腿冰刀用内刃支撑压住冰面并保持与起跑线接近平行，慢慢下蹲的同时，将重心放在两脚之间偏前的位置；靠近起跑线一侧手臂屈曲后自然下垂，另一侧手臂肩关节外展，适度屈肘，在体侧抬起；面部朝向滑跑方向，身体相对静止。

（2）起动：前点冰腿快速抬离冰面，髋关节外展，踝关节外旋，后腿向后方做快速用力蹬伸；蹬冰腿和同侧手臂屈曲后向前快速摆动，异侧手臂快速向后摆动。

（3）疾跑：常见疾跑方式有踏切式、跺冰式和滑跑式。其中踏切式易于掌握，起动速度较快，一般向前跑8~10步。

4. 冲刺

临近终点时，以送刀式冲刺为例，将身体重心落在有利于克制对方的一侧腿上，将另一侧腿迅速前伸，保持平衡冲过终点。

（二）短道速滑基本战术

按照实施战术人数来分，短道速滑战术分为个人战术和集体配合战术。个人战术又分为出发抢位、跟滑、领滑、变速滑行和冲刺滑行。出发抢位是运动员利用起跑技术抢占领先和有利位置，从而有效控制比赛主动权和避免其他因素干扰；跟滑指尾随同组或其他队员后面滑行，可通过减少空气阻力和调整呼吸来节省体力，保持良好的状态和后半程发力；领滑指领先同组队员的滑行，可使自己不受其他滑行队员在技术、战术和心理等方面的影响，选择最佳滑跑路线，减少体力消耗；变速滑行指长距离比赛中，领滑运动员有目的、有计划地一次或多次改变滑行速度，消耗对方的体力或摆脱跟滑队员；冲刺滑行指在终点线前一段距离内，充分发挥自己的体能和技术特点，以最快的速度冲过终点线的滑行方法。

集体战术分为变速滑行、纵队滑、并队滑和起跑掩护。变速滑行战术是中长距离比赛中，同队两名及两名以上队员在比赛过程中，由一名或两名队员先后多次变速滑行，干扰或消耗对方的体力；纵队滑指同队两名队员在高速滑行中，有目的、有计划地成纵队滑行，迫使企图超越的对方延长滑行距离，消耗体力；并队滑指两名队员有目的、有计划地并队滑行，干扰或控制对方技术的发挥；起跑掩护指相邻站位的两个队员中，一人在起跑后和进入弯道前，有目的地选择自身起跑动作和路线，干扰或控制对方起跑技术的发挥，竭力掩护同伴。

二、越野滑雪基本技术与战术

（一）越野滑雪基本技术

1. 基本姿势

滑雪杖分立，插于雪板两侧，双眼目视前方；双雪板平行，间距不超过骨盆宽度，身体重心居中。

2. 基本动作

（1）原地转向：原地转向中"V"字转向的方法是右侧雪板尖向外展开，左侧雪板向右侧雪板靠拢，两滑雪杖在雪板尖外展时支撑于体后。

（2）徒手两步交替：徒手站立，上身前倾，右脚用力向下后方蹬动，左脚向前跟出，右臂尽量向前摆出，左臂用力后摆。

（3）徒手八字蹬坡：徒手站立，上身前倾，两雪板尖向外展开成"八"字形状，利用两雪板的内刃入雪面，右脚向下后方用力，支撑身体，左脚抬起向前迈出，右臂向前摆出，左臂自然后摆。

3. 平地滑行

（1）移动动作：在平整雪面上侧对前进方向站立；双侧滑雪杖插于体侧稍远处，一只雪板承重，另一只雪板提起后向承重板横移和落地。

（2）直线向前走动：双手持滑雪杖，两雪板间距为 15 厘米左右，两手持滑雪杖随走动配合撑杖；走动时身体重心落在支撑腿和脚上。

（3）跌倒后起立：上身抬起，双膝尽量屈曲靠近臀部，双雪板平行，与上身的正面成直角；单手或双手将上身推起至下蹲位置。

（4）变换滑行方向：变换滑行方向有跨步转向法和 180° 转向法两种。其中跨步转向法简单易学，动作方法是将双雪板按正"V"字或倒"V"字跨步变换方向。

（5）二步交替滑行：上身前倾，右脚用力向下后方蹬动，向前滑行；右臂尽量向前摆出，左手用力向下后方撑杖，左脚向前跟出；双膝屈曲，右脚蹬动，手继续前摆，蹬动幅度为 70~75 厘米。

（6）同时推进滑行：两臂放松，双手向前摆至头部高度，然后向身后同时推出，双手将推至腿部时，尽量弯腰屈膝；撑杖结束后，双臂向后上方摆，随上身抬起，带动双臂向前摆动。

4. 缓上坡滑行

（1）跨一步同时推进滑行：上身抬起带动双手前摆，蹬脚发力，将身体重心移至另一雪板；两雪板向前惯性滑进，双臂向前摆至头部时，上身前俯下压插杖，接着双手发力撑杖。

（2）一步一撑滑行：一只脚向前蹬动一步，另一只脚向前滑行一步，双手持滑雪杖后撑，抬起另一只脚进行蹬动滑雪。

5. 缓下坡滑行

（1）两步一撑滑行：两脚各滑行一步，双手持滑雪杖同时后撑一次。

（2）同时推进滑行：双手向前摆至头部高度，杖尖落至脚尖前部；杖尖着地后，将身体前俯的力量通过肩、臂及手掌传递到撑杖上；双手即将推至腿部时，尽量弯腰屈膝，使推撑手的高度低于膝部，以加大向后推撑的水平分力；撑杖结束后，后摆的双臂随着上身抬起，带动双臂向前摆动。

6. 蹬坡滑行

平地滑行和蹬坡滑行有很大的区别，蹬坡滑行需要增加身体向上做功，需根据坡度急缓和雪质的不同选择不同的蹬滑技术。

（1）八字蹬坡：两雪板尖向外展开，利用两雪板的内刃入雪面，八字蹬坡是一种直线向上蹬行的方法。

（2）两步交替蹬坡：上坡时，蹬动后脚；插杖轻落于后侧，撑杖时间要长；摆臂应快速完成，摆动的手臂至腿部时，肘关节要屈曲。

7. 停止

慢速行时使用犁式滑降技术进行停止，加大两雪板分开角度，强化立刃，腿部伸直，两脚内侧蹬住雪板。

(二)越野滑雪基本战术

所谓战术,主要指在比赛全程中,体力的分配及针对不同地形特点应选择不同的滑行技术方法。例如下坡路程占全程的三分之一,下滑时,在体力好的情况下,可以采用流线型的低姿势滑降,以便减少空气阻力,提高速度争取时间;体力不佳特别疲劳的情况下,或地形复杂难度大的条件下,姿势就可以高些,使身体增加风的阻力,降低速度,以防跌倒浪费更多的时间,避免产生烦躁的心理及消极情绪。

项目二　冰上运动

知识导图

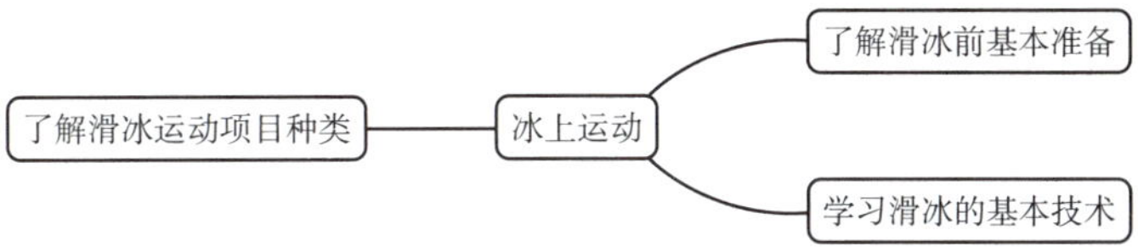

高素质技能型人才培养目标

知识目标	能力目标	素养目标
1. 了解速滑、花滑、冰球等滑冰运动的种类及特征差异; 2. 了解滑冰运动的起源与发展历程; 3. 掌握滑冰基本技术原理(如平衡控制、蹬冰推进)	1. 能完成冰上站立平衡、踏步移动等基础动作; 2. 独立完成冰鞋穿戴、冰刀安全检查及热身活动; 3. 能够根据不同滑冰种类(如速滑、花滑)调整动作模式	1. 培养冰上运动所需的勇气与专注力,克服对冰面的恐惧; 2. 建立"安全第一"的滑冰理念,遵守冰场行为规范

滑冰运动起源于荷兰。11 至 12 世纪的荷兰、英国、瑞士等国家就有脚绑兽骨,手持带尖木棍支撑冰面向前滑行的记载。13 世纪中叶,荷兰出现一种镶嵌在木板上的铁制冰刀。1572 年苏格兰人发明全铁制冰刀。17 世纪后,这种最初的冰上运输形式逐渐发展成为一种运动项目。19 世纪末 20 世纪初,滑雪、滑雪橇、滑冰、冰球等项目在欧美国家逐渐得到普及和发展。1887 年挪威成立了世界上第一个滑雪俱乐部。1890 年加拿大成立了世界上第一个冰球协会。1892 年国际滑冰联盟在荷兰成立。1893 年,在阿姆斯特丹举行了首届男子速度滑冰锦标赛。1908 年,法国成立了世界范围的国际冰球联合会。在冰雪运动日益普及的情况下,现代奥运会创始人顾拜旦建议单独举办冬季奥运会。1908 年第 4 届夏季奥运会上增加了花样滑冰项目。1920 年第 7 届夏季奥运会上增加了冰球项目。花样滑冰和冰球加入奥运会后引起了观众的极大兴趣。正式的冬季奥林匹克运动会始于 1924 年。法国的夏蒙尼市承办了当时被称为"冬季运动周"的运动会,两年后国际奥委会正式将其更名为第 1 届冬季奥林匹克运动会。

任务一　了解滑冰运动项目种类

滑冰运动是指运动员以冰刀为用具,以竞速或者技巧展现为目的,在人工或天然冰面上进行滑行动作的运动,包括速度滑冰、花样滑冰和短道速度滑冰三个项目。

(一)速度滑冰(Speed Skating)

速度滑冰简称速滑,是滑冰运动中历史最为悠久、开展最为广泛的项目。1763 年 2 月 4 日在英国首次举行 15 公里速度滑冰赛，从 19 世纪 80 年代开始举办国际性的比赛，并于此时进入中国，北方的普通民众开始在冰面上开展多种速滑项目以及各种速滑表演节目。1889 年在荷兰的阿姆斯特丹首次举办世界冠军赛，1892 年，15 个国家的代表在荷兰的席凡宁根成立了国际滑冰联盟（International Skating Union，ISU），现在总部位于瑞士的洛桑，主要负责花滑与速滑等项目的推进，这是所有冬季项目的第一个组织。国际滑冰联盟建立了国际标准化的制度和章程，组织国际化的冰上运动比赛，1893 年主办了第 1 届世界男子速滑锦标赛，对加强各国冰上运动的联系起到重要作用。国际滑冰联盟成立后，速度滑冰的发展由此进入新的时代，于 1924 年进入冬奥会比赛项目。男、女速滑分别于 1924 年、1960 年被列为冬奥会比赛项目。现比赛项目有男子 500 米、1 000 米、1 500 米、5 000 米、10 000 米；女子 500 米、1 000 米、1 500 米、3 000 米、5 000 米共十个小项。

（二）花样滑冰（Figure Skating）

花样滑冰起源于 18 世纪的英国，后在德国、美国、加拿大等欧美国家迅速发展。1863 年，被誉为“现代花滑之父”的美国人杰克逊·海因斯（Jackson Haines）将滑冰运动与舞蹈艺术融为一体，在欧洲巡回表演，丰富了花样滑冰的内容和形式。1868 年，美国的丹尼尔·梅伊（Daniel Mey）和乔治·梅伊（George Mey）首次表演双人滑。1872 年，奥地利首次举办花样滑冰比赛。1896 年，首次世界男子单人花样滑冰锦标赛在俄国圣彼得堡举行。1906 年，首次世界女子单人花样滑冰锦标赛在瑞士达沃斯举行；1924 年被列为首届冬季奥运会的比赛项目，目前设有包括男、女单人滑，双人滑和冰上舞蹈 4 个比赛项目。

滑冰在中国有悠久的历史，《宋史》有关于“冰嬉”的记载。元朝以后，冰嬉更为盛行。明代《帝京岁时纪胜》中有“冰床、冰擦”的记载，都是指在冰冻的江河湖泊上做滑冰游戏。清乾隆年间，画家沈源的一幅《冰嬉赋》图中有大蝎子、金鸡独立、哪吒探海等姿势。清末，专为慈禧观赏的北京北海花样滑冰表演中，已有双飞燕、蝶恋花等双人动作和朝天蹬、童子拜佛等单人动作。那时民间的冰上表演有猿猴抱桃、卧鱼、鹞子盘云、凤凰展翅、摇身晃等。1930 年前后，西方花样滑冰传到中国，北京、天津、哈尔滨、长春、沈阳等城市的学校，有些学生参加了花样滑冰运动。1935 年，在北京举行的滑冰比赛会上，进行了花样滑冰表演赛。1942 年冬，在延安的延河上举行了冰上运动会，表演花样滑冰的图形和自由滑。1953 年 2 月在哈尔滨举行了第 1 次全国冰上运动大会，花样滑冰被列为比赛项目。1979 年 10 月，中国花样滑冰运动员参加了在日本举行的 NHK 杯国际邀请赛，1980 年 2 月参加第 13 届冬季奥林匹克运动会的花样滑冰比赛，1980 年 3 月参加第 70 届世界花样滑冰锦标赛。1992 年，陈露先后夺得冬奥会第 6 名、世锦赛第 3 名，在世界舞台全面展示了中国花滑运动的新形象。此后几年，陈露在世锦赛上摘金夺银，1994 年、1998 年两届冬奥会连续夺得第三名，为中国花滑运动在世界赛场争得一席之地。从此中国选手成为世界花滑界的一支主要力量。2010 年温哥华成为中国花滑选手夺金的见证地，申雪/赵宏博、庞清/佟健这两对征战多届冬奥会的老将包揽了冠亚军，共同创造了中国冰雪运动的新辉煌。

（三）短跑道速度滑冰（Short Track Speed Skating）

短跑道速度滑冰简称短道速滑，起源于加拿大。19 世纪 80 年代，加拿大修建室内冰球场，一些速度滑冰爱好者经常到室内冰球场练习。至 19 世纪 90 年代中期，加拿大的蒙特利尔、魁北克、温尼伯等城市相继出现室内速度滑冰比赛。1905 年加拿大首次举行全国短道速滑锦标赛，后逐渐在欧美国家广泛开展。1969 年加拿大在第 33 届国际滑冰联盟代表大会上，向与会代表散发《短跑道速度滑冰规则》。1975 年国际滑冰联盟成立短跑道速度滑冰技术委员会。1976 年首次在美国伊利诺伊州的尚佩恩举行国际短道速滑赛，1981 年起举办世界短道速滑锦标赛。现有男子 500 米、1 000 米、1 500 米、5 000 米接力，女子 500 米、1 000 米、1 500 米、3 000 米接力共 8 个比赛项目。

短道速滑是所有滑冰项目中最为激烈、精彩的项目，观众的参与度极高。相对于速度滑冰，短道速滑属于短距离竞技，选手之间的比赛在同一个赛道上进行，会出现抢位、碰撞、摔倒等现象，对运动员的身体素质有较高的要求，需要有很好的起跑技术、抢位技术以及对局势判断的能力。

任务二　了解滑冰前基本准备

（一）选择适合的装备

滑冰运动竞技比赛项目中，不同项目所需装备不尽相同。作为初学者，可根据天气、场地、活动量、活动目的等选择适合自己的装备。装备主要包括冰刀、服装和护具三大类。

1. 冰刀

冰刀根据结构和运动特点大致分为速滑冰刀、花样冰刀、冰球冰刀三类。速滑冰刀分为大跑道冰刀和短跑道冰刀，分别对应速度滑冰项目和短道速滑项目；花样冰刀根据冰上动作和刀齿及刀体形状又分为自由花样冰刀、规定图形花样冰刀、冰上舞蹈花样冰刀，以适应不同比赛内容要求；冰球冰刀分为守门员冰刀和球员冰刀，球员冰刀针对比赛时球员急停、急转和加速滑行的需要进行了针对性设计，十分适合滑冰运动初学者的需求。虽然三类冰刀有不同之处，但滑行时蹬冰原理基本相似，就冰刀的结构特点来说，冰球冰刀和花样冰刀相对容易被初学者所掌握，速滑冰刀能够满足对滑行速度的追求，初学者可根据实际情况和自身需求自由选择适合自己的冰刀。

2. 服装

滑冰竞技比赛对各项目比赛服装有专门规定。速度滑冰个人比赛项目要求运动员身穿专门的尼龙连体比赛服进行比赛；速度滑冰集体出发、团体追逐比赛项目和短道速滑全部比赛项目，要求运动员穿戴装备专用头盔、专用防切割比赛服、塑料或防切割材料护腿、防切割或皮质手套、防切割护颈和护踝、防护眼镜等专门装备。花样滑冰比赛，男子选手必须穿上衣长裤，不得穿露胸无袖上衣和紧身裤，女选手必须穿连衣裙或紧身长裤，不得穿上下分开的服装，前后裙子的长度要可以遮盖住臀部。所有项目运动员都可以在比赛服装中穿着起保暖作用的衣物，但必须紧贴皮肤，不得遮挡比赛服装或影响比赛服装的整体协调性。比赛中不得佩戴围巾、腰带等有可能对运动员带来不安全因素的物品。

对于初学者，以保暖、舒适和安全为原则。根据运动的场地环境，选择适合自己的服装即可。需要注意的是不要选择过于肥大的衣物，影响滑冰技术动作的发挥，也不要佩戴过长的围巾、过于坚硬的装饰物等有安全隐患的服饰。

3. 护具

竞技比赛中，针对可能出现的危险因素对运动员护具的穿戴进行了专门的规定。作为初学者，可根据实际情况，以保证安全、不过度浪费为原则，选择适合自己的护具。一般的建议是配备头盔、护腕、护肘和护膝作为基本护具。

（二）树立基本安全意识

滑冰运动在坚硬的冰面上进行，参与者穿着锋利的冰刀进行滑行，相对于其他运动项目而言危险性较大，要求初学者必须树立安全意识，防止意外的发生。

（1）上冰前要佩戴好安全护具，夏季应穿长裤，身上不佩戴尖锐物品，以免摔倒后划伤。

（2）检查冰鞋是否穿着正确并系好冰鞋带，防止运动过程中发生冰鞋脱落等意外情况，造成自身和他人的危险。

（3）做好热身运动，使身体充分伸展，防止运动过程中发生挫伤、扭伤、拉伤等运动伤害。

（4）初学者练习时当意识到要跌倒时，应尽量使自己的身体向前面或是侧面跌倒避免摔伤后脑。

任务三　学习滑冰的基本技术

（一）技术准备

1. 站立练习

两脚略分开约与肩同宽，两脚尖稍向外转形成小“八”字，两腿稍弯曲，上体稍向前倾，两臂伸向侧前方与腰同高，目视前方。站立时，身体重心通过两脚平稳地压到刀刃上，踝关节不得向内侧或向外倒。

2. 平衡练习

初学者可先在陆地上，后在冰上进行基础练习。练习中，手扶栏杆或在同伴的扶持下，慢慢站直身体，身体重心尽量落在两脚的冰刀之间，保持两脚不左右扭动，做好站立姿势。然后放开栏杆，逐渐体会身体重心在两脚冰刀上维持好平衡的感觉，再做一些原地提踵和原地踏步练习。

3. 小步走练习

冰上站立，两脚分开比肩稍窄，向前迈步。以脚上的冰刀内刃向侧后方蹬冰向前行，步子开始要小一点，慢点走，然后逐渐加快速度前行。小步走时，眼向前看，两臂稍分开放在体前侧，上体稍左右晃动，练习移动重心体会维持身体平衡的感觉。如果双脚能借助惯性前滑时，说明身体已经逐渐适应滑行状态，初步具有在冰上滑行条件下控制自身平衡的能力。

通过以上专门的适应性练习，初学者可基本学会使用冰刀，实现基本的技术准备，接下来便可以开始学习基本滑行技术。

（二）向前滑行技术

1. 双足向前滑行

上体直立姿势，目视正前方，手心向下，两臂向侧前方伸展，双足稍分开，与肩同宽，两只冰刀平行站立。蹬冰时，首先双膝微屈，然后将重心移至右足，用右足刃前半部分向侧方蹬冰。完成蹬冰动作后，迅速将蹬冰足收回原位置，将重心放在双足之间，形成双足向前滑行动作，然后再换另一足蹬冰，做同样双足滑行动作。如此反复交替至比较熟练。

2. 单足蹬冰，单足向前滑行

熟练掌握单足蹬冰，双足向前滑行动作后，可以进行单足蹬冰、单足滑行的练习。准备姿势同前，只是在蹬冰时，身体重心要确实移到滑足上，蹬冰结束后，保持重心不变和单足向前滑行姿势，蹬冰足尽快放在滑足足跟后，保持重心平稳。初练时可以一拍蹬冰一拍滑行，双足交替进行练习。经过一段练习，重心保持较稳后，可以做一拍蹬冰、二拍滑行或三拍滑行。最后可以做一次蹬冰，尽量坚持一次滑行的长度，这样既可以提高身体保持平衡的能力，也可以增加蹬冰力量。

3. 双足向前弧线滑行

以右足蹬冰，双足向左前弧线滑行为例进行说明。双足呈丁字型站立于冰面上，左足在前，右足在后，双膝微屈，用右足冰刀内刃前部做蹬冰动作，身体重心稍向前移至左足外刃一侧，蹬冰后右足尽快回到左足内侧，呈双足滑行姿势，用左前外刃和右前内刃双足向左呈弧线滑行。滑行中身体重心稍偏于左足，右足前内刃起支撑协助滑行作用。身体纵轴稍向左倾，两臂自然伸向身体两侧，左臂稍向后，右臂稍向前，这样便于向左呈弧线滑行。用同样的方法，相反的姿势和动作，做左足蹬冰，双足向前右侧弧线滑行。

练习以上滑行动作时，注意身体不能转动过急，身体纵轴倾斜角度不能过大，练习中充分体会双足内外刃的用力和重心移动，以便为下一个技术动作打下基础。初练时，速度不能过快，伴随着技术的熟练，可以适当加速，加大倾斜角度和弧线的曲度。初学者弧线的曲度以圆的直径为 5~7 米为宜。

4. 单足向前弧线滑行

准备姿势和技术动作与单足蹬冰、双足向前弧线滑行相同，不同之处在于：蹬冰后立即将重心移至滑行足，蹬冰足尽快放在滑行足足跟后，足尖向下，呈单足向前弧线滑行姿势。由于是单足滑行，身体重心完全落在滑足冰刀上，身体倾斜要比双足弧线滑行大一些，两臂发挥调节平衡的作用，切忌转体过急，造成重心不稳，两侧交替练习。练习熟练后，可以逐步在熟练的基础上适当加大单足滑行的时间和距离，为单足半圆滑行打好基础。

5. 前交叉步滑行

前交叉步分左前外-右前内交叉步和右前外-左前内交叉步。以前者为例，双足平行站在冰上，首先用左足前内刃蹬冰，在前外刃滑行，身体向左倾斜，左臂在后，右臂伸向前，然后将右足经左腿前交叉放在左足前方，重心由左足移至右足，呈右前内刃滑行，用左前外刃向右后侧方蹬冰，右腿屈曲，左腿伸直，两腿呈交叉状，反复蹬冰和滑行便形成左前外-右前内交叉步滑行。

（三）向后滑行技术

1. 双足向后滑行

练习双足向后滑行时，首先要双足平行站在冰上，由左足或右足内刃做原地向后蹬冰练习，蹬冰动作与臀部和腰部的摆动协调配合，然后再练习向后双足滑行动作。双足平行站立，用左后内刃蹬冰，重心稍向右足移动，用腰部、臀部及两臂的摆动配合滑行，然后再用右后内刃蹬冰，做相反的动作向后做双足滑行。交替蹬冰和向后滑行，便形成两条平行的曲线。

2. 单足向后滑行

准备姿势同单足蹬冰、双足向后滑行，蹬冰方法和动作也完全相同，只是在完成蹬冰动作后，立即将身体重心移至滑行足，蹬冰足立即抬离冰面，放在滑足前方线痕上，形成单足向后滑行动作，两臂在身体两侧协助保持平衡，两足交替上述动作，便形成单足交替蹬冰和滑行动作。

3. 双足向后弧线滑行

左后外刃蹬冰后，双足靠近呈右后外刃、左后内刃双足滑行，身体向右倾斜，右臂向右，左臂向左，左臂在前，头转向右后方。用同样的方法，相反的动作和姿势，做右后内刃蹬冰，双足（右后内刃、左后外刃）向右后呈弧线滑行。

4. 单足向后弧线滑行

用左后内刃蹬冰，立即将身体重心放到右足后外刃上，形成右后外刃单足弧线滑行，蹬冰足尽快抬离冰面，放到滑足前滑线上，右臂向后，左臂向前，头向右侧，滑腿微屈。用同样的方法，相反的动作和姿势，做右后内刃蹬冰，左后外刃弧线滑行。

（四）停止技术

1. 内“8”字停止法

在获得一定的向前滑行速度后，两脚平行分开滑冰，随后脚尖内转，两脚以内刃柔和地压紧冰面，两腿弯曲，上体稍前倾，臀部后坐，两臂前伸，维持身体平衡，这样就会逐渐减速至停止。

2.“T”形停止法

单脚向前滑行开始，浮足在滑行脚的后跟处成“T”形放好后，用浮足内刃放在冰面上柔和地压紧冰面，减缓滑行速度至停止。

3. 双脚急停法

向前滑行时，两脚同时做顺时针（或逆时针）方向急转，左脚以内刃、右脚以外刃与滑行方向成 90° 压紧冰面，身体向右急转，重心移至右腿上两膝弯曲，两臂前侧伸，即可使身体停止下来。

4. 向后滑行急停法

由于花样滑冰鞋底的冰刀前缘有刀齿，所以在向后滑行的过程中，只要抬起脚跟做提踵动作，冰刀的刀齿就会起制动性摩擦冰面的作用，从而达到降低滑行速度停下来的目的。做刀齿摩擦冰面时，身体要稍前倾、两臂侧举维持平衡。

项目三　雪上运动

知识导图

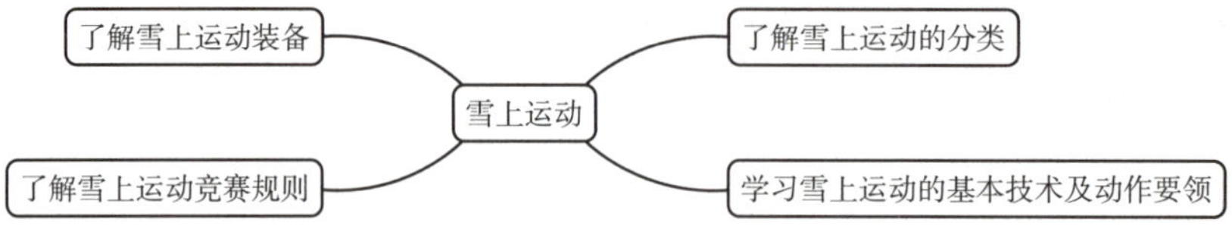

高素质技能型人才培养目标

知识目标	能力目标	素养目标
1. 深入了解滑雪运动的基本规则、场地标准、比赛流程以及裁判的职责和判罚标准； 2. 学习滑雪运动中的基础动作，通过战术讲解，模拟实战，培养实践能力； 3. 掌握雪上运动的安全防护，学习如何合理安全的训练内容以及提高训练效果	1. 提高身体灵敏度及反应速度； 2. 培养团队协作能力，学会在团队中与队友可以及时有效地沟通； 3. 提升滑雪技能，培养实际操作能力； 4. 培养决策能力，在比赛及生活中快速做出正确的判断和决策	1. 培养体育奋斗精神，时刻保持积极向上的乐观态度； 2. 提高心理素质和抗压能力，增强自我安全意识； 3. 培养勇于挑战的体育品格，在面对困难时能够以积极的心态去面对； 4. 提高纪律性，在日后的工作及生活中养成良好的习惯

滑雪运动是运动员把滑雪板装在靴底上在雪地上进行速度、跳跃和滑降的竞赛运动。滑雪板一般由木材、金属材料和塑料混合制成。高山滑雪由滑降，小回转和大回转（障碍滑雪）组成。高山滑雪混合项目，由上述三个项目组成，运动员成站立姿态，手持滑雪杖、脚踏滑雪板在雪面上滑行。“立”“板”“雪”“滑”是滑雪运动的关键要素。

拓展阅读

雪上运动的起源与发展

思政园地

雪线之上的重生

任务一　了解雪上运动的分类

滑雪是指沿雪坡滑降的运动，其名称源于阿尔卑斯山，包括了各式技巧和动作，其中三种最基本的动作是直降、横渡和转弯。滑雪包括越野滑雪和滑雪跳跃。越野滑雪是最大众化的滑雪方式。最新出现的旅游滑雪项目有单板滑雪、超短板滑雪和越野滑雪。越野滑雪是在低山丘岭地带（平地、下坡、上坡各约占 1/3）长距离滑行，虽然远不如高山滑雪的乐趣和魅力，但从安全和健身角度而言，更具有广泛的参与性。超短板滑雪、单板滑雪（双脚同踏一只宽大的雪板）比高山滑雪更具刺激性，技术更灵活，在中国尚未普遍开展。

（一）高山滑雪

高山滑雪是以滑雪板、雪鞋、固定器和滑雪杖为主要用具，从山上向山下，沿着旗门设定的赛道滑下的雪上竞速运动项目，如图 8-3-1。

(二)越野滑雪

越野滑雪是借助滑雪用具,运用登山、滑降、转弯、滑行等基本技术,滑行于山丘雪原的运动项目。越野滑雪起源于北欧,又称北欧滑雪,是世界运动史上最古老的运动项目之一。1924 年首次列入冬季奥运会比赛项目。越野滑雪比赛路线分上坡、下坡、平地,各占全程的三分之一。雪道的最高点不超过 1 800 米。滑雪板上标有标记,根据规定,选手从起点到达终点,脚穿的滑雪板必须带有出发时裁判画上的标记,雪板底面表层涂有雪蜡,非常光滑,有助于滑行,打上标记是为了预防运动员中途更换雪板,如图 8-3-2。

图 8-3-1　高山滑雪

图 8-3-2　越野滑雪

(三)跳台滑雪

跳台滑雪是以滑雪板为工具,在专设的跳台上以自身的体重通过助滑坡获得的速度比跳跃距离和动作姿势的一种雪上竞技项目,如图 8-3-3。

(四)自由式滑雪

自由式滑雪是以滑雪板和滑雪杖为工具,在专门的滑雪场上,通过完成一系列规定和自选动作而进行的一种雪上竞技项目。在高山滑雪的基础上孕育发展而成,由空中技巧、雪上技巧和雪上芭蕾三个独立的小项组成。表演者从陡峭而崎岖不平的雪坡向下滑降,同时还得表演后跳、踢腿,甚至翻跟头等一系列惊险的特技,如图 8-3-4。

图 8-3-3　跳台滑雪

图 8-3-4　自由式滑雪

(五)北欧两项(北欧全能)

北欧两项由越野滑雪和跳台滑雪组成,该项运动在挪威和瑞典流传很长时间,成为北欧传统项目,又称北欧全能,如图 8-3-5。

(六)单板滑雪

单板滑雪是一项以一块滑雪板为工具,在规定的山坡线路上快速回转滑降,或在特设的“U”形场地内凭借滑坡起跳,在空中完成各种高难度动作的雪上竞技项目,如图 8-3-6。

图 8-3-5　北欧两项

图 8-3-6　单板滑雪

任务二　学习雪上运动的基本技术及动作要领

（一）姿势与平衡

滑雪的第一步是学会正确的站姿和保持平衡。良好的姿势是滑雪的基石。双腿略微弯曲，身体微微前倾，重心放在前脚掌上，如图 8-3-7。这样可以更好地应对不同地形的变化。保持平衡对于稳定滑行和应对突发状况至关重要。初学者可以通过在平地上练习站姿，逐渐感受平衡的变化，提高对身体重心的掌握。

图 8-3-7　准备姿势

（二）转弯技巧

学会转弯是滑雪中的一项基本技能。对于初学者来说，最简单的方式是采用脚尖转弯的方法。通过倾斜身体，将脚尖朝向想要转弯的方向，整个身体会自然而然地跟随转向。右转弯，加强左脚雪板对雪面的压力，左转弯则进行反向操作。转弯时，除了雪板对雪面的加压外，加压的脚掌有向内转向的动作。膝盖保持弯曲即可。转弯的关键在于身体的自然倾斜而非过于用力。练习转弯时，优先选择平缓的坡道，待技术稳定之后逐渐增加难度，直到能够在陡峭的坡道上灵活转弯。

（三）制动和控速

控制速度是滑雪过程中的重要技巧，特别是在陡峭的坡道上。初学者可以通过学会"抛球"制动法来掌握制动技巧。想象手中握着一个看不见的雪球，在滑行过程中不断地向前抛，这个动作会自然而然地减缓速度。另外，熟练掌握刃雪板的方法，用板刃刮雪可以更有效地制动。通过描绘的方法，初学者可以更好地控制自己的滑行速度，降低滑行过程中的风险。

（四）坡道应对

不同坡度的雪道上，初学者需要学会应对不同的地形。在陡峭坡道上，保持身体前倾，重心向前，有助于更好地掌控速度；在平缓坡道上，可以尝试一些更灵活的动作，如小幅度的脚踝转动，提高滑雪的流畅感。通过在不同坡道上的练习，初学者可以逐渐适应不同的雪道条件，提高应对复杂地形的能力。

（五）安全意识与应急措施

培养安全意识同样重要。滑雪是一项刺激的运动，伴随着一些潜在的风险。初学者应该时刻保持警惕，注意周围的环境和其他滑雪者。了解雪道规则，遵守交通规则，减少事故的发生。学会应急措施也是必不可少的，学会如何正确摔倒、如何站起来，以及在危险情况下如何制动停止等。

1. 摔倒避免受伤技巧

往左后或右后方坐下，绝对不可以往正后方坐下，因为往正后方臀部无法坐到地面；双手摆放于两侧，不要在后坐的途中被臀部压到；臀部着地后，雪板的钢边也会刮到雪地，造成阻力，进行停止雪板滑动。

2. 摔倒后自己站起来

臀部在上方,雪板在下方;雪板靠拢合并与斜坡呈 90°;用手撑起臀部和身体,蹲在雪板上站起来;也可以将滑雪杖置于身后方,用滑雪杖撑起自己的身体。

3. 停止技巧

以脚掌为轴,双脚脚跟慢慢将雪板尾部向外推开,呈内八字进行减速。

4. 移动、滑行技巧

在平地练习,保持两只雪板的平行,一步一步向前走动或向侧面移动;在雪地行走时,要将雪板依次抬起落下进行移动,避免雪板不断摩擦雪面。滑行时,在基础站姿的前提下,两臂向前,上体前屈,滑雪杖杖尖落在脚尖前方,两臂同时用力向后撑。滑行期间,可适当降低重心,保持身体稳定。

任务三 了解雪上运动竞赛规则

(一)雪上运动竞赛规则

1. 场地要求

雪上运动竞赛通常在雪山、滑雪场或者人造雪场进行。这些场地必须满足安全标准,并且要有足够的雪量和良好的雪质,保证运动员的安全和比赛的正常进行。此外,场地还需具备合适的坡度、宽度和长度,满足不同比赛项目的需求。

2. 比寒项田

雪上运动竞赛包括多个项目,如高山滑雪、雪地滑板、雪上摩托等,每个项目都有其独特的特点和规则,运动员需要根据比赛项目的要求进行训练和准备。

3. 资格赛制

参赛运动员需满足一定的资格要求,如年龄、性别、国籍等。参赛运动员还需通过预选赛或资格赛获得参赛资格。资格赛制的设计旨在确保比赛的公平性和竞争性。

4. 评判标准

雪上运动竞赛的评判标准通常包括完成时间、技术难度、动作质量等方面。裁判员会根据这些标准对运动员的表现进行评分,以确定比赛成绩。

5. 技术要求

运动员在比赛中需要遵守一定的技术要求,如滑行姿势、动作规范等。这些技术要求旨在保证运动员的安全和提高比赛水平。

6. 犯规行为

雪上运动竞赛中,一些行为被视为犯规,如超速、撞倒标志物、未按照规定的路线滑行等。如果运动员犯规,将会受到相应的惩罚,警告、扣分或取消比赛资格等。

7. 成绩计算

雪上运动竞赛的成绩计算通常根据评判标准而定。对于计时类比赛,成绩以完成时间的长短来决定;对于评分类比赛,成绩以裁判员给出的分数为基础。

8. 奖励与惩罚

雪上运动竞赛中,优秀的运动员将会获得相应的奖励,如金牌、银牌、铜牌等。违反规则或表现不佳的运动员,可能会受到一定的惩罚,警告、扣分、禁赛等。这些奖励和惩罚旨在激励运动员提高竞技水平,维护比赛的公平性和秩序。

(二)高山滑雪竞赛规则

1. 比赛场地要求

高山滑雪比赛场地应满足国际雪联(FIS)制定的标准和要求。场地应具备良好的雪质,保证滑雪者能够顺畅滑行；应具备足够的宽度和长度，能容纳所有参赛者。考虑到安全因素，场地内的安全设施必须完善，防护网、急救站等。

2. 比赛起点终点

比赛的起点应设在合适的海拔高度，终点则在山脚下或滑雪场的另一端。起点和终点之间应设置清晰的赛道标识，以便运动员和裁判识别。

3. 运动员装备要求

参赛运动员必须穿戴符合国际雪联规定的滑雪装备，包括滑雪板、滑雪靴、滑雪杖、护目镜和滑雪服等。装备必须完好无损，保证运动员的安全和比赛的正常进行。

4. 比赛线路设定

比赛线路应根据场地条件和运动员水平合理设定。线路应包含直道和弯道以检验运动员的全面技术。线路应设置不同难度级别的区域，满足不同水平运动员的需求。

5. 门形及障碍设置

赛道上应设置一系列的门形和障碍物，检验运动员的技术和勇气。门形和障碍物的设置应符合国际雪联的规定，位置和难度应根据比赛级别和运动员水平进行调整。

6. 技术动作规定

参赛运动员在比赛中必须遵守规定的技术动作，包括正确的转弯、滑行姿势和速度控制等。运动员应避免使用任何可能导致危险或影响比赛公平性的技术动作。

7. 身体姿势要求

运动员在滑行过程中应保持正确的身体姿势，包括稳定的重心、平衡的肢体动作和合适的头部位置等。正确的身体姿势有助于提高滑行速度和稳定性。

8. 旗门通过规则

赛道上的旗门是比赛的重要组成部分。运动员在通过旗门时必须保持正确的速度和方向，确保顺利穿过。违反旗门通过规则的运动员将受到相应的处罚。

9. 成绩计算方式

比赛成绩将根据运动员完成赛道的时间、技术动作和违规情况综合评定。通常，完成时间越短、技术动作越准确且未发生违规行为的运动员将获得更好的成绩。

10. 违规处罚规定

参赛运动员在比赛中应严格遵守比赛规则。任何违规行为，使用非法装备、违反技术动作规定或故意干扰其他运动员等，都将受到国际雪联的处罚。处罚措施包括警告、扣分、取消比赛资格等。

（三）越野滑雪竞赛规则

1. 出发与计时规则

（1）出发方式：越野滑雪的出发采用信号枪或电子计时器的方式，所有参赛者需在听到出发信号后才能开始滑行。

（2）计时方式：比赛全程采用电子计时系统，从参赛者通过起点线开始计时，至通过终点线停止计时。

2. 个人赛滑行规则

（1）个人赛赛道通常为单一的环路，参赛者需按规定路线完成比赛。

（2）参赛者在滑行过程中需遵守比赛场地的交通规则和指示，不得偏离赛道。

3. 双追逐赛规则

（1）双追逐赛是两名选手同时出发，争夺同一目标的比赛形式。

（2）滑行过程中，后出发的选手需不断追赶先出发的选手，直至超过对方。

4. 集体出发规则

（1）集体出发是指多名参赛者同时从起点出发进行团体竞赛。

（2）滑行过程中，各团队需协同配合，完成比赛规定的各项任务。

5. 追逐赛出发程序

(1)追逐赛出发前,参赛者需按照规定的顺序在起点线后排队等候。

(2)听到出发信号后,参赛者需迅速启动,开始追逐比赛。

6. 成绩计算与排名

(1)成绩计算:参赛者的最终成绩以计时器显示的用时为准。

(2)排名依据:用时越短,排名越前;如用时相同,则根据赛道上的表现和其他规定进行排名。

7. 犯规与处罚规定

(1)犯规行为:包括但不限于不按规定路线滑行、故意妨碍他人、故意违规操作等行为。

(2)处罚措施:对于犯规的参赛者,裁判员将根据其行为的严重程度给予警告、取消成绩、禁赛等处罚。

8. 特殊情况处理

(1)如遇恶劣天气、赛道损坏等不可抗力因素导致比赛无法正常进行,组委会将根据实际情况决定是否暂停或取消比赛。

(2)对于因特殊情况导致的比赛中断,组委会将根据比赛进程和计时数据,决定是否恢复比赛或进行成绩调整。

任务四　了解雪上运动装备

(一)滑雪板板型

滑雪板板型指两只滑雪板在雪面或空间所形成的形态。滑雪板板型主要有平行板型、犁式板型、剪刀式板型。

(1)平行板型:双雪板相互平行。

(2)犁式板型:双雪板后部横向宽度大于前部。

(3)剪刀式板型:双雪板前部横向宽度大于后部。剪刀式板型的双雪板不可在雪面上同时承重向前滑行,但可用于倒滑时减速。

(二)滑雪板刃

(1)雪板刃:滑雪板底面两侧的金属边。

(2)雪板内、外刃:左右两只滑雪板内侧的板刃称为内刃;外侧的板刃称为外刃。

(三)滑雪鞋的穿脱

1. 穿滑雪鞋的程序

滑雪鞋分左右脚,雪鞋的夹子在脚外侧。

(1)穿滑雪鞋时,坐在椅凳上,将雪鞋夹子和系带全部松开。

(2)撑大雪鞋勒口。

(3)脚尖伸入雪鞋口。

(4)用力向里面伸。

(5)脚后跟下压贴实鞋底。

(6)全脚用力跺地,促使脚全部进入雪鞋中。

(7)从脚背前端开始依次扣紧夹子,系好加固带。

(8)根据脚的感受,对夹子的松紧和其他装置做适当调整,使脚踝与小腿下端被雪鞋适度塞紧,只有小腿能向前弯曲稍许及脚趾在鞋中能有点活动空间。

(9)将宽大的滑雪裤裤角(包括松紧状的薄质内层)套在雪鞋勒上。

2. 脱滑雪鞋的程序

脱滑雪鞋的程序如下。

（1）清除鞋面覆雪。
（2）松开雪鞋夹子和加固带。
（3）用手推压雪鞋勒后侧及向外拉伸鞋舌。
（4）脚从雪鞋内抽出。
（5）将雪鞋夹子及加固带大致扣好。

（四）滑雪板的锁定与松开

1. 锁定滑雪板的程序

锁定滑雪板的程序如下。
（1）锁定滑雪板时，将两只雪板平行横放在山坡雪面上。
（2）将双固定器后部的锁固柄压下去（即松开固定器）。
（3）身体稳定站立，双雪杖插于不碍事的位置。
（4）清除鞋底的雪块等杂物。
（5）雪鞋前端对准固定器后部的月牙状卡槽。
（6）脚后跟用力下踩，听到“咔嚓”的声音，固定器锁固柄弹起，滑雪板锁定。
（7）用同样的程序锁定另一只雪板。
（8）将双雪板轮换在雪面上踩，观察是否锁定妥当。

如果在滑行中或跌倒后，固定器自动脱开，需要重新锁定时，应先压开锁固柄，再按程序锁定雪板。理论上讲，脚、鞋、板应锁定成一个整体，没有活动间隙，使滑雪者的重力或用力能精确地传导到雪板上。

2. 松开滑雪板的程序

松开滑雪板的程序如下。
（1）松开滑雪板时，首先将两只雪板平行横放在山坡雪面上。
（2）身体稳定站立。
（3）用一只滑雪杖的杖尖下压固定器后部翘起的锁固柄，使其向上弹起，松开雪鞋后部。
（4）将雪鞋从雪板上取走。
（5）用同样的方法卸开另一只雪板。

如果用滑雪杖松开固定器不方便，也可用手压或脚踩的方式松开锁固柄，卸掉滑雪板。

（五）滑雪杖的握持与脱开

1. 握持滑雪杖的程序

握持滑雪杖的程序如下。
（1）调整握革带的尺寸。
（2）手从环状握革带中由下向上穿过。
（3）将握革带与雪杖握柄一起握在手中。

2. 脱开滑雪杖的程序

脱开滑雪杖的程序如下。
（1）将握持雪杖的手张开。
（2）从环状握革带中向下将手抽出。

（六）滑雪运动装备

1. 滑雪板

不同项目所使用的滑雪板各不相同，可以分为高山滑雪、越野滑雪、自由式滑雪单板等类型滑雪板。滑雪板由板头、板腰和板尾构成，滑雪板两端翘起，两侧由板刃包裹。滑雪板的长度、宽度、弧度、硬度决定了滑雪板的性能，雪板越长，滑行速度越快越难控制；相反雪板越短，滑行速度越慢，越容易控制，如图 8-3-8。

2. 固定器

固定器是连接滑雪板和滑雪鞋的装置，一般由金属材质构成，首要作用是将滑雪鞋固定在滑雪板上，次要作用是在滑雪者摔倒时可以使滑雪板自动脱落，避免人员受伤。固定器由前、中、后三个部分组成，前部和后部可以将滑雪板与滑雪鞋固定为一体，固定器可在横向外力过大，也就是侧摔时自动脱开，使雪板和雪鞋分离，避免造成对滑雪者的伤害，如图 8-3-9。

3. 滑雪鞋

滑雪鞋对脚和踝关节有固定保护、保暖等作用，滑雪鞋的种类很多，从功能上可以分为竞技滑雪鞋和休闲滑雪鞋，都设有调整松紧的卡子和调整前倾角度的装置，用以连接初学者和业余者选择保暖合脚及防水的滑雪靴即可。最好选择靴筒较低的短靴，以免影响足踝的屈转，如图 8-3-10。

图 8-3-8　滑雪板

图 8-3-9　固定器

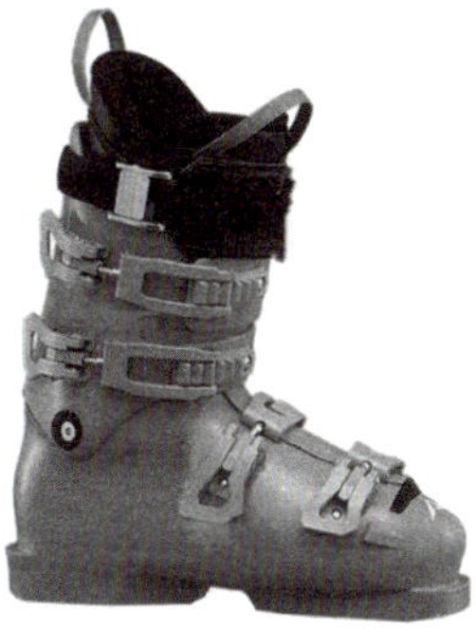

图 8-3-10　滑雪鞋

4. 滑雪头盔和滑雪镜

滑雪头盔是由硬质材质注塑而成的，款式多种。头盔的作用是当滑雪者失控跌倒后，保护头部不致被雪面或其他物体撞伤。参加比赛快速滑行及在树林中穿行时必须戴头盔，如图 8-3-11。

滑雪镜一般有两种，一种是太阳镜，另一种是封闭式防风专用高山滑雪镜。滑雪镜主要有防止冷风对眼睛的刺激、防止紫外线对眼睛的伤害（直射或雪面反射）、保证滑雪者的视线正常、跌倒后不会刺伤眼睛和脸部、在光线暗淡条件下起到增光的作用等功能。镜片颜色以黄色或茶色为佳，如图 8-3-12。

图 8-3-11　滑雪头盔

图 8-3-12　滑雪镜

5. 滑雪杖

滑雪杖的功能是支撑、加速、维持平衡、引导转变（点杖）。滑雪杖的杖杆部分由轻铝合金材料制成，上粗下细，有鞘度；上端有握柄和握革，便于手握和防止雪杖脱落；下端有杖尖，防止雪杖在硬雪撑插时脱滑，杖尖以上有圆形或雪花形雪轮，限制雪杖过深插入雪面。滑雪杖在选用时其高度应大致与肘部同高或略低些，初学者可再高一点，以便限制上体过分前弯曲。滑雪杖越轻越好，握革环状的大小可根据持杖者手的大小调节，如图 8-3-13。

6. 滑雪服

滑雪服具有保暖防风防水、吸汗耐磨等作用，选择滑雪服应注意，不能选择太大或太紧的服装，滑雪服的外料应选耐磨、防风防水的材料，内层应选保暖透气的材料，从颜色上看，最好选用与雪色反差较大的醒目颜色，如图 8-3-14。

7. 帽子和手套

大众滑雪者选择佩戴滑雪帽，它的主要作用是头部的保温作用，避免耳部冻伤，预防感冒，可根据气温的冷暖变化情况选择厚或薄的滑雪帽。由于经常要用手去整理滑雪器材和持握雪杖滑行，因此滑雪手套是滑雪者的必备用品，应当选择尽量宽大的滑雪手套，手套腕口要长，最好能将袖口套住，滑雪手套要保暖防水，可以保护手部安全，如图 8-3-15。

图 8-3-13　滑雪杖

图 8-3-14　滑雪服

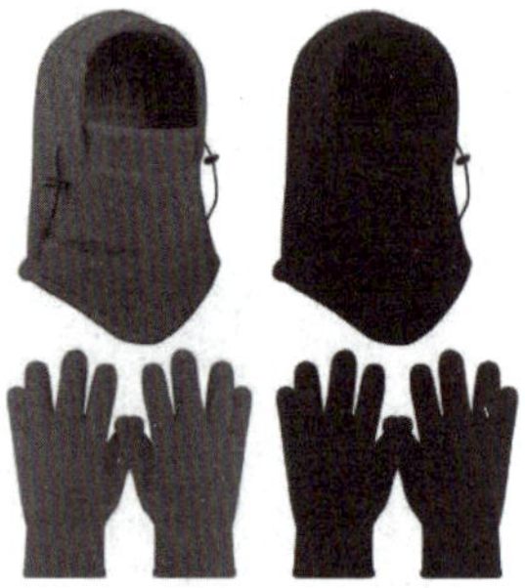

图 8-3-15　帽子和手套

任务实施

步骤一　确定任务背景与目标

雪上运动现阶段正以蓬勃之势融入大众生活，凭借其独特的速度与激情、技巧与策略的完美结合，成为全民运动新宠。本项目以滑雪比赛为载体，聚焦高校群体，旨在通过搭建专业竞技平台，激发大学生对冰雪运动的深层热爱，在技巧切磋中培育团队协作意识与竞技精神，同时以冰雪文化为纽带，丰富校园文体生态，推动校园体育事业高质量发展，助力体教融合的深度实践。

步骤二　明确具体动作技术规则

1. 基本滑行要求

选手需保持正确滑行姿势（如屈膝、重心前倾），通过旗门时不得漏门或用手触碰，违者按漏门次数增加罚时。

2. 技巧动作评分

在趣味赛及单板滑雪项目中，选手完成跳跃、旋转等技巧动作时，根据动作难度（D 分）、完成质量（Q 分）、落地稳定性（L 分）进行综合评分，总分 = D × Q × L。

步骤三　制定比赛规程

1. 参赛人员

（1）参赛人员需穿着统一队服，佩戴号码牌，以便识别和记录数据。

（2）单人进行考核，动作展示。

2. 比赛时间与次数

比赛每人两次。

3. 胜负判定

评分标准包括完成时间以及动作质量。教师根据这些标准对参赛人员的表现进行评分，以确定比赛成绩。

步骤四　注意事项

（1）比赛过程中，应遵守比赛规则，尊重教师和其他参赛人员。

（2）裁判应公正执法，确保比赛公平、公正进行。

（3）组织者应提前做好安排，确保比赛顺利进行。

（4）比赛过程中注意安全。

任务考核

序号	技能点	佐证	评分标准	自评（40%）	师评（60%）
1	基本技术及动作要领	穿滑雪鞋	10		
2		脱滑雪鞋	10		
3		滑雪板的锁定与松开	10		
4		站姿与平衡	10		
5		弯道技术	15		
6		减速技术	15		
7		上坡技术	10		
8		停止技术	10		
9	理解错误纠正	—	10		

思考与讨论

一、简述滑雪装备的选择。
二、简述越野滑雪的竞赛规则。
三、你最喜欢的滑雪项目明星是谁？在他（她）身上你可以学到什么？

知识拓展

新手滑雪安全指南

附录

Appendices

附录 A:轮滑运动

附录 B:毽球运动

附录 C:跳绳运动

附录 D:拓展运动

参考文献 References

[1] 石先彬,汪正法. 体育健康与职业素养[M]. 北京:人民邮电出版社, 2022.
[2] 武文强,尹军. 高职体育与健康[M]. 北京:人民邮电出版社, 2023.
[3] 黄汉升. 体育科学研究方法[M].4 版. 北京:高等教育出版社, 2024.
[4] 季浏. 体育运动心理学高级教程[M]. 北京:高等教育出版社, 2022.
[5] 蔡向阳,王崇喜. 球类运动:足球[M].4 版. 北京:高等教育出版社, 2021.
[6] 孙民治. 球类运动:篮球[M].3 版. 北京:高等教育出版社, 2001.
[7] 舒为平. 排球运动教程[M]. 7 版. 北京:人民体育出版社, 2024.
[8] 肖杰. 羽毛球运动理论与实践[M]. 北京:人民体育出版社, 2005.
[9] 张涵劲. 体操[M].3 版. 北京:高等教育出版社, 2015.
[10] 刘树军. 花样跳绳[M]. 北京:高等教育出版社, 2013.
[11] 詹新寰. 新时代大学体育与健康教程[M]. 北京:人民邮电出版社, 2022.
[12] 袁守龙. 大学体育与健康:图解示范+视频指导[M].2 版. 北京:人民邮电出版社, 2021.
[13] 苗向军. 高水平竞技篮球运动负荷研究[M]. 北京:北京体育大学出版社, 2013.
[14] 刘夫力. 足球训练基本理念与基本方法概论[M]. 北京:北京体育大学出版社, 2024.
[15] 祖培广. 滑雪入门教程[M]. 北京:人民邮电出版社, 2018.